中国能源与水耦合关系研究

Research on Energy-Water Nexus in China

樊静丽　张九天　张　贤　等 著

科 学 出 版 社

北　京

内 容 简 介

水是人类生存的根本，能源是社会进步的动力，两者之间存在着相互依赖的关系。本书围绕中国能源与水耦合关系的若干关键问题，采用能源经济学、计量经济学、运筹学、管理科学和系统科学等多学科模型和方法，深入讨论并实证研究了中国能源与水的生产消费特征和耦合关系、中国能源与水耦合关键部门、能源与水资源政策的协同效应、消费视角下中国能源-水-食物耦合的影响、中国能源与水耦合的研究需求调研等问题，得出了一系列重要的基本结论。

本书适合能源经济与管理、气候政策、可持续发展领域的专业人员阅读，也可供从事经济管理工作的政府公务人员、企业管理人员及相关专业的高等院校师生参考。

图书在版编目(CIP)数据

中国能源与水耦合关系研究 = Research on Energy-Water Nexus in China / 樊静丽等著. —北京：科学出版社，2019.3

ISBN 978-7-03-060826-0

Ⅰ. ①中… Ⅱ. ①樊… Ⅲ. ①能源经济－研究－中国 Ⅳ. ①F426.2

中国版本图书馆CIP数据核字(2019)第047278号

责任编辑：刘翠娜 崔元春 / 责任校对：杜子昂
责任印制：吴兆东 / 封面设计：蓝正设计

科 学 出 版 社 出版
北京东黄城根北街 16 号
邮政编码：100717
http://www.sciencep.com

北京凌奇印刷有限责任公司 印刷
科学出版社发行 各地新华书店经销

*

2019 年 3 月第 一 版 开本：720 × 1000 1/16
2019 年10月第二次印刷 印张：15
字数：300 000

定价：98.00 元

(如有印装质量问题，我社负责调换)

前　言

能源和水资源是支撑当今社会经济发展的重要支柱，能源生产的各个环节均需要消耗水资源，水资源的开发也需要能源的供给，两者相互依赖构成了能源与水耦合关系的基础。2015 年 9 月，联合国可持续发展峰会正式通过了 17 个可持续发展目标，其中清洁饮水和卫生设施（目标 6）及经济适用的清洁能源（目标 7）是可持续发展目标的重要内容，能源与水耦合关系研究对于如何实现可持续发展目标具有重要意义。

作为全球第一大发展中国家，中国的能源生产量和消费量均居世界首位，但是人均能源消费量不足，约为经济合作与发展组织国家人均能源消费量的 52%（2016 年）。因此，随着中国经济社会的不断发展，未来能源消费还将持续增长，从而拉动能源生产的进一步增加。能源开采、加工转换和利用过程需要大量水资源（如冷却环节等），能源生产造成了中国水资源需求不断增加，对水体质量也产生了潜在影响。然而，中国的水资源短缺问题十分严峻，2017 年中国人均水资源量仅为 2074.5 立方米，约为全球水平的 28%，被联合国列入全球 13 个贫水国家之一。另外，中国水资源还存在着过度开采、污染严重等问题，在开发、利用、处理等方面也需要能源的支撑。在这种背景下，中国政府明确提出了能源及温室气体排放控制目标，以及水资源开发利用的“三条红线”目标。

中国能源与水资源之间关系复杂且密切，这两种资源日益成为支撑未来发展的战略性基础资源，但是经济社会发展与能源安全、水资源承载力相适应的问题仍较突出，如何认识和统筹协调经济、社会、能源、水和环境等问题，是我国未来能源与水资源政策制定面临的重大挑战。本书针对中国能源与水资源耦合领域的若干问题开展研究，并提出了具有针对性的政策建议，希望能为中国能源与水资源可持续发展领域的研究和政策制定提供部分参考。本书共分为 8 章，所关注的主要研究领域与问题如下所述。

1）能源与水关系概述

近年来，随着气候变化等问题的出现，能源和水两种资源之间的关联与耦合问题逐渐引起了人们更多的关注。中国能源与水资源现状和趋势如何？能源行业对水资源影响如何？中国能源转型和结构持续优化能否促进能源与水资源耦合关系的发展？水资源对能源的依赖程度怎样？水资源短缺是否会限制能源产业的持续发展？本书先分析中国能源与水耦合关系的这些基本问题，同时这些基本问题也是政策制定者实现能源与水资源协同发展需要了解的基本信息。

2) 能源与水耦合的国内外研究进展

随着对能源与水耦合关系认识的深入，越来越多的研究人员意识到能源与水耦合关系对实现能源和水资源的协调发展具有重要意义。国内外学者对能源与水耦合问题做了系统而深入的研究。能源与水耦合领域发展趋势及特征如何？能源与水耦合领域有哪些研究热点？生产端和消费端的能源与水耦合研究关注点分别包括哪些？围绕这些问题，本书全面分析了能源与水耦合领域的国内外研究进展，为后续研究奠定了基础。

3) 中国能源与水的生产消费特征和耦合关系

伴随着中国经济的快速发展，中国能源生产和消费也进入了快速增长阶段，中国已经成为全球第一大能源消费国。中国水资源总量十分丰富，但是却呈现出人均占有量低、区域分布不均衡等特征。为了更为深入地探究能源与水的生产消费特征，中国能源总量及各能源品种的生产和消费是否呈现迅速增长的态势？中国能源结构如何转变？中国能源流动是怎样一种流向关系？中国水资源供应及利用的现状？中国水资源的流动及水足迹发展？最终消费对于中国水足迹的影响？中国能源与水耦合关系的流动与发展现状？以及中国能源生产和水资源利用是否存在一定的协整性与关联性？围绕这些问题，本书开展了一系列的实证分析，进一步剖析了中国能源与水的复杂关系。

4) 中国能源与水耦合关键部门研究

节能与节水措施的有效实施对于中国当前及未来的资源可持续发展具有重要意义。各产业部门作为能源和水资源最主要的消费者，是实施节能与节水措施的重点对象，对于各部门能源与水耦合关系的研究是十分必要的。经济产出的变化是否会对各部门的水足迹与碳足迹产生影响，以及影响程度的差异有多大？哪些是中国直接能源消费与直接取水用水的关键部门？哪些是中国间接能源消费与间接取水用水的关键部门？不同收入居民消费拉动的能源和水资源异同？不同收入居民对于各部门消费如何实现节能和节水的协同效益？围绕上述问题，本书进行了全面系统的实证研究，并提出了针对中国各产业部门能源与水资源协同发展的政策建议。

5) 能源与水资源政策的协同效应模拟研究

对于能源与水资源部门来说，一个部门的发展政策很可能会对另一个部门产生重大影响。要实现两种资源的协同管理与协调规划，避免不同部门之间制定决策时可能存在冲突而导致不良后果，对保障未来能源与水资源的供给安全具有重要意义。这就需要我们对两种政策之间存在的协同效益与权衡效应进行系统全面的分析。也就是说，能源政策实施在推动节能减排的同时，对水资源利用有什么影响？水资源政策的实施在促进节水的同时对我国节能减排是否会产生影响？能源政策与水资源政策之间是否存在契合点以实现两种政策的协同效益？针对这些问题，本书建立了中国能源与水耦合关系的可计算一般均衡模型，探究政策实施对能源与水耦合关系带来的溢出效应，以期为我国能源与水资源相关政策的制定提供参考。

6) 消费视角下中国能源-水-食物的耦合影响研究

同能源、水资源一样，粮食也是人类生存和经济社会发展的重要的基础性资源。随着全球资源与环境问题的日益突出，能源-水-食物耦合关系的概念应运而生，用以刻画粮食、能源和水之间的密切联系和相互制约关系，寻找共赢的解决方案，实现能源、水和粮食的可持续发展。那么，在我国能源-水-食物耦合关系领域的研究进展如何？从消费的角度来看，我国居民的食物消费结构变化将如何影响相关水足迹与碳足迹的变化？考虑到气候变化的影响，不同应对气候变化发展路径下居民食物消费对能源-水-食物耦合关系有何影响？围绕这些问题，本书在文献综述的基础上，建立了一系列数学模型，进行了系统深入的分析。

7) 中国能源与水耦合的研究需求调研分析

当前我国对能源与水耦合关系的研究起步不久，其内涵和相关研究需求尚未深入探讨，特别是我国受资源禀赋及资源开发利用方式等方面的影响，能源与水耦合关系也将呈现出独有的特征和研究需求。具体来看，我国能源和水资源在地域上与经济中心呈现逆向分布，能源生产绝大多数均来自西北部水资源短缺地区，能源与水资源之间的关系紧张程度如何？传统的能源产业如采煤、煤化工、天然气、石化及与其配套的基础设施建设均会对水环境产生一定程度的影响和破坏，这又会对我国能源与水资源的关系产生哪些影响？不同经济、环境因素影响下我国能源与水资源发展又有哪些亟待解决的问题？围绕这些问题本书将通过专家调查问卷的方式，来明确在保障我国未来能源和水资源安全，实现能源、水资源与经济、社会、环境相互协调发展过程中的研究需求，为我国能源与水资源政策的协同管理提供科学依据。

8) 中国能源与水耦合关系展望和建议

在多种因素影响下，我国能源与水耦合关系的未来发展趋势充满不确定性。从内部经济建设来看，我国正处于全面建设小康社会的关键时期，经济保持中高速增长，产业结构迈向中高端水平，人口城镇化率加快提高；从外部全球环境治理来看，应对气候变化已形成全球共识，节能减排步入关键阶段。考虑到城镇化和工业化进程、全球气候变化、能源与水资源政策协同等一系列社会、经济、环境、政策等因素的影响，未来我国的能源与水耦合关系将面临哪些挑战？呈现出哪些机遇及如何应对挑战并抓住机遇？通过整理、归纳和总结，本书对这些问题进行了详细的阐述和分析。

本书由樊静丽、张九天、张贤负责总体设计、策划、组织和统稿，孔令斯、胡佳威、王建达、陈坤宇、张豪、曾膑等参与并完成相关章节的内容。魏世杰、曹哲、孙琦等参与了本书部分章节的讨论及校对工作。本书在研究和撰写过程中，得到了中国科协青年人才托举工程(No. 2016QNRC001)、国家自然科学基金(No.71874193，No.71503249)、亚太全球变化研究网络(APN)资助项目(CBA2018-02MY-Fan)、美国能源基金会“中国可持续能源项目”(G-1601-24219)、煤炭资源与安全开采国家重点实验室重点开放课题(SKLCRSM16KFC05)等的资助。先后得到了彭苏萍院士、武强院士，以及姜耀东、黄晶、谢极、汪航、于福江、孙洪、魏一鸣、王家臣、刘峰、周宏伟、吴刚、丁丁、Peter Morling、陈小欧、仲平、钟丽锦、尹乐、刘世俊、刘强、杨光、杨瑞广、何霄嘉、宋翔洲、陈幸荣、许吟隆、王兆华、李小春、侯运炳、赵毅鑫、唐葆君、陈彬、刘兰翠、廖华、梁巧梅、张跃军、刘炳胜、於世为、李全生、聂立功等专家和领导的鼓励、指导、支持和无私帮助。在围绕能源与水问题开展的研讨和调研中，李小春、聂立功、钟丽锦、杨瑞广、於世为、韩国义、陈贵峰、熊小平、张国生、白雪、李海红、吴敬东、刘培、刘杰、李维明、赵慧明、陈怡、程蕾、刁玉杰、杨晓亮、王蕾、苏罡、曹志国、姜大霖、张苏阳等提供了宝贵的建议和无私帮助。在此向他们表示衷心的感谢和崇高的敬意！

鉴于能源与水耦合问题的复杂性，加上作者知识修养和理论水平有限，书中疏漏之处在所难免，恳请学术前辈和同行学者不吝赐教。

作　者

2019年2月

目　录

第1章　绪　　论

1.1　能源与水关系概述

水资源和能源是支撑经济社会发展的重要支柱，能源生产的各个环节都需要消耗水资源，水资源的开发利用也需要能源供给，二者的这种相互依赖关系构成了能源与水重要关系的基础。

1.1.1　能源需求带动水资源需求持续增长

能源的生产和转换环节往往伴随着大量的水资源消耗。2014 年全球能源生产的取水量达到 3980 亿立方米，约占世界总取水量的 10%(IEA, 2016a)。随着人口增长和经济持续发展，全球能源需求仍将持续增长，根据 BP(2015)的预测，到 2035 年，世界能源消费总量将比 2015 年增长 37%，这将持续增加能源行业的水资源需求。另外，水资源开发利用的每个环节(水的提取与净化、运输和分配、废水处理等)也离不开能源的投入。2014 年全球水资源部门相关的总能源消费量约 1.2 亿吨油当量，几乎相当于整个澳大利亚的能源需求。其中，大约 60%的能源通过电力(electricity)供给，约为 8200 千瓦·时，占全球电力消费总量的 4%。据 IEA (2016a)估计未来全球水资源部门的能耗也将持续增长，预计到 2040 年全球水资源部门的能耗将比 2014 年翻一番。

作为全球第一大发展中国家，中国的城市化、工业化进程推动了能源需求的快速增加，2016 年中国能源消费量在全球能源消费总量中的比重达到了 23.2% (BP, 2018)。在能源需求快速增长的拉动下，中国能源生产量已从 1990 年的 10.39 亿吨标准煤[①]增加至 2016 年的 34.6 亿吨标准煤(国家统计局, 2018a)。各类能源的生产都离不开水资源的使用，随着中国能源生产和消费的不断增长，水资源的需求也在逐渐增加。据 IEA(2016a)估计，在新政策情景[②]下，2014～2040 年中国能源相关取水量年均增长 0.8%，耗水量年均增长 1.3%。

1.1.2　中国能源生产与水资源赋存呈逆向分布

中国幅员辽阔，各地区能源和水资源禀赋差异巨大。整体上看，中国能源与

① 除非特别说明，本书对于能源生产和消费总量均采用发电煤耗法。

② 新政策情景：广泛参考各国已经宣布的政策承诺(温室气体排放量增长 2%以内和改革化石燃料补贴)，综合考虑预期即将发布的气候政策及所带来的影响的情景。

水资源赋存情况呈现逆向分布(图 1-1)。从中国能源分布特征来看，中国能源资源特别是化石能源(煤炭、石油、天然气)储量丰富，但分布极不均衡，总体呈现“西北多、东南少”的分布格局，主要集中在山西、内蒙古、陕西、新疆等地，其中山西、陕西和内蒙古能源生产量达到 15.57 亿吨标准煤，占全国总生产量的 47.8%(国家统计局，2018b)。但从水资源分布特征来看，其呈现“南方多、北方少”的特点，可见能源产量高的地区往往是缺水地区，如山西、陕西和内蒙古等资源大省，其水资源总量仅占全国水资源总量的 2.5%。这些地区化石能源生产用水需求大，无疑会加剧当地水资源紧张的态势。

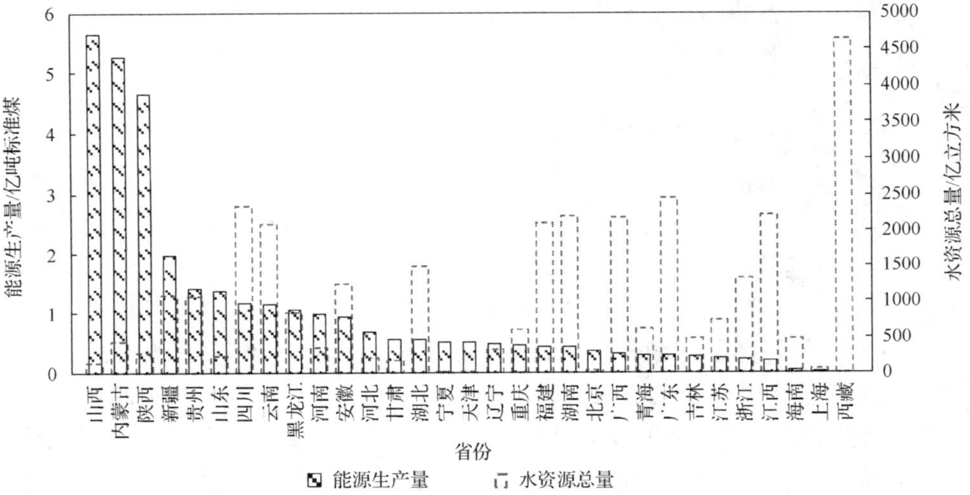

图 1-1 2016 年各省份能源生产量和水资源总量分布

资料来源：国家统计局(2018a, 2018b)

缺少港澳台数据

具体来看，煤炭、石油和天然气产量与水资源量分布均存在明显差异。中国煤炭储量的分布极不均衡，使得煤炭生产主要集中在山西、内蒙古、安徽、山东、河南、贵州、陕西、宁夏、新疆等少部分省份，且随着煤炭产业的集中布局，中国煤炭生产将更加集中于这些省份。按缺水等级划分(Malin and Carr，1999)，这些省份中陕西、山西、山东、宁夏、河南都属于极度缺水地区(图 1-2)，安徽属于中度缺水地区，内蒙古、贵州和新疆属于轻度缺水地区。水资源短缺将给当地煤炭开采和洗选业带来巨大的制约作用。与煤炭相似，石油受资源储量分布影响，产地主要分布在少数地区，以新疆、黑龙江、天津、山东、陕西最为集中，石油开采用水需求也相对集中于这些地区，而这些地区水资源都相对缺乏。对于天然气而言，与煤炭、石油产量分布相似，天然气主要集中在新疆、陕西、四川等省份，这三个省份天然气产量占全国总产量的 73.78%。其中，产量相对集中的新疆、陕西均属于缺水地区(图 1-2)。

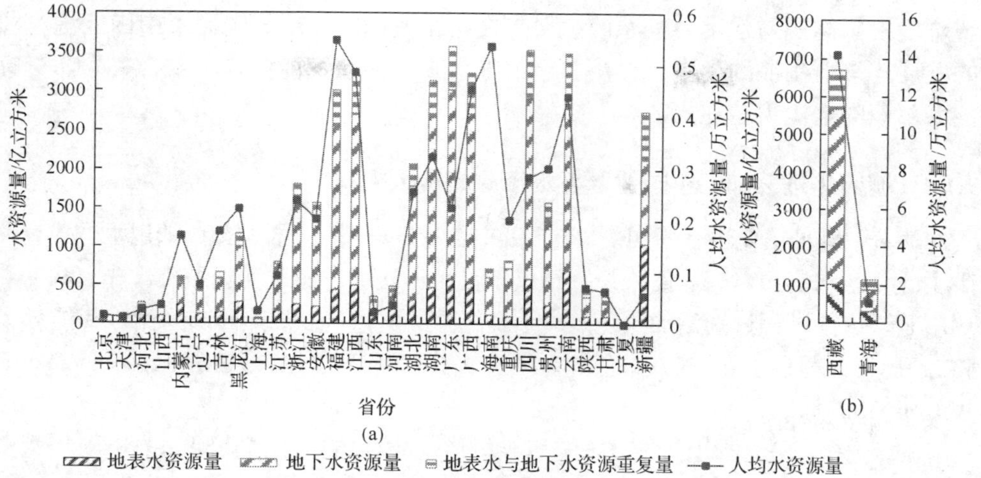

图 1-2　2016 年各省份水资源量及人均水资源量

资料来源：国家统计局(2018a)

缺少港澳台数据

1.1.3　水资源短缺制约能源产业发展

世界经济论坛发布的《2015 年全球风险评估报告》指出水危机将是未来 10 年全球人类需要应对的最为严峻的挑战之一(WEF，2015)。中国的水资源短缺问题则更为严峻，2017 年中国人均水资源量仅为 2074.5 立方米，约为全球平均水平的 28%，位列世界第 121 位，被联合国列入全球 13 个贫水国家之一(国家发展和改革委员会，2017)。全国每年缺水 500 多亿立方米，600 多座城市中约三分之二的城市存在不同程度的缺水问题，其中 110 座城市严重缺水(国家发展和改革委员会，2017)。

除了水资源短缺问题，水资源还存在过度开发、粗放利用、水污染严重 3 个方面的突出问题，对此，中国政府明确提出水资源开发利用控制、用水效率控制和水功能区限制纳污“三条红线”的主要目标，推动经济社会发展与水资源水环境承载能力相适应，这样就对能源产业产生了约束作用。首先，中国是能源生产大国，2016 年能源生产量为 34.60 亿吨(国家统计局, 2018a)，因此能源生产相关用水量基数庞大。其次，中国的能源和水资源在地域上呈现逆向分布，能源生产基地集中分布于中国北方地区，而北方地区恰恰是中国水资源较为贫乏的地区。最后，受开采条件和生产技术的限制，中国能源生产还伴随着大量的废水污水排放，2015 年仅煤炭开采与洗选、石油加工与炼焦、电力热力生产和供应 3 个行业的废水排放就占到全国废水排放总量的 13%(国家统计局，2017a)。大量的废水污水排放对当地水环境造成了严重的污染和破坏，使本已严峻的水资源短缺问题雪上加霜。在这样的情况下，水资源政策势必会限制能源产业的发展。

综上所述，中国水资源的严重短缺同能源需求与生产持续增长之间的矛盾是现阶段中国能源与水耦合关系的主要方面。水资源短缺严重阻碍了中国能源产业的发展，进一步制约了中国经济社会的发展，因而研究能源与水耦合关系，缓解能源部门的水压力迫在眉睫。

1.1.4 城镇化进程加剧中国能源与水资源的紧张关系

随着中国城镇化进程的加快，城市人口数量逐渐增长，居民部门的用水方式也发生了改变。水资源对于居民来说，不仅仅只用于饮用，还被用于加热、洗衣和冲洗厕所等，这些过程特别是加热环节离不开能源的支撑。以加热环节为例，其能耗为14.8万～15.9万(千瓦·时)/加仑①，远远高于其他环节的能耗(Griffithssattenspiel and Wilson, 2009)。

对于中国而言，由于城镇居民和农村居民生活方式和消费观念的不同，两者水资源使用情况存在明显差异，城镇居民人均用水量明显高于农村居民。2014年，中国城镇居民人均生活用水量(含公共用水)为213升/天，是农村居民人均生活用水量(81升/天)的2.63倍(国家统计局, 2018a)。这意味着在农村人口向城镇转移过程中，居民用水将呈现巨大的增长趋势，这无疑会带动居民用水能源需求的快速增长。此外，居民生活用水过程中的大量生活废水处理也会造成额外的能源消耗。近些年来中国生活废水排放总量呈现逐年增长的趋势，2015年生活废水排放量已高达535.2亿吨，在全国废水排放总量中所占比重由2000年的53.20%增加到了2015年的72.7%(国家统计局，2017a)。对于生活废水的处理无疑也将增加各地区水资源部门的能源需求。因此，未来城镇化进程的快速发展会在一定程度上加剧中国能源与水资源的紧张关系。

1.2 从能源的角度看水的问题

能源部门对水资源的需求和影响主要发生在煤、石油、天然气等化石能源及核能、风能、太阳能和生物质能(bivenergy)等非化石能源的生产和加工转换过程中。

1.2.1 能源行业中电力部门用水量巨大

中国是一个农业大国，因而农业用水量基数远高于其他部门，一直处于主导地位，但随着中国经济和社会的发展，农业用水量占全国用水总量的比重正在逐渐下降，已由2000年的68.82%下降到2016年的62.38%(国家统计局，2018a)。与此同时，工业部门的用水量占全国用水总量的比重却由2000年的20%上升到2016年的34.7%(国家统计局，2018a)，且在工业部门中，电力、热力生产和供应

① 1加仑(UK)＝4.54609升；1加仑(US)＝3.78543升。

业的用水情况十分突出。从2012年中国工业部门的取水量和耗水量[①]情况来看，电力、热力生产和供应业取水量占工业部门取水总量的50.49%(图1-3)，耗水量占工业部门耗水总量的14.58%(图1-4)，尽管耗水量低于非金属及金属产品制造业等重点部门，但仍占较大比重。

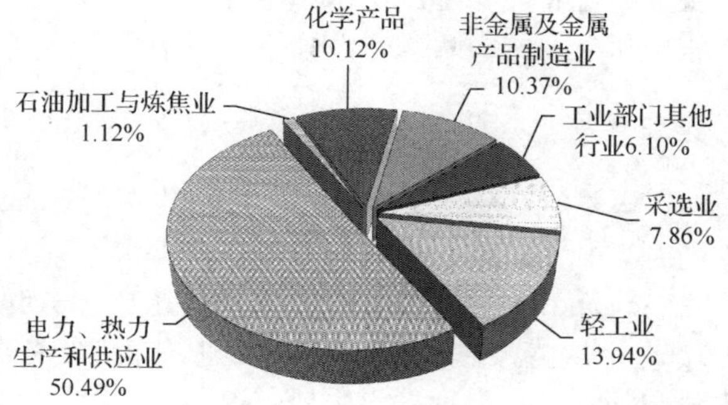

图1-3 2012年中国工业部门取水情况

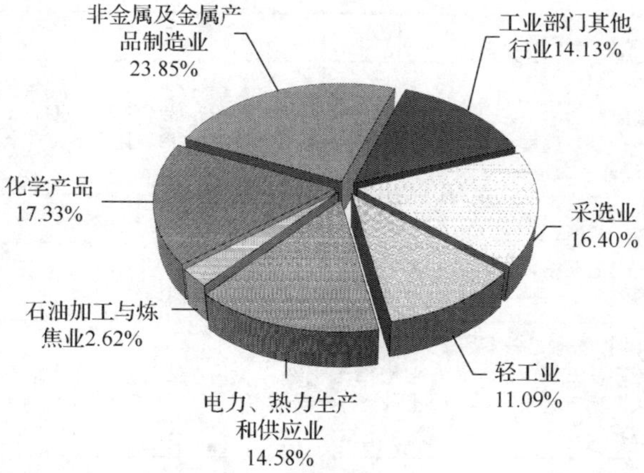

图1-4 2012年中国工业部门耗水情况

在电力、热力生产和供应业部门中，电力耗水最明显。电力部门作为支撑其他行业发展的基础，在经济社会发展中起着关键性的作用。2000年以来，中国电力需求量逐步增加，全社会用电量从2000年的1.36万亿千瓦·时增长到了2016年的6.13万亿千瓦·时，年均增速为9.9%(国家统计局，2018a)。随着电力需求的增加，电力供给及其电力生产过程中的用水需求也会相应增加，在国内水资源供应短缺的情况下，电力生产与水资源之间的矛盾逐渐突出。未来一段时间内，电力生产的取水和耗水问题仍值得我们关注。

① 取水量是指从源头上取出的水的量；耗水量是指最终不返回到源头的水的量，消耗的方式包括蒸发或运输到其他位置等。

1.2.2 能源生产结构优化的节水效益存在不确定性

中国能源生产结构的不断优化，将导致能源部门用水形势的改变，准确识别这种变化趋势，对于未来中国的能源和水资源的统筹规划至关重要。就中国能源生产用水而言，主要包括化石能源生产用水和电力生产用水两个方面。因此，本书从化石能源生产结构和电力结构两个方面分析其用水情况。

1. 主要一次能源生产的用水特征分析

我国煤炭、石油、天然气等资源储量丰富，可再生能源(renewable energy)和其他新能源也在不断开发利用，但是各种能源的生产都离不开水资源。根据国内外研究(IEA，2012；Zhang and Anadon，2014；唐霞和曲建升，2015；BP，2016；IEA，2016a)，本书比较了部分一次能源生产的用水需求，进一步结合图 1-5 给出的部分一次能源生产的取水量和耗水量，整理得出主要一次能源生产用水特征(表 1-1)。

表 1-1 主要一次能源生产用水特征

一次能源	用水环节	用水情况
煤炭	煤炭开采和防尘 洗煤过程 采区的植被恢复过程 长距离运输液态煤层气	单位煤炭的取水量和耗水量在能源生产中仅多于常规天然气开采，且生产单位标准油(toe)煤炭的取水量和耗水量大多少于 1000 升
煤制气	生产过程	约需要 7 吨水/米^3
煤制油	直接生产过程需要消耗大量淡水	单位耗水量可高达 12000～13000 升水/吨标准油，即便是采用了节水技术，仍需要 6000 升水/吨标准油
常规油	钻孔、打井和水力压裂过程 二次或多次开采 油砂开采和露天开采 精炼过程	总体来看，开采石油单位用水量高于常规天然气和煤炭开采，在化石能源中排名较为靠前
致密油	水力压裂过程	致密油开采还属于新技术，取水和耗水数据缺乏
油砂	冷却过程 加工过程	油砂生产合成原油(人造原油)的过程比较耗水 由于水的循环利用率下降了，近几年油砂开采中的淡水使用量有所上升
重油	热工艺过程	耗水量为 4.5 桶水/桶油，淡水消耗强度约为 135 米^3/太焦
常规天然气	钻井和处理过程	通常比生产其他化石燃料或生物燃料用水量少。每吨标准油常规天然气取水量和耗水量最大不超过 1000 升，低于其他一次能源生产用水
页岩气	水力压裂过程	页岩气取水量和耗水量范围均在 10^2～10^4 升/吨标准油，高于煤炭和常规天然气生产用水量
致密气	水力压裂过程	数据缺乏
生物燃料	原料作物的灌溉 燃料生产中洗涤、清洗和冷却过程	生产单位标准油生物燃料用水量和耗水量是相当大的，其最大值甚至接近 10^7 升/吨标准油

资料来源：IEA(2012)；Zhang 和 Anadon(2014)；赵似锦(2014)；唐霞和曲建升(2015)；伍金伟(2015)；BP(2016)；IEA(2016a)及作者整理。

煤炭生产用水主要来自于与开采有关的活动，因而根据煤层的深度、地质条件、厚度和煤炭的能量含量及地表和地下矿井水含量等不同，相关用水存在差异。此外，为提高煤炭质量和运输、使用效率而进行的洗煤过程也会带来额外用水。生产单位标准油煤炭的取水量和耗水量一般少于1000升，高于常规天然气、致密气和煤层气开采用水(图1-5)。此外，逐步衍生出来的煤制油、煤制气等煤化工产业均是高耗水产业(图1-5)，我国煤制气生产过程中的需水量约为7吨水/米^3，而每吨煤制油生产耗水量高达12～13吨，即便是采用节水技术，生产1吨油品也需要6吨的耗水量(表1-1)。

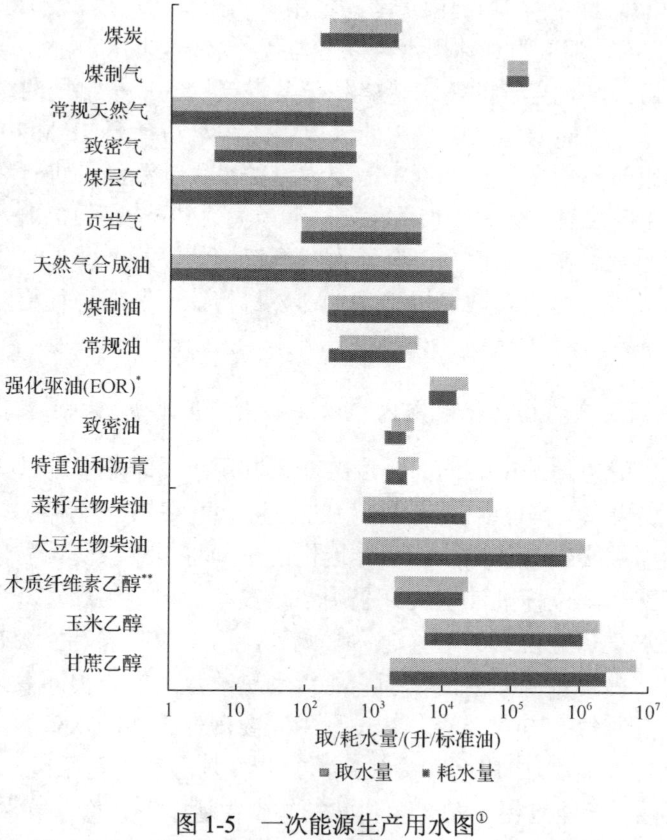

图1-5　一次能源生产用水图①

资料来源：Gleick(1994)、IEA(2016a)及作者整理；* 最小值为一次开采，最大值为二次开采；** 最小值为地下开采，最大值为地表开采；① 所显示的范围包括用于能源生产、处理和运输的取水量和耗水量，生物燃料作物培育阶段用水量由于地区不同、作物品种不同而差别较大，图中最小值代表非灌溉作物的水需求，仅用于其燃料转化阶段

常规油生产所需的水取决于所用技术、油田地质特征和二次采收程度(IEA，2016a)。具体而言，常规石油开采与常规天然气类似，其用水量相对较小，一次开采的需水量主要取决于地质构造特点。非常规油(如油砂)生产合成原油(人造原油)是水密集过程，但由于近年来水的循环利用率上升等，这类生产过程的用水量

存在不确定性。例如，BP(2016)指出，水的循环利用率上升导致近几年油砂开采中的淡水使用量有所下降，阿尔伯塔省冷湖地区每立方米石油开采的耗水量甚至小于0.5立方米。但是，EOR等技术需采用注水等方式提高采收率，其单位采出用水量比一次采收的常规油高出10倍(IEA, 2016a)。综合来看，开采相同热量石油的用水量比常规天然气和煤炭开采的用水量大，在化石能源中排名较为靠前。

常规天然气用水主要在钻井和处理过程，通常比生产其他化石燃料或生物燃料用水需求少(IEA，2016a)，每吨标准油常规天然气取水量和耗水量最大不超过1000升，低于其他化石能源生产用水(图1-5)。非常规油气如致密油气和页岩气的生产耗水与常规油气生产相比由于考虑范围不同而有所不同。具体而言，如果采用注水提高采收率，那么常规油用水可以在与致密油相当的范围内。若考虑到压裂所需的额外水量，则页岩气的需水量略高于常规天然气，与常规油需水量相当。

生物燃料是一次能源生产中最大的水取用源和水消耗源(IEA, 2016a)，这是因为生物燃料的原料作物在生长过程中需要大量的水用于灌溉及进行燃料转换。特别是生产单位热量甘蔗乙醇的取水量和耗水量最大值甚至接近10^7升水/吨标准油，表明生物燃料的发展在很大程度上会增大对水资源的消耗。此外，生物燃料精炼过程也需要水，与石油和天然气相比，生物燃料精炼厂需要消耗更多的水，主要以蒸汽的形式进行发酵(IEA，2016a)。

2. 一次能源生产结构优化短期内难以降低生产用水需求

首先，煤炭的主体地位短期内难以改变，其用水需求难以有效降低。受资源禀赋的影响，煤炭在我国能源生产结构中的比重一直保持在75%左右(图1-6)，且未来一段时间内煤炭保持能源生产主体地位的格局将很难改变。虽然与生物燃料和页岩气等相比，单位标准油煤炭开采用水量较小，但中国煤炭开采总量大，导致煤炭总体用水量仍有较大的增长潜力。此外，为了改善煤基能源带来的环境污染与破坏状况，煤炭资源的清洁化利用将得到进一步发展，但随着煤炭从直接利用向煤制油、煤制气等方向转变，其过程中需要消耗大量的水资源，将导致煤炭利用需水量持续大幅增加(唐霞和曲建升，2015；项潇智和贾绍凤，2016)。

其次，石油、天然气在一次能源生产结构中占比较小，总体节水效果不明显。天然气在能源生产结构中的比重较小，但由于国家一直鼓励天然气的开发利用，其在能源生产结构中的比重正在逐渐增加，由2005年的3.0%上升到2016年的5.2%(图1-6)，由于单位天然气开采的用水量低于单位煤炭和单位石油开采的用水量，天然气在生产结构中的比重上升能够产生节水效益。同时，石油在能源生产结构中的比重一直在减小，从2005年的11.3%下降到2016年的8.2%(国家

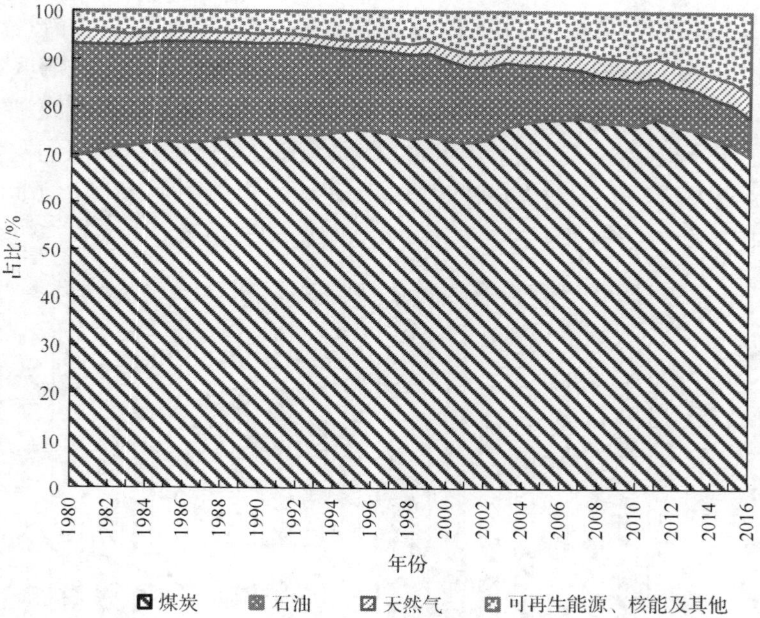

图 1-6 1980～2016 年中国一次能源生产结构

资料来源：国家统计局(2018a)

统计局，2018a)，两者的变动在一定程度上促进了水资源的节约。即使如此，受储量、技术、成本等因素影响，短时间内天然气难以主导中国能源生产结构，就全国水平来看，石油和天然气生产产生的节水潜力短期内不够明显。

最后，虽然可再生能源不断发展，但其节水效果具有较大的不确定性。随着可再生能源在中国的不断推广和发展，其与核能及其他能源占中国能源生产总量的比重从 1980 年的 3.8%上升到 2016 的 16.8%(图 1-6)，这为我国能源消费结构转型提供了清洁、高效的能源动力。然而在水资源使用上，可再生能源的用水情况整体上还存在较大的不确定性：一方面如风能和太阳能等可再生能源需水量小，有利于节约水资源；另一方面，如生物质能和水电等耗水量相对较大(IEA，2016a)。

3. 电力供给结构优化的节水效果不明显

中国电力行业发展过程中，逐步形成了以火电、水电、风电、太阳能发电、核电等多元发展的电力供给模式。各种发电技术的耗水情况存在明显差异(附表 1-1)，如风电、光伏发电等耗水较少，火电等发电方式耗水量较大。中国电力供给结构逐步调整优化是否可以间接改变中国用水形势值得我们关注。

就装机容量和发电量来看，火电一直主导着中国电力行业体系，其发电装机容量虽然有所下降，但从 2000 年以后一直保持在 65%以上(图 1-7)；而火电在电力供给结构中也是如此，2008 年以后稳定保持在 75%以上(图 1-8)。火电生产过程中的用水主要在冷却环节，其取水量和耗水量均较大。就中国而言，火力发电的冷却方式主要为直接冷却和湿塔冷却（附表 1-2），这两种冷却方式的取水量和耗水量明显高于空冷等其他冷却方式。同时，作为发展中国家，随着经济发展和生活水平的进一步提高，中国电力需求将持续增加，尽管风电、太阳能发电等电力供给方式逐渐发展，但受到煤炭资源禀赋的影响，火电的主体地位短期内较难改变，因此中国火电生产过程中用水总需求会明显高于其他发电方式。

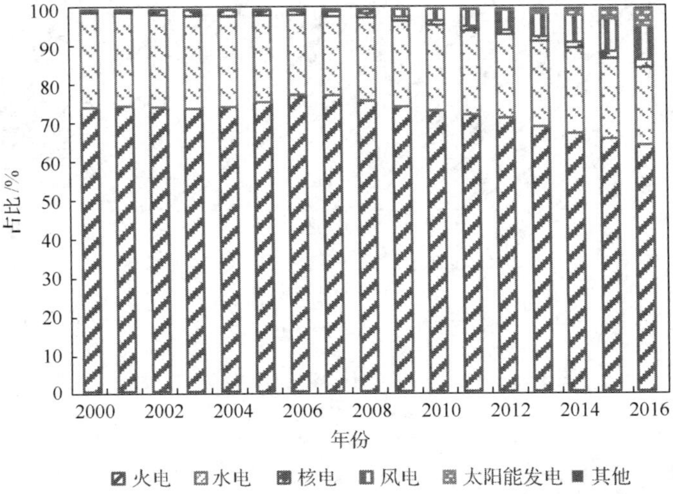

图 1-7　2000～2016 年中国各发电品种装机容量

资料来源：国家统计局（2018a）

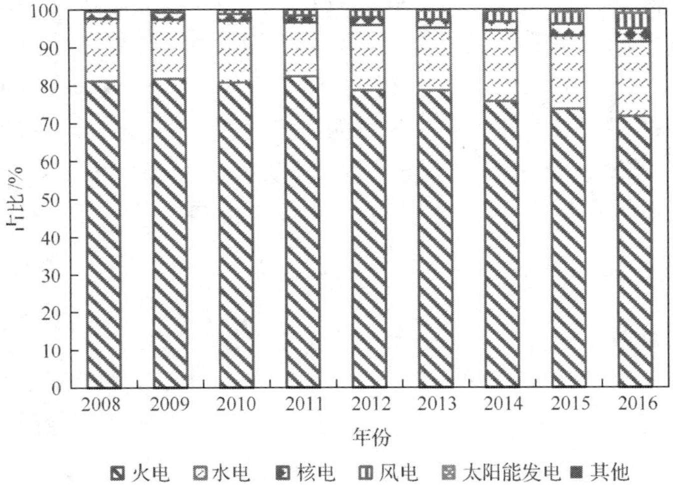

图 1-8　2008～2016 年中国电力供给结构

资料来源：国家统计局（2018a）

非化石能源发电中，水电装机容量、发电量都占较大比重，2016年分别达到20.1%和19.7%(图1-7和图1-8)。水力发电的实质是引水发电，其引取的大部分水资源将返回江河，所消耗的水资源主要是建坝蓄水后水面扩大而造成的蒸发损耗，所以相对于火电站的耗水量，水电厂耗水量较少(陈臻和周章贵，2014)。但由于水电受自然条件因素影响较大，北方地区水电分布较少，特别是在干旱地区难以推广。

其他清洁电力，特别是核电、风电、太阳能发电等发电技术的发展迅速，其装机容量、发电量持续增加。以风电为例，2006～2016年，中国风电装机容量从2.07吉瓦增长至148.64吉瓦，年均增长率为53.33%，风电发电量从2.8太瓦·时增长至241太瓦·时，年均增长率达到56.13%。但受资源稳定性、成本、技术等因素限制，核电、风电、太阳能发电在一次能源供应中的比重短期内难以大幅度提高。截至2016年，核电、风电和太阳能发电总装机容量也仅占全部装机容量的15.6%，其电力供给占总电力供给的比重更小，为8.6%(图1-7和图1-8)。另外，风电、太阳能发电等受并网难等因素影响，弃风、弃光现象一直是难以避免的问题。因此，尽管风电、太阳能发电等属于耗水量相对较少的发电模式(廖世克等，2013)，但未来一段时间内其装机容量及供给量仍将保持在较小规模发展之中，间接的节水效果有限。

综上所述，虽然水电、风电、太阳能发电等相对清洁能源发电发展迅速，但在短时间内难以主导中国电力供给结构，尽管火电所占比例有所下降，但其主体地位短期内较难改变。因此，电力供给结构的优化并不能与节水完全匹配。根据国际能源署(IEA)的数据，在新政策情景下，美国核能、生物质能等清洁能源的增加优化了电力结构，但总体取水量和耗水量仍然巨大，甚至还有所上升，特别是生物燃料方面的用水量和耗水量增长迅猛(IEA，2012)。相对于美国，中国能源生产结构中清洁能源所占比重较少，未来随着中国电力供给结构的优化，其核能、生物质能等清洁能源所占比重也会逐渐上升，很可能带来更多的用水量和耗水量。

1.2.3 能源对水质影响加剧水资源短缺危机

能源生产不仅会加剧当地水资源压力，而且各生产活动的进行也会对当地的生态环境，特别是水生态带来严重的破坏。而且这种破坏大多都是不可恢复的、永久性的。例如，对于煤炭生产，其开采过程对煤层及以上岩层产生扰动与破坏，会对地下、地表水系统造成毁灭性的影响。

根据IEA(2012)及相关文献(赵似锦，2014；伍金伟，2015；庄海峰等，2017)，本章整理得出了能源生产的主要用水环节对水质的潜在影响情况(表1-2和表1-3)。无论是一次能源生产还是电力生产，对水质的影响都是多方面的。以煤炭为例，煤炭开采、洗煤等过程中的多个环节都会对地下水水质产生影响，如尾矿渗漏、矿坑排水等。随着能源生产带来的水资源污染、水系统破坏等问题突出，水资源短缺问题可能进一步加剧，能源生产和水资源之间的矛盾或将越来越突出。

表 1-2　一次能源生产对水质的潜在影响

一次能源	对水质的影响
煤炭	尾矿渗漏、矿坑排水或随燃料开采出的水污染地下水水质
煤制气	废水含有大量有毒和难降解污染物，随意排放将带来严重的环境污染(庄海峰等，2017)
煤制油	废水产生量大、毒性大、成分复杂等特点，使煤制油废水处理成为难题 水资源利用率低、废水处理效果不明显等(伍金伟，2015)
石油	尾矿渗漏、压裂液或随燃料开采出的水污染地下水水质
常规天然气	压裂液或随燃料开采出的水污染地下水水质
页岩气	水质污染有待进一步探究
生物燃料	通过含有化肥、杀虫剂和沉淀物等途径污染地下水水质精炼过程中产生废水

资料来源：IEA(2012)；赵似锦(2014)；伍金伟(2015)；庄海峰等(2017)。

表 1-3　电力生产用水环节和对水质的潜在影响

发电	用水环节	对水质潜在影响
火电(化石燃料、核能和生物燃料)	锅炉给水(用于产生蒸汽或热水)冷却 使用排放控制设备清洗污染物	冷却水排放造成污染(地表水) 影响水生生态系统 污染降雨、空气排放 锅炉污水排放(含有悬浮固体的锅炉给水)
聚光式太阳能和地热	系统流体或锅炉给水(用于产生蒸汽或热水)冷却	冷却水处理不当造成热污染(地表水) 影响水生生态系统
水电	电力生产存储在水库内(用于水电作业或者能源存储)	水温、流量和水生生态系统的变动 水库的蒸发损耗

资料来源：IEA(2012)；赵似锦(2014)；伍金伟(2015)；庄海峰等(2017)。

此外，从废水排放角度来看，工业部门是除农业部门之外最大的废水排放部门，其废水中所含污染物会进一步对水资源造成严重污染。从进一步细分行业来看，中国煤炭开采和洗选业、黑色金属采选业等 10 个工业部门，废水排放量明显高于其他部门，如图 1-9 所示，10 个部门废水总排放量①占总量的 78%；特别是黑色金属冶炼及压延加工业，一个部门的废水排放量就占到整个工业部门的 34.6%。其中，大多数部门为高耗能行业，如电力、热力生产和供应业，石油加工、炼焦和核燃料加工业，非金属矿物制品业，黑色金属冶炼及压延加工业，煤炭开采和洗选业，化学原料制品制造业，有色金属冶炼及压延加工业，纺织业八大行

① 总排放量：废水排放量与处理量的和。

业，占全国煤炭消费总量的 79.6%(图 1-10)。因此，能源部门会通过高耗能工业部门间接对水资源产生污染。

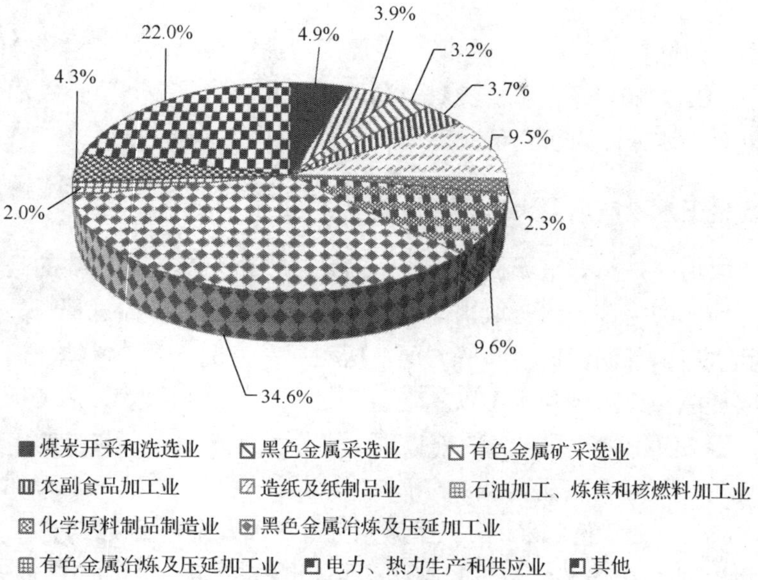

图 1-9　2015 年废水未处理前各部门占全国废水排放比重

资料来源：国家统计局(2017a)①

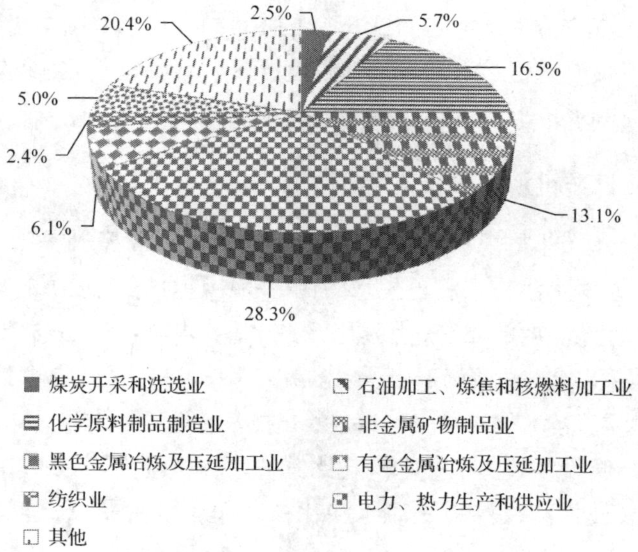

图 1-10　2015 年工业部门分行业能源消费

资料来源：国家统计局(2017a)

① 《中国环境统计年鉴 2017》未统计主要废水排放行业废水处理及排放量。

1.3　从水的角度看能源的问题

水资源部门同样需要巨大的能源，主要用于提取与净化、运输和分配及污水处理等环节(IEA，2016a)。水资源对能源的需求和影响是需要重点关注的问题，但是国内外关于这方面的研究目前还较少。

1.3.1　中国地下水供应总量大且能耗持续上涨

水的提取用能是指开采或提取水时所消耗的能量，其中最主要的是地下水和地表水两方面。因为地表水提取用能主要存在于水资源的存储过程，如水库的修建、维护及水库内部淤泥的清除等方面，所以通常情况下，提取地表淡水用能与地下水提取耗能相比小到基本可以忽略不计。对于地下水提取耗能，Gleick(1994)指出在所用泵使用效率为100%的前提下，每分钟提升100立方米的水至100米高度需要电能超过1.5兆瓦。Bauer等(2014)估计地下水系统每百万加仑用水耗电量约1800千瓦·时。整体来说，大型城市在地下水方面耗能较为明显；以美国加利福尼亚州为例，2010年其地下水开采方面耗电约7000吉瓦·时(Gober，2010)。

就中国供水结构来看，地下水是主要的供水水源之一。自2005年以来，地下水在中国供水总量中占比保持在18%左右，其地下水供水总量在逐渐增加，由2005年的1038.8亿立方米增长到了2016年的1057亿立方米(国家统计局，2018a)。同时，过去中国发展过程中对地下水的过度开采，导致地下水水位下降，因此需要到更深的地层取水，也就意味着更大的能源消耗。

1.3.2　非常规水源装机规模和能耗趋向增加

除常规水源外，非常规水源(如海水淡化水和再生水等)是解决水资源危机的主要选择。本节以海水淡化水和再生水为例分析中国非常规水源的能源需求问题。

海水淡化水是最主要的非常规水源之一，但是其伴随着较高的能源消耗。在海水淡化的发展历程中，全球已逐渐形成了以多级闪蒸技术、低温多效蒸馏技术和反渗透法为代表的三大主流技术(表1-4)。就海水淡化技术能耗情况来说，不同淡化技术能耗有所差别。其中，低温多效蒸馏技术能耗比其他两种技术小，为0.9～1.2(千瓦·时)/吨，而多级闪蒸技术和反渗透法海水淡化技术单位能耗是低温多效蒸馏技术的3倍左右。

表 1-4　三大主流海水淡化技术表

技术	淡化原理	优缺点	能耗/[(千瓦·时)/吨]
多级闪蒸技术	通过加热至一定温度的海水依次在一系列压力逐渐降低的容器中实现闪蒸汽化，然后再将蒸汽冷凝后得到淡水的过程	优点：传热管内无相变，不易结垢，产品水质好，单机容量大等 缺点：操作温度高，设备的腐蚀和结垢速度快；动力消耗大；产品水易受污染；设备投资大，初期建设费用高	3.5～4.5
低温多效蒸馏技术	将蒸馏产生的二次蒸汽作为加热蒸汽来对下一次海水进行加热，依次类推连续下去，使蒸发所消耗的热能得到充分再利用	优点：系统的热效率高；系统的动力消耗小；系统的操作弹性大；预处理简单、系统可靠性高、投资较低等	0.9～1.2
反渗透法	属于一种膜分离技术	目前反渗透法海水淡化技术发展更快，能耗、工程造价和运行成本持续降低，对海水水质的适应范围、系统稳定性尚有进一步提高的空间	3.0～5.5

资料来源：冯厚军和谢春刚(2010)。

再生水也是一种非常规水源，又称回用水或中水，是指使用过的污废水经回收处理后可再次使用的水(李太龙和曹宏博，2015)。在中国，再生水大部分作为非饮用的灌溉用水使用，少部分作为饮用水使用。一般来说，再生水处理的能耗取决于处理工艺和出水水质的要求。具体来说，在出水作为非饮用/非接触用水的情况下，以膜生物反应器(MBR)为代表的生化处理工艺对城市污水处理的能耗在0.45～0.91(千瓦·时)/米^3；而以超滤(UF)为代表的膜分离技术更适合处理二级污水处理厂的污水，其能耗在0.1(千瓦·时)/米^{3}左右(温华等, 2014)。

尽管海水淡化水与再生水的利用目前只占到全球用水总量的0.7%，但其生产过程中的能源消耗却占到了水资源部门能源消耗总量的四分之一，其中15%是电力供给(IEA, 2016b)。就中国而言，海水淡化水和再生水规模不断增加，截至2013年底，全国已建成海水淡化工程103个，产水规模超过90万吨/天，较2012年增长了16%(国家海洋局科学技术司，2014)。同时，中国再生水利用量快速增长，从2009年的21.5亿立方米逐年增加到了2016年的59.2亿立方米，增长了约1.8倍(任亮等，2018)。这无疑会增加海水淡化水和再生水的能源需求，特别是对于中国北方沿海地区的资源型缺水城市和南方沿海地区的水质型缺水城市，海水淡化水和再生水供水潜力巨大，但也伴随着巨大的能耗需求。以青岛为例，其海水淡化水供水潜力超过50000万米^3/年，能耗需求达到20亿(千瓦·时)/年(图1-11)。因此，中国海水淡化水和再生水技术的推广，虽然对于缓解中国水资源压力有巨大作用，但其巨大的能耗需求也不容忽视。

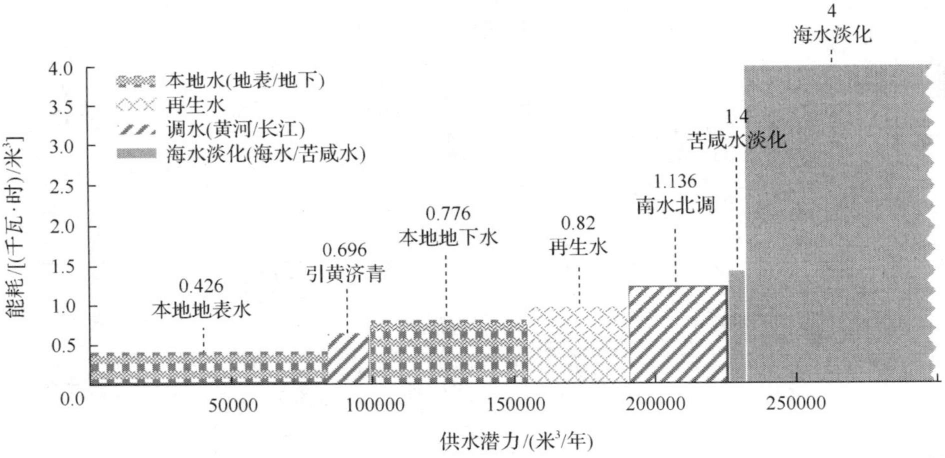

图 1-11　青岛不同类型水源的供水潜力与取水制水能耗曲线

资料来源：温华等(2014)

1.3.3　抽水蓄能水电站存在能源与水协同效益

水能是世界上可再生能源中最广泛、技术最成熟、利用率最高、经济效益较好的一种能源，因而世界发达国家水电开发占总能源(含火电、核电、潮汐、地热)的比重达 23%～28%(王容, 2014)。就中国而言，由于中国水资源的地区分布不均衡，有些地区水资源贫乏，有些地区虽然水资源丰富但水电站调节性能较差，再加上电网调峰的需要，水力发电的推广受限。因此，发展抽水蓄能电站成为一个较好的解决方式。抽水蓄能就是利用电网中负荷低谷时的电力，由下水库抽水到上水库蓄能，待电网高峰负荷时，将上水库的水放回到下水库实现发电的方式。抽水蓄能电站可以在电网中起到削峰填谷、优化电力供给结构、提高电网供电质量的作用。此外，抽水蓄能电站的综合效率[①]持续提高。中国早期抽水蓄能电站的综合效率在 65%左右，近年提高到了 75%左右(王容，2014)，这有利于弥补水电的不足。

抽水蓄能与电力具有协同效益，发展抽水蓄能电站离不开电力的支持，而抽水蓄能电站的发展反过来可以提高供电质量，增强电力电网的调峰和填谷能力，并为电力的发展提供水源等条件。另外，采用抽水蓄能电站与火电、核电、风电厂或常规水电站联合开发的模式，可以更好地发挥抽水蓄能电站的效益，改善供电质量，有利于电力系统的可持续发展。中国抽水蓄能电站从 2000 年电力系统体制改

① 在抽水和发电的能量转换过程中(即由电能转变为水能，再由水能转为电能)，输水系统和机电设备都有一定的能量损耗，发电所得电能与抽水所用电能之比就是综合效率。

革以来不断发展，截至2013年底，全国抽水蓄能电站投产容量已达2154.5万千瓦，在建容量1424万千瓦，保持稳定增速(刘芳等，2015)。因此，综合考虑水电(含抽水蓄能)和其他电力相结合的开发模式，是中国能源与水协调发展的重要组成部分。《水电发展“十三五”规划》中指出，到2020年，中国抽水蓄能电站装机容量达到4000万千瓦，占水电总装机的10.5%。未来，随着中国抽水蓄电站的发展，中国电力生产与水能在该方面的协同效益也会逐渐扩大。

1.3.4　大型调水工程耗能不容忽视

水资源调配方面的能源消耗主要存在于城市供水系统的配送过程及长距离输水过程中的动力供给，全球每年在水资源调配方面的电力消费为250太瓦·时(包括配水和长距离输水)(IEA，2016a)。国内外对于水资源运输耗能(主要是电力)情况进行过定量研究，圣地亚哥市的国家水利项目(SWP)终端水的能源强度为9200(千瓦·时)/百万吨加仑(Sanders and Webber, 2012)，而中央谷地的农民接受的水的能源强度为 1300～3100(千瓦·时)/百万吨加仑(Editors, 2004)。CEC(2005)指出每年加利福尼亚州供水运输和配送过程中消耗近 17 太瓦·时的电力，占其7.1%的电力需求。可见，水的运输和调配过程中将消耗大量能源。

同时，由于中国水资源地区分布不均，北方人口数量较多、经济较发达的地区需水量大但水资源却较缺乏，大型水利运输工程的建设难以避免，这无疑会加剧中国能源与水资源的紧张关系。以南水北调工程为例，尽管这一规模最大的跨流域调水项目对缓解北部城市缺水做出重要贡献，但同时导致巨大的电力需求和南部水资源输出区域产生移民问题(Yu et al., 2018)。因此，大型调水工程与节能效益存在一定的权衡关系，如何正确地处理水资源短缺问题应该是政策制定者需要重视的问题。

1.3.5　中国废水排放逐年增长，加剧能水矛盾

随着人类社会的快速发展，由人类活动排放的废水、废气、废物已造成了全球范围内的生态环境恶化，其中废水处理的能耗不容忽视。在美国、欧盟等发达国家和地区，废水处理用电量高于其他环节(达到40%以上)，而在废水处理比例较低的发展中国家中，废水处理用电量还较低(IEA, 2016a)。就中国而言，废水排放总量呈现逐年增长的趋势，2015 年废水排放量高达 735.3 亿吨，相比 2005年增长了40.19%(国家统计局, 2017a)。伴随着废水排放量的增长，中国废水处理能力和处理量也随之增长，截至2015年底，中国的城镇污水日处理能力由2010年的1.21亿吨增加到了1.82亿吨，已成为全世界污水处理能力最强的国家之一(王芳，2014)。从处理情况来看，2015年中国工业废水总排放量为499.87亿吨，但

实际排放量为 186.96 亿吨，处理率达到 62.60%；特别是 10 个主要废水制造部门废水处理率为 71.55%(图 1-12)，高于工业总体水平。尽管如此，中国在废水处理方面的能耗较发达国家还较低。未来，随着中国废水排放总量的增加，废水处理对能源消耗提出了新的挑战，有可能会进一步加剧能源与水资源之间的矛盾。

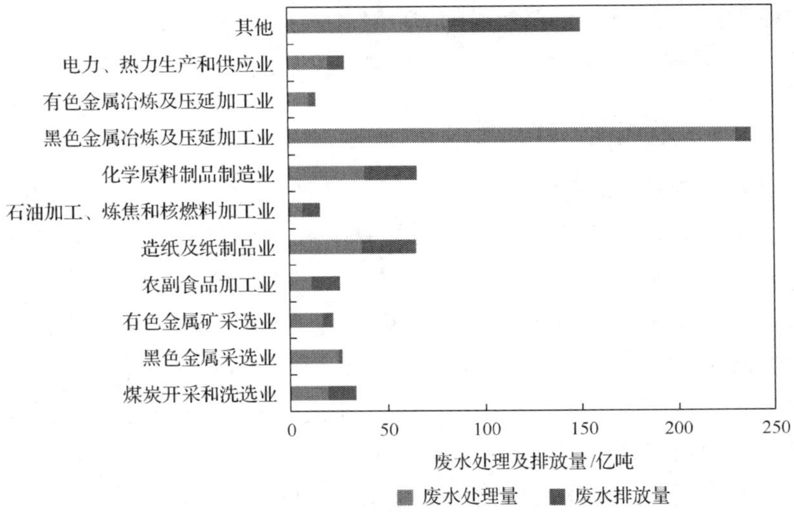

图 1-12　2015 年主要废水制造部门废水处理及排放量

资料来源：国家统计局(2017a)

1.4　本书研究内容

水资源系统和能源系统相互依存且密不可分，两者之间的密切联系被称为“能源与水耦合关系”，又称“能源与水关联关系”“能源与水纽带关系”等。能源与水耦关系合并不仅是简单地从能源看水资源或从水资源看能源，经济与人口增长及气候变化(climate change)等问题也将在一定程度上加强能源与水资源的密切联系。因此，本书从能源与水耦合视角出发，分析中国能源与水耦合现状及趋势特点，识别能源与水耦合关键部门，探讨中国能源与水资源协同发展政策带来的经济和减排效益，并进一步扩展到消费视角下中国能源-水-食物耦合关系的影响研究，同时调研并探究能源与水耦合领域的研究需求，提出中国能源与水资源协调发展的未来展望，以期为中国能源与水资源的可持续利用提供借鉴。本书第 2～第 8 章主要内容如下：

第 2 章分析能源与水耦合的国内外研究进展。本章通过国际与国内能源与水耦合文献计量分析，得到能源与水耦合关系研究的发文趋势、学科领域、热点期刊、高频关键词等演变趋势。并进一步结合基于生产端和消费端的能源与水耦合研究进展，全面深入地探究能源与水耦合关系研究现状及发展趋势。

第 3 章分析中国能源与水的生产消费特征和耦合关系。本章通过对中国能源与水资源供需现状及中国能源和水耦合流图分析，得到能源与水资源发展不协调情况，并使用计量经济学等多种定量方法，建立了中国区域能源生产与水资源之间的相互关系模型，定量分析了区域能源生产与水资源之间的相互依赖关系。

第 4 章分析中国能源与水耦合关键部门。本章重点考察经济产出变化对中国各产业部门能源消费、碳排放及水资源消耗的影响，同时还从不同收入阶层居民的角度对能源与水消耗进行测算，识别中国能源与水耦合的关键部门。

第 5 章为能源与水资源政策的协同效应模拟研究。本章主要从化石燃料补贴改革、水资源政策及气候政策 3 个角度出发，重点分析政策对中国能源与水资源之间的协同关系所带来的影响。

第 6 章为消费视角下中国能源-水-食物耦合的影响研究。本章在能源与水耦合关系的基础上，进一步考虑了能源-水-食物三者之间彼此关联、相互依存的关系，重点讨论居民饮食结构和消费结构变化引起的水资源与碳排放变动及不同经济发展路径对我国能源-水-食物耦合关系的影响。

第 7 章为中国能源与水耦合的研究需求调研分析。本章通过对研究机构、高校及能源相关企业专家进行问卷调研与访谈，重点讨论中国能源与水资源研究关注问题，并总结现阶段中国能源与水耦合领域的主要研究需求。

第 8 章为中国能源与水耦合关系展望和建议。本章主要总结分析中国能源与水耦合发展面临的挑战，并对能源与水耦合关系进行展望，在此基础上提出了针对性建议，以期为中国能源与水资源的可持续发展提供参考与支持。

1.5 本章小结

本章从能源角度看水资源问题和水资源角度看能源问题两个主要方面入手，剖析中国能源与水资源主要现状和特征，引出能源与水资源的复杂关系。基于此，本章主要得出以下结论。

从能源的角度看水资源：①电力部门是能源部门中最大的需水部门，随着电力需求的增加，电力供给过程中的用水需求也会相应增加，这会在一定程度上加剧中国能源与水资源的紧张关系。②尽管水电、风电、太阳能发电等相对清洁的发电技术迅速发展，但能源供给结构特别是电力供给结构中火电主体地位短期内较难改变，能源结构优化的节水潜力不明显。③能源生产环节对于水质污染严重，且能源部门及高耗能工业部门废水排放量偏高，将加剧能源生产和水资源之间的矛盾。

从水资源的角度看能源：①水资源提取与净化、运输和分配及污水处理等过程均依赖能源。从中国供水结构来看，地下水是主要的供水水源之一，其供水量和能源需求逐渐增加。②海水淡化水和再生水等非常规水源及大型调水工程能够有效缓解水资源短缺问题，但存在巨大能耗潜力。③中国废水排放量持续增长，加上严格的污水处理管理目标，在废水处理方面的能源需求将持续上涨。

第 2 章　能源与水耦合的国内外研究进展

2.1　能源与水耦合的文献计量分析

2.1.1　国际能源与水耦合文献计量

探究一个领域的研究趋势与文献特征，最普遍的研究方法之一便是文献计量学方法。文献计量科学最早出现在 1969 年，当时被称为“通过统计文档来阐明科学和技术的过程”(Pritchard, 1969)。目前，文献计量学被广泛用于评估学术产出的文章、著作等的特征，以确定研究的主要贡献者和所涉及的国家、机构，以及确定研究合作的模式，并预测特定领域的研究发展趋势。随着学术研究成果的迅速增长，文献计量成为研究一个特定领域的出版文献，获取定性数据和定量信息最重要和最有效的方法之一。

为了探究能源与水耦合领域的研究现状、特征及研究趋势，本书采用文献计量学方法对该领域的文献进行整理归纳分析，以期得到未来的研究重点与研究方向。所选用的数据来源为 Web of Science (WoS) 平台下的 *Science-Science Citation Index Expanded* (SCIE) 和 *Social Sciences Citation Index* (SSCI) 网络数据库，时间跨度为 1949～2019 年，检索日期截至 2019 年 1 月 21 日，文献类型为所有类型。利用关键词结合领域分类的方法和逆向多重检索的方法，最终确定了能源与水耦合检索式，如附录 2 所示。文献计量相关统计工作运用 WOS 平台、bibexcel 和 Pajek 分析工具完成。

本节采用的计量指标包括影响因子 (impact factor, IF) 和 H 指数等。其中，影响因子是美国科学信息研究所 (ISI) 的期刊引证报告 (JCR) 中的一项数据，是现代计量学里重要的衡量影响力的指标之一。H 指数是在 2005 年由美国物理学家赫希提出的用于个人学术成果评价的指标。赫希定义：“一名科学家的 H 指数是指其发表的 N_p 篇论文中有 h 篇每篇至少被引 h 次、而其余 N_{p-h} 篇论文每篇被引均小于或等于 h 次”(Chapagain and Hoekstra, 2008)。H 指数越高，说明该科学家的学术影响力越大。本书用 H 指数评价机构的学术影响力，即机构的 H 指数越高，说明其发文数量与发文质量普遍具有较高水平，该机构的学术影响力较高。

为了探究能源与水资源领域的研究热点与发展趋势，本书针对关键词进行分析研究，以反映作者的关注点和兴趣所在。本章采用 bibexcel 统计各关键词出现的频次，用 Pejak 对各关键词出现的频次及相互关系进行可视化分析，总结和预测该领域内的研究热点和未来趋势。

1. 论文发表数量由波动变化向快速增长转变

由数据库共检索得到 2610 篇相关文献，图 2-1 展示了从 1949～2019 年国际能源与水耦合领域全球及 5 个主要国家(地区)年发文量情况。可见，能源与水耦合的相关研究起步较早，1949 年出现首篇文献。就年发表量而言，1949～2016 年，能源与水耦合关系的研究总体呈现出上升趋势。这一趋势大致可以分为两个阶段：第一阶段，1949～2008 年，文献的年发表量呈现出波动性变化，但没有明显的增加趋势。其中又可以分为两个阶段，1949～1990 年，该领域处于萌芽阶段，产出量极低，仅有 4 个年份有一篇文献产出，说明在这一时期该领域未出现系统研究；而在 1991～2008 年，文献数量虽不稳定，但每年都有一定的发文数量，年均 30～60 篇，并且连续分布。但是，在后一阶段中，2004～2007 年发文量显著下降，这可能与全球其他危机突出使得人们对能源与水耦合问题的关注度下降有关。第二阶段，2009～2016 年，是文献发表量快速增长的一个阶段，年发文量从 2009 年的 81 篇增加到了 2018 年的 451 篇，增长较为迅速，并有继续上涨的趋势。

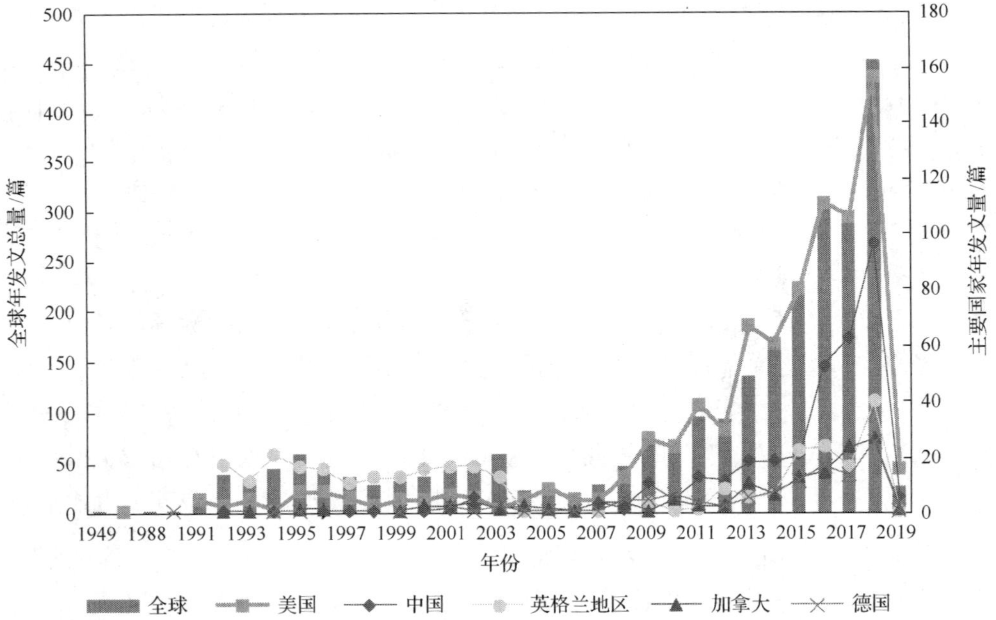

图 2-1　1949～2019 年国际能源与水耦合领域全球及 5 个主要国家(地区)年发文量情况

2. 近年来中国的发文量迅速增多，成为仅次于美国的发文国家

从主要国家(地区)的发文量上来看(图 2-1)，早期较为突出的是英格兰地区，其在 1992 年开始出现发文量，并且一直保持领先位置，接近或者超过 20 篇，远高于其他国家(地区)。2004 年，美国的发文量超过了英格兰地区，并呈现快速增长的趋势，由 2004 年的 5 篇增长至 2018 年的 157 篇，并在 2004 年之后一直位居发文量首位。2015 年以来，中国的发文量迅速增加，并逐渐缩小和美国之间的差距，成为仅次于美国的发文国家。

虽然中国和英格兰地区的总发文量分别排在第二和第三位，但其篇均被引频次却不及排名第四和第五的加拿大和德国，见表 2-1。荷兰的篇均被引频次位居发文总量排名前十国家(地区)的首位，达到了 26.63 篇。从国家(地区)类别上来看，10 个国家(地区)中有 5 个来自欧洲，3 个来自美洲，可见有关能源与水的文献主要来自于西方发达国家(地区)。

表 2-1　1949～2019 年能源与水耦合关系主要国家发文量及被引量情况

国家/地区	发文总量/篇	被引总量/篇	篇均被引频次/篇	*H* 指数
美国	820	14779	18.02	59
中国	340	4657	13.70	35
英格兰	320	3805	11.89	32
加拿大	144	2184	15.17	26
德国	123	2454	19.95	26
澳大利亚	119	2481	20.85	27
西班牙	118	1888	16.00	26
荷兰	82	2184	26.63	24
意大利	81	1039	12.83	19
巴西	67	689	10.28	18

3. 相关学科以自然科学领域为主，高产机构集中于美国

根据 ISI 数据库对期刊的学科分类，对 1949～2017 年能源与水耦合研究论文的主要学科领域进行分析，排名前十的学科领域见表 2-2。其中工程科学、能源和燃料科学、水资源、环境科学研究领域的论文数量均超过了 600 篇，明显高于其他学科，这说明了能源与水耦合研究涉及多个学科，但主要集中在能源与环境相关的学科领域。

表 2-2 1949～2019 年能源与水耦合研究主要涉及的学科领域

序号	学科领域	论文数量/篇
1	工程科学（Engineering）	1250
2	能源和燃料科学（Energy & Fuels）	983
3	水资源（Water Resources）	787
4	环境科学（Environmental Sciences Ecology）	718
5	科学技术与其他类别（Science Technology Other Topics）	326
6	化学工程（Chemistry）	158
7	农业科学（Agriculture）	145
8	热力学（Thermodynamics）	112
9	生物技术应用微生物学（Biotechnology Applied Microbiology）	86
10	气象学与大气科学（Meteorology Atmospheric Sciences）	85

图 2-2 显示了 1949～2019 年能源与水耦合研究论文涉及的主要学科领域所占的比例情况。可以发现：①已有研究主要集中在自然科学领域，而社会科学研究内容较为缺乏；②工程科学方面的科学论文产出量最多，占总数的 47.89%，其后的能源与燃料科学、水资源和环境科学方面的科学论文产出量也较多，占论文总量的 20%以上。

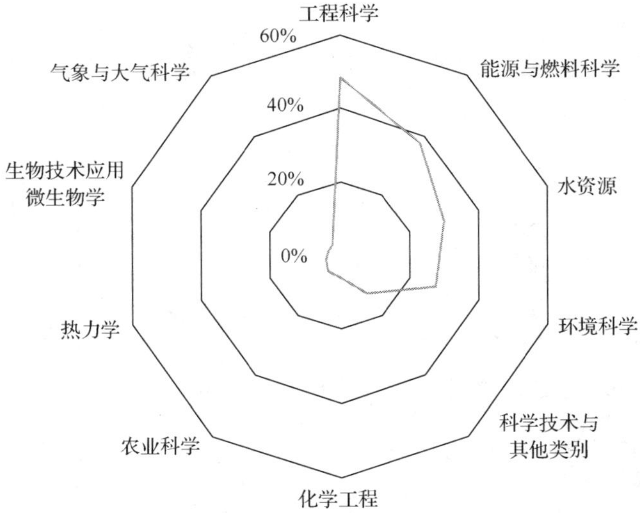

图 2-2 1949～2019 年能源与水耦合研究论文涉及的主要学科领域所占的比例

进一步，我们可以发现，这些文献分布在 647 个不同期刊上。通过选取载文数排名前十的期刊进行分析（表 2-3）发现：①大多数期刊属于能源研究领域，其中，*Journal of Cleaner Production* 和 *Applied Energy* 为该领域载文数最多的两个期刊，均在 90 篇以上；②这些期刊来源集中分布于发达国家，在载文数前十的期刊中，有 5 个期刊来自英格兰地区，3 个来自美国；③载文数排在第二位的 *Applied Energy* 期刊的影响因子排名位居载文前十期刊的首位，为 7.900，并且除了 *Water* 期刊外，其他期刊的影响因子均超过 4，说明能源与水耦合领域文献有较高的学术影响力。

表 2-3　1949～2019 年能源与水耦合研究领域主要载文期刊情况

刊物名称	来源	载文数	影响因子	载文数比例/%
Journal of Cleaner Production	美国	96	4.959	3.678
Applied Energy	英格兰地区	92	7.900	3.525
Environmental Science Technology	美国	60	6.653	2.299
Renewable Sustainable Energy Reviews	美国	54	6.798	2.069
Environmental Research Letters	英格兰地区	48	4.541	1.839
Energy	英格兰地区	46	4.292	1.762
Energy policy	英格兰地区	44	4.039	1.686
Water	瑞士	42	2.069	1.609
Energy Conversion and Management	英格兰地区	34	6.377	1.303
Science of the Total Environment	荷兰	34	4.610	1.303

从发文机构上来看(表 2-4)，1949～2019 年能源与水耦合关系研究领域的前十机构中，美国机构有 5 个、中国有 3 个、加拿大有 1 个、澳大利亚有 1 个。表明能源与水资源研究领域的绝对话语权主要集中于来自美国、中国的机构。其中，

表 2-4　1949～2019 年能源与水耦合研究领域发文机构情况

机构	总发文量/篇	占比/%	*H* 指数
得克萨斯大学奥斯汀分校(美国)	43	1.648	15
中国科学院(中国)	42	1.609	11
阿尔伯塔大学(加拿大)	42	1.609	13
得克萨斯大学(美国)	35	1.341	7
清华大学(中国)	33	1.264	11
北京师范大学(中国)	30	1.149	13
加利福尼亚大学伯克利分校(美国)	28	1.073	11
加利福尼亚大学戴维斯分校(美国)	27	1.034	11
伊利诺伊大学(美国)	27	1.034	10
昆士兰大学(澳大利亚)	27	1.034	10

得克萨斯大学奥斯汀分校科研产出文献数量最高，1949～2019 年共发文 43 篇。从各机构的 H 指数上来看，也是来自美国的得克萨斯大学奥斯汀分校最高，达到了 15，说明得克萨斯大学奥斯汀分校不论是发文数量还是质量都具有较高水平。来自中国的中国科学院和来自加拿大的阿尔伯塔大学总发文量紧排其后(42 篇)，但是 H 指数相对得克萨斯大学奥斯汀分校较低(H 指数分别为 11 和 13)，说明其在能源与水耦合领域的发文影响力还有较大提升空间。

4. 研究热点分布广泛，与可持续发展和气候变化关系密切

本书通过对能源与水耦合领域文献涉及的关键词(出现频次≥30 次)进行词频分析与归纳(图 2-3)，总结出了该领域的研究热点与趋势。

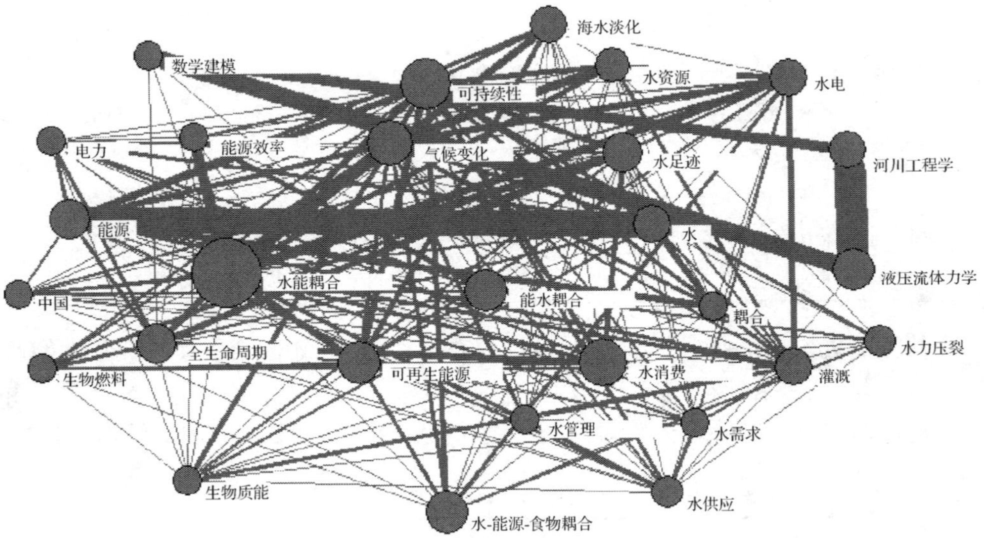

图 2-3　1949～2019 年能源与水耦合关键词共现情况

水能耦合(water-energy nexus)和能水耦合(energy-water nexus)是该领域出现频次较高的关键词，分别出现了 168 和 67 次，并且水-能源-食物耦合(water-energy-food nexus)也出现在热点关键词内，出现了 65 次。这体现了在能源与水耦合研究领域，食物问题是不可忽视的重要一环，水的不安全性等问题会逐渐演化成粮食及能源部门的安全性问题等，成为如今的研究热点(Pahl-Wostl, 2019)。

气候变化成为能源与水耦合领域中较为重要的背景性问题，《联合国气候变化框架公约》和《京都议定书》均指出，温室气体排放已成为国际社会日益关注的核心问题，因此世界各国提出了越来越多应对能源、环境和气候变化的政策(Tong and Elimelech, 2016)。最近的一些研究强调了水资源部门能源使用造成的温室气体排放的严峻性(Chen et al., 2016)，气候变化问题也给水资源相关部门带来了能

源约束。同样，可持续性(sustainability)问题也引起了学者的广泛关注，共出现了 89 次，并且从图中可以看出，其与其他关键词的联系也十分紧密，这体现了研究能源与水耦合是实现可持续发展目标的重要方面，这与全球 2030 年可持续发展目标相一致。

从能源的角度来看，可再生能源、电力、生物质能、能源效率(energy efficiency)等关键词的出现频率也较高，并且和水相关的关键词联系较为紧密，这体现了在这些能源领域的水资源消耗或影响问题是值得关注的。其中，由于生物质能具有可再生及可替代化石能源等特点，近年来被广泛地关注与利用(Halder et al., 2010; Kang et al., 2015)。在能源与水耦合领域，提高能源效率被视为衡量能源消耗中的节水效果的指标(Yang et al., 2011)。

从水资源的角度来看，水(water)及水管理(water management)、水消费(water consumption)、水足迹(water footprint)等关键词出现频率较高，体现了在能源与水耦合领域，水资源的管理及流动问题备受关注。在能源生产与消费的全生命周期中，水资源被认为是不可缺少的一部分，在这种情况下，水资源管理尤为重要。水足迹出现频率增多表明水足迹问题逐步引起了能水关系研究领域的重视。水资源供需系统方面的热点关键词涵盖了水消费、水供应、水足迹、水需求等，这说明所检索的文献中有较多的研究将水作为一个系统，研究其供给和需求方面的内容，以及水的消耗足迹等。

从研究方法上来看，较为重要的方法有全生命周期法(life cycle assessment)和数学建模方法(mathematical modelling)，这两种方法成为研究能源与水资源相互耦合、流动等关系时的主流方法。

2.1.2　国内能源与水耦合文献计量

为衡量能源与水耦合关系在中国的研究情况，本节以中国知网数据库(CNKI)为数据源基础，对能源与水耦合关系相关的中文文献进行文献计量分析，以期通过量化的方式分析该领域在中国的发展情况和发展规律，同时探寻该领域的前沿问题。

为尽可能全面地获取能源与水耦合关系领域的中文文献，我们组织专家对于如何检索及检索范围展开了多次讨论和尝试，最终确定检索式如附录 3 所示。检索的时间范围为 1982～2018 年，检索的文献类型为全部期刊。在此检索的基础上经过人工筛选最终确定了 678 篇论文为最终分析数据源。

1. 相关研究数量波动增长，近年来上升明显

能源与水耦合领域的中文期刊检索结果显示，中国学者在该领域的年发文量从 1982 年的 3 篇增长到了 2018 年的 54 篇，其中，2016 年发文量最高，达到 87

篇，如图 2-4 所示。但是，整体上来看，发文量呈现波动式上升，2011 年、2013 年及 2017 年和 2018 年等的发文量均有不同程度的下降趋势。

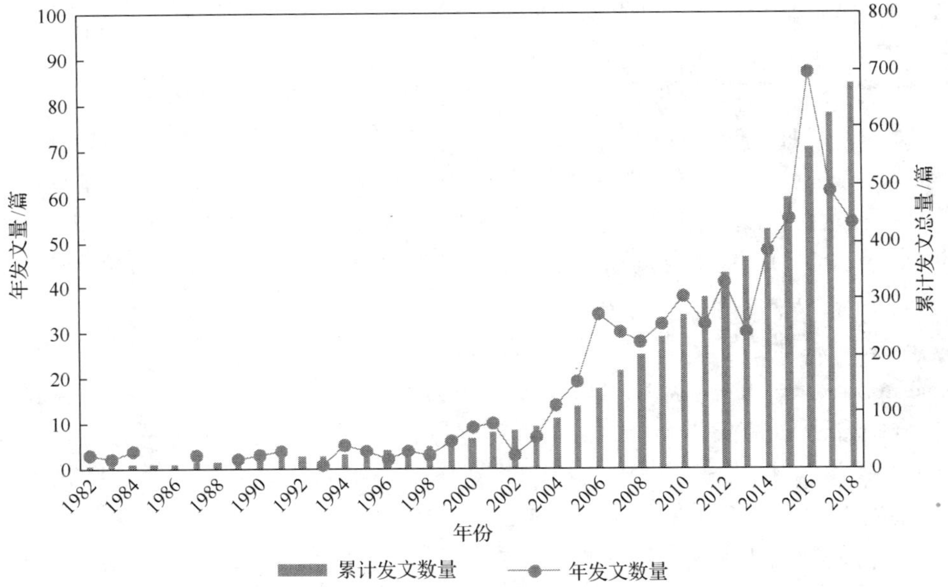

图 2-4　1982～2018 年中国能源与水耦合关系相关文献发文趋势

根据年发文量，大致可将中国能源与水耦合关系相关文献发展过程划分为两个阶段：1982～2005 年，中文文献中有关能源与水耦合领域的文章数量较少，均小于等于 20 篇，并且发文量呈现波动变化。2006 年以来，发文量快速增加，在 2006 年超过了 30 篇，近年来有关能源与水耦合的中文文献均已超过了 50 篇。但是近些年发文量不太稳定，呈波动式变化。从累计发文总量上来看，发文量在逐年上升，尤其在 2006 年以来，累计发文总量迅速增加。

2. 学科交叉特征明显，环境和水利工程领域发文量最多

根据所得结果与中国知网的学科分类，我们选取该领域发文量在前十的相关学科，见表 2-5。可以发现，这 10 个学科涉及的相关论文总数为 734 篇，已经超过了所选文章数，表明有多篇论文涉及多个学科。同时，这 10 个学科中除了涉及石油天然气、环境、电力工业、地质等自然科学与工程学科外，还涉及国民经济和区域经济等人文社会科学学科，说明能源与水耦合关系的国内文献具有明显的学科交叉性特点，亦反映出能源与水耦合关系研究的复杂性。另外，环境、水利工程这两个学科的发文量远高于其他学科，分别为 224 篇和 173 篇，说明当前从环境科学和水资源角度对该领域的研究较多。

表 2-5　中国能源与水耦合关系文献学科分布

序号	学科	发文量/篇
1	环境	224
2	水利工程	173
3	工业经济	82
4	电力工业	85
5	矿业	41
6	石油天然气	36
7	国民经济	34
8	地质	22
9	电气工程	19
10	区域经济	18

3. 文献来源较分散，载文数较高的期刊缺乏能源类期刊

根据表 2-6，可以看到能源与水耦合关系领域国内论文发表的期刊较为分散，载文数在前十的期刊，其刊载总量仅占总文献数的 14.31%，同时这 10 个期刊的载文比例差别不大，说明在中国较少有集中关注该研究领域的期刊。从这些期刊来看，载文数最多的期刊是《中国水利》，其次是《环境工程技术学报》，其他水利类期刊载文数也较为靠前，但是在载文数居前十位的期刊中能源类期刊仅有《水电能源科学》，且载文数仅为 6 篇，这说明国内能源与水资源耦合领域的文献大多集中于水利相关期刊，能源类期刊对该领域研究问题的重视程度还不够。

表 2-6　中文文献能源与水耦合关系领域发文期刊情况

序号	期刊名称	载文数/篇
1	《中国水利》	24
2	《环境工程技术学报》	14
3	《人民长江》	10
4	《水利水电快报》	9
5	《山西水利》	8
6	《水力发电》	7
7	《资源科学》	7
8	《环境工程学报》	6
9	《水电能源科学》	6
10	《绿色科技》	6

4. 研究机构相对分散，以工科院校及研究院所为主

我们根据检索结果列出了该领域发文量前十的研究机构及其发文量情况，见表 2-7。截止到 2018 年，发文量最多的机构是中国科学院地理科学与资源研究所，发表 14 篇文章，占总论文发表数的 2.06%。总体来看，发文量居前十的机构发文量均不高，发文机构分布较为分散，尚未发现在该领域具有绝对优势的机构。并且，发文量居前十的机构中，工科院校及研究院所相对较多，体现了该领域学科特点及研究趋势。

表 2-7　中文文献能源与水耦合关系研究机构发文情况

序号	机构名称	发文量/篇
1	中国科学院地理科学与资源研究所	14
2	中国水利水电科学研究院	13
3	河海大学	13
4	清华大学	12
5	武汉大学	10
6	北京大学	9
7	四川大学	8
8	中国科学院大学	7
9	中国矿业大学(北京)	6
10	西南石油大学	6

5. 环境影响议题突出，页岩气领域引人关注

针对 1978～2005 年及 2006～2018 年两个时间段的关键词出现频次，我们可以大致了解中文期刊在能源与水耦合领域的研究热点，见表 2-8。1978～2005 年，生态环境及影响出现频次最高，出现了 14 次，可见该阶段生态环境问题是该领域最为关心的主题；其次是水资源及开发，出现了 10 次，这说明水资源短缺在能源与水耦合研究中亦是较重要的研究话题。这两个关键词出现频次明显高于其他关键词，说明这两个领域在 1978～2005 年较为引人关注。2006～2018 年，水资源及开发成为出现频次最高的关键词，共出现 93 次，紧随其后的是生态环境及影响，说明水资源短缺在该阶段更加受关注，与生态环境成为同等重要的关切问题。此外，煤炭开采、水电工程是两个阶段均受到较多关注的关键词，特别是在第二阶段，其出现频次均超过了 30 次，这可能与中国以煤炭为主的化石能源结构和以水电为主的非化石能源结构密切相关(煤炭开采出现 50 次)。另外，页岩气开发和气候变化两个关键词在第二阶段受到较多关注，出现频次分别为 33 次和 15 次，反映出能源与水耦合研究和气候变化等全球化热点问题的密切关系，也反映了中国

近年来对页岩气开发的重视逐渐加强。

表 2-8　中文文献能源与水耦合文献出现频次前十关键词变化情况

序号	1978～2005 年关键词	出现频次	序号	2006～2018 年关键词	出现频次
1	生态环境及影响	14	1	水资源及开发	93
2	水资源及开发	10	2	生态环境及影响	90
3	梯级开发	5	3	煤炭开采	50
4	水电工程	5	4	水电工程	50
5	煤炭开采	5	5	页岩气开发	33
6	可持续发展	4	6	气候变化	15
7	人地关系	2	7	梯级开发	15
8	地理信息系统	2	8	对策	15
9	环境保护	2	9	可持续发展	12
10	宏观调控	2	10	环境保护	11

2.1.3　国内外能源与水耦合关系研究现状对比评价

本章前两节分别以 Web of Science 数据库和中国知网数据库为检索文献来源，分别讨论了国内与国外能源与水耦合关系研究文献的发展态势，研究结果表明：

1. 国内外研究文献数量变化特征差异不大

从发文量上来看，国外对于能源与水耦合问题的研究相对较多，中文期刊在数量上并不占据优势。从发文趋势上来看，在 2005 年之前，无论是国外还是国内，对于能源与水耦合的研究均相对较少。国内从 2006 年起，国外约从 2008 年起，能源与水耦合领域开始引起国内外学者的广泛关注，发文量逐渐增多，并于近年呈现更快速的增长趋势。

2. 中文文献高产机构与其在国际文献中的中国机构具有一致性

国际文献来源以发达国家为主，但中国科学院、清华大学和北京师范大学也属于发文量前十的高产机构。而对于国内文献，中国科学院地理科学与资源研究所、中国水利水电科学研究院、河海大学、清华大学、武汉大学等机构在能源与水耦合研究领域发文量较高，和国际期刊上的发文机构在一定程度上具有一致性，但也包括在水利水文领域的特色研究机构。

3. 能水关系研究领域学科交叉特点显著

学科领域分布表明国际文献集中于工程科学、能源与燃料科学、水资源、环境科学等领域，而国内文献的学科分布以环境、水利工程、工业经济、电力工业和矿业为主。虽然两大数据库的学科分类不同，但总的来说，国际上研究学科主要聚焦于能源及水资源等自然科学领域，国内研究学科主要聚焦于环境水利等工程技术学科，能源学科较少。

4. 国内外研究热点具有异同性

对比国内外研究热点发现，水资源管理、气候变化、可持续发展等是国内外研究共同关注的热点问题。但是，国内外研究热点还各有侧重：与国际文献相比，国内研究更侧重于工程实践等具体化的行业研究，如煤炭开采、页岩气开发等，但是对于综合性的关键词(如能水耦合、水能耦合等)研究得较少，特别是能源-水-食物的研究鲜有关注，如可再生能源、生物质等耗水问题也关注较少。在研究方法方面，国内研究也缺少系统性主流化方法及工具。总体上，国内能源与水耦合领域的研究还处于起步阶段，与国际前沿还有较大的差距。

2.2 基于生产端的能源与水耦合研究进展

随着对能源与水耦合关系认识的深入，研究人员越来越意识到这种耦合关系对于缓解能源和水资源压力，实现能源和水资源的协调发展具有重要意义。过去几年内，众多国际组织、研究机构都相继发布了能源与水耦合关系的研究报告，详细阐述了当前全球范围内的能源与水资源现状，能源部门的水资源利用现状及水资源部门的能源使用情况，重点强调了未来人类可能面临的能源与水资源需求快速增长与供给不足带来的挑战，以及能源与水耦合关系对应的挑战、实现能源与水资源协调发展的关键作用(IEA, 2012; IPCC, 2014)。此外，国内外专家学者也分别从政策(Zhou et al., 2016)、经济(Huang et al., 2017)、社会(Damerau et al., 2016)、环境(Scanlon et al., 2013a)和技术(Feng et al., 2014)等不同视角，研究了能源与水资源之间复杂紧密的耦合关系(Bennett, 2015)。因此，本节拟从生产端的角度，重点关注能源行业对水资源的需求和影响，以及水资源部门的能源使用情况。并在此基础上，识别出能源与水耦合关系内部的取舍与权衡，总结出能源和水资源利用过程中的协同效益。

2.2.1 能源行业对水资源的需求

单位能源产出的水资源需求即能源行业的用水强度，在很大程度上取决于相关的能源技术选择。因此，在能源与水耦合关系研究初期，针对燃料生产、加工、转化等各个过程及电力行业中不同发电技术、冷却技术下的水资源消耗系数进行统计与核算也就成了相对主要的研究方向(Gerbens-Leenes et al., 2009; Mielke et al., 2010)。在此基础上，越来越多的学者围绕能源对水资源的依赖，开始试图模拟能源行业在经济、政策、社会、环境、技术等不同外界因素影响下的水资源需求，结合当地水资源的赋存情况，为当地水资源产生约束性的能源行业发展提供决策支持。

1. 化石燃料的水资源相关问题主要集中在中国及中东地区

煤炭、石油、天然气作为传统化石燃料，长期以来在能源结构中占主导地位。煤炭行业的用水可以分为开采、洗选、煤化工 3 个阶段。常规的油气开采行业中钻井、洗井、压裂、注水等活动均需要用水。

目前针对传统化石燃料的用水需求研究主要集中在中国及中东地区。这些地区煤炭、石油矿藏丰富，但水资源相对贫乏。相关研究也是围绕水资源约束下化石燃料行业的发展问题，通过分析当地化石燃料资源开采用水需求及化石燃料和水资源的区域分布，提出相应措施以实现能源生产地区生态、环境、经济的全面发展(Siddiqi and Anadon, 2011; Yang et al., 2015)。Pan 等(2012)就从供应链的角度，对中国煤炭从开采、运输到最终用于电厂和煤化工整条产业链生命周期的取水量、耗水量、废水排放与回收利用情况进行了量化研究。此外，随着近几年来水力压裂开采技术的日趋完善和成熟，页岩气作为一种非常规天然气，在过去一段时间内获得了长足发展。但是，水力压裂开采技术的使用伴随的一系列环境问题同样受到越来越多的关注，包括巨额的水资源消耗、大量的废水产生及甲烷的溢出等(Chang et al., 2012)。

2. 电力部门是能源与水耦合关系研究中最受关注的部门

电力部门生产过程水资源需求量巨大，且不同技术条件下需水量差异明显，因而在能源与水耦合关系研究中备受关注。总体来看，影响电力行业取水量和耗水量的主要因素包括投入燃料结构、冷却方式选择、环境政策约束、周围气候条件及当地电网入网等特点(Sanders, 2014)。据此，大量文献通过模型构建和情景设置，分析某一地区未来电力部门的用水需求。Liu 等(2015)重点研究了冷却技术对美国电力部门取水量与耗水量的影响，发现电厂从直流冷却转化为闭环冷却，取水量减少，耗水量增加。

此外，受全球气候变化的影响，一方面空气变暖、河流水温升高、河道水流改变等因素会在一定程度上影响电力生产各个环节对水资源的利用效率(van Vliet et al., 2013)。另一方面，在节能减排政策的推动下，电力部门正面临着从化石燃料发电技术向太阳能、风能及核能等清洁发电技术转型，因而低碳发展路径下电力部门与水资源的耦合关系也成为许多学者关注的焦点(Ackerman and Fisher, 2013; Clemmer et al., 2013)。与此同时，和电力部门密切相关的碳捕集与封存技术(CCS)在具有减少温室气体排放新前景的同时，在捕集、储存阶段也存在巨大的水资源消耗，用以分离压缩过程中的设备冷却、溶剂再生过程(Merschmann et al., 2013; Byers et al., 2014; Klapperich et al., 2014)。据此 Merschmann 等(2013)强调电厂在选址时要着重考虑当地水资源的可获取性，特别是未来有可能配置 CCS 技术的电厂。

3. 可再生能源中生物质能和水资源的耦合问题是研究的重心

近年来，生物质能、太阳能、风能等可再生能源发展迅速，在全球能源消费结构中所占的比例越来越大。太阳能、风能的利用过程中几乎不消耗水资源，地热能、潮汐能受区位和技术限制在短期内难以大规模发展，因此生物质能成为新能源和水关系的研究重心。

生物能源生产加工的用水主要包括作物培育，以及在甲醇、氢和乙醇等燃料制取过程中的热化学气化反应。而随着以藻类作为投入原料的第三代生物燃料的兴起，不少研究人员也对该技术的用水需求进行了评估(Murphy and Allen, 2011; Tu et al., 2016)。Fulton 和 Cooley(2015)对美国加利福尼亚州 1990～2012 年能源系统的水足迹进行了分析，发现该地区 2012 年较 1990 年能源消耗只增长了 2.6%，但能源相关的水足迹却增长至原来的 3.6 倍，主要归因于大规模进口生物柴油的推广使用。

2.2.2 水资源部门的能源使用

过去的几十年间，在经济发展、人口扩张、城镇化、工业化等因素的驱动下，全球水资源需求量飞速增长。预计到 2050 年，全球水资源需求量将较 2014 年增长 55%(IRENA, 2015)。为满足日益增长的用水需求，不少地区不得不从更远的地方或地下更深处获取水资源，进而导致更多能源用于水资源的抽取、运输过程；抑或是加大对海水、苦咸水、再生水、雨水等非常规水源的开发利用，而这些针对非常规水源的技术往往具有更高的能耗，见表 2-9。以澳大利亚为例，预计 2030 年该国水资源部门的能源消耗将较 2007 年增加 130%～200%(Kenway et al., 2011)。因此，研究水资源部门的能源消耗对保障未来水资源与能源安全都具有重要意义。目前，海水淡化与再生水是两种主要的非常规水源利用技术，而本节也将围绕这两种技术，对已有相关文献展开全面细致的综述。

1. 海水淡化

淡化是指通过去除海水或苦咸水中的含盐成分而得到饮用水的方法。2012 年，全球范围内已建的淡化水厂全年能够提供约 5000 万立方米的饮用水(Dawoud and Mulla, 2012)。在未来几十年，全球咸水淡化能力将保持快速增长。特别是许多国家和地区已经将海水淡化水作为满足需水量增长的主要解决方案，包括中东

表 2-9　不同水源开发利用技术的能源消耗

水源类型	技术	能耗/[(千瓦·时)/米^3]	地区	参考文献
地表水	泵站抽取	0.19	中国北京	Hu 等(2013)
地下水	泵站抽取	0.14～0.69	美国加利福尼亚州	Plappally 和 Lienhard(2012)
	泵站抽取	0.49	中国北京	Hu 等(2013)
	泵站抽取	0.22～0.64	中国 11 个省份	Wang 等(2012)
	废水处理	0.6	中国北京	Hu 等(2013)
	废水处理	0.41～0.61	西班牙	Wakeel 等(2016)
苦咸水淡化	FO	1.0～2.5	全球水平	Stokes 和 Horvath(2006)
	反渗透法	2～5	全球水平	Ghalavand 等(2014)
海水淡化	反渗透法	5.1～7.45	全球水平	Wittholz 等(2008)
	海水淡化	3.73	全球水平	Griffithssattenspiel 和 Wilson(2009)
	多级闪蒸	5～6	全球水平	Yan 等(2007)
	膜处理	2.4～8.5	全球水平	Plappally 和 Lienhard(2012)
雨水	雨水收集	1.16～1.77	澳大利亚	Siems 等(2013)

和北非等地区，到 2050 年该地区的水资源短缺状况将主要通过海水淡化水来缓解(IRENA, 2015)。

能源是关乎咸水淡化未来发展的核心问题之一。能源消耗既是引起气候变化等相关环境问题的根源，同时也是咸水淡化运行的主要投入成本(Missimer and Maliva, 2018)。目前，在全球已建的咸水淡化厂中，反渗透技术由于其较低的能耗和成本占据主导地位，达到 65%的份额(Miller et al., 2015)，但是该技术的能耗仍高于其他水资源生产和处理技术(Plappally and Lienhard, 2012)，为 2～4(千瓦·时)/米^3(Shemer and Semiat, 2017)。特别是目前大多数海水淡化厂都是由化石燃料发电提供动力，只有不到 1%的动力依赖于可再生能源(IRENA, 2015)，因而在现有的技术条件下，海水淡化的快速扩张将会导致大量的温室气体排放。

2. 再生水

废水处理负责在将废水释放到环境中之前去除其中的生物和化学污染物(Panepinto et al., 2016)。2011 年全球使用再生水约有 7000 万立方米，仅占总用水量的 0.59%(EU, 2016)。再生水能够同时解决水资源污染和水资源短缺问题。一些专家认为，如果能够以较低的能耗实现废水资源的完全回收与利用，水资源短缺问题也将迎刃而解(Pamminger and Kenway, 2008)。特别是，再生水具有就地取材的优势，它可以在水资源消耗的同一地点，通过废水处理技术被再次利用(Chhipi-Shrestha et al., 2017a)。处理标准对于废水处理至关重要，因为它不仅决定了再生水的用途，也决定了处理过程中的能耗(Panepinto et al., 2016)。一般而言，实施越严格的水处理标准，相关的能源需求和温室气体排放量将越多(Foley et al., 2010)。因此，再生水可能面临着和咸水淡化同样的困境，其在促进环境保护、减少水资源依赖的同时，也贡献了大量的温室气体。

同咸水淡化相比，废水处理过程中的这种权衡与取舍显得更为复杂。由于再生水的用途和能耗之间存在着密不可分的关系，不同的用途往往意味着需要不同的处理方法和水质标准，从而进一步影响能源的投入量(Chhipi-Shrestha et al., 2017b)。因此，符合目标(fit for purpose)的概念逐渐发展成为有吸引力的优化废水处理能耗的解决方案(Chhipi-Shrestha et al., 2017a, 2017b)。另外，相关文献也提出用从城市污水处理系统中回收能源的方法来降低废水处理过程中能源消耗的方法，其将为城市地区的水、能源和污染之间的相互关系提供新的框架(Silvestre et al., 2015；Kollmann et al., 2017)。据估计，该废水处理过程中产生的沼气能够使废水基础设施的能源消耗和温室气体排放量分别降低0.10(千瓦·时)/米^{3}和0.08千克二氧化碳当量/米^3(Singh and Kansal, 2018)。相关研究甚至表明，废水中回收的能源几乎可以满足供水部门的能源需求，甚至能够产生剩余的能源(Kumar and Saroj, 2014)。

一般来说，温室气体排放来自能源使用，但是对于废水处理来说，其相关的温室气体排放不论排放源还是排放种类都更具多样性。废水处理中能源使用、化学品使用及处理过程都会发生温室气体排放。2006～2012年，中国城市水资源利用年均温室气体排放量为4100万吨二氧化碳当量($CO_{2\text{-eq}}$)，其中58%来自能源使用，而处理过程中释放的温室气体占40%，化学品使用占2%(Zhang et al., 2017a)。此外，一些研究人员还指出，在废水处理过程中，不只二氧化碳是需要考虑的温室气体，其他温室气体，如污染物去除过程中发生的生物或化学反应产生的甲烷也值得关注(Hussey and Pittock, 2012)。例如，Singh和Kansal(2018)评估的废水基础设施温室气体排放量(包括生物过程产生的温室气体)为1.426千克二氧化碳当量/米^3，包括二氧化碳、一氧化二氮和甲烷等。而那些没有考虑生物过程产生的温室气体排放的结果只有0.23～0.61千克二氧化碳当量/米^3(Flores-Alsina et al., 2011)和0.47千克二氧化碳当量/米^3(Jennifer and Arpad, 2010)。

2.2.3　能源与水资源的协同关系

1. 发展可再生能源是实现能源与水资源协同发展的关键

保障未来能源与水资源安全不仅关乎我国的可持续发展，而且直接关乎经济安全、生态安全乃至国家安全。对于水资源与能源的管理，如果仍然遵循着强调单一政策效率的传统模式，过量地强调实施某一部门的政策，很可能会对另一部门的发展产生不利的影响，从而加剧能源与水资源之间的紧张关系。

就能源部门而言，在全球气候变化的背景下，能源部门不仅要受到碳排放的约束，而且要实现低碳化发展；考虑到能源与水耦合关系，在不少地区能源部门也同样受到水资源的约束，因而也要考虑能源系统的“低水需求”发展路径。发展可再生能源是实现两种路径协调发展的关键。与核电相比，可再生能源发电显得更具优势，因为可再生能源发电的水足迹远低于核电(Liu et al., 2015; Huang et al., 2017)。

对于水资源系统来说，非常规水源的处理利用技术同相应的能源需求和温室气体排放之间的权衡也要求政策制定者选择可持续的城市低碳供水战略(温华等, 2014)。一方面，不断提高非常规水资源利用技术的能源效率能够在一定程度上缓解这个问题(Warsingeret al., 2016; Amy et al., 2017)。另一方面，增加可再生能源在水系统中的利用也可以减少水资源系统的温室气体排放。例如，在咸水淡化及废水处理中引入风能、太阳能都受到了广泛的关注(Khayet, 2013; Malek et al., 2016)。此外，一些新能源的利用，如渗透压能与咸水淡化的结合将改变海水淡化厂的能耗模式，为咸水淡化的发展提供新的前景。渗透压能是指用半透膜把两种不同浓度的溶液隔开时发生渗透现象，将到达平衡时半透膜两侧溶液产生的位能差转换成水的势能，再利用水轮机发电(Helfer and Lemckert, 2015)。压力延迟渗透(PRO)是可以从盐度梯度中产生可再生能源的技术之一。尽管 PRO 技术的发展仍处于起步阶段(Helfer and Lemckert, 2015)，但不少研究者已经关注到其在降低淡化水技术能源消耗和温室气体排放方面的巨大潜力。

2. 基础设施空间规划能够提升巨大的资源利用效率

除了宏观发展规划外，能源和水资源相关基础设施合理的空间规划也可以缓解能源与水资源之间的紧张关系，改善资源的整体利用效率，最大限度地提升环境和经济效益(Liu et al., 2017; Sahin et al., 2017)。废水处理厂和发电厂联合建设可以使废水成为可用的冷却水选择(Veil, 2007)。类似地，像海水淡化和火电厂联合设计都能够实现巨大的协同效益(Sahin et al., 2017)。

3. 在能源与水资源协同的基础上实现更广泛的资源协同

2015 年 9 月，联合国可持续发展峰会在纽约召开，各国政府首脑出席并通过了《改变我们的世界：2030 年可持续发展议程》，最终达成 2030 年全球可持续发展目标(SDGs)。SDGs 共设立了 17 个可持续发展目标和 169 个子目标，涵盖消除贫困与饥饿、健康、教育、性别平等、水资源、能源、气候变化等领域，为未来 15 年世界各国的发展和国际发展合作指明了方向，世界进入了推进可持续发展的实质性阶段。其中，作为最基本的两种资源——水(即目标 6，清洁饮水和卫生设施)和能源(即目标 7，经济适用的清洁能源)相关问题被囊括在这个新的可持续发展框架体系中。17 项可持续发展目标作为一个整体，强调以全面的方式解决可持续发展中的社会、经济和环境问题。因此，在可持续发展目标的框架下，通过能源目标、水资源目标与其他目标相结合，为扩大能源与水耦关系的内涵带来了新的机遇和挑战。

水-食物-能源耦合的概念就是能源与水耦合关系的进一步发展，其纳入了粮食问题(即目标 2，零饥饿)，考虑了更广泛的资源相互作用(UN, 2015)。它强调了在人口扩张、城镇化和经济增长等因素的推动下，水资源、能源和粮食资源之间的权衡与取舍越来越多。未来需要在能源与水耦合关系的基础上协同考虑更多的可持续发展目标，如良好健康和福祉(目标 3)，体面工作和经济增长(目标 8)，工业、创新和基础设施(目标 9)，负责任消费和生产(目标 12)，气候行动(目标 13)，水下生物(目标 14)，以及陆地(目标 15)，从而通过综合决策推动不同资源之间的协调发展(Engström et al., 2017)。

2.3　基于消费端的能源与水耦合研究进展

能源和水资源作为两种基础性资源，在不同的经济和生态活动中进行分配和流动。因而，两种资源不仅在其开发利用过程中相互依赖，从消费端来看，其同样存在着复杂紧密的耦合关系。基于此，本节将侧重于能源与水资源在各个用户之间的流动过程，具体包括探究建筑、居民部门和生产部门，以期通过技术升级和行为规范为实现两种资源的协同节约效益提供参考。此外，本节也将从间接的角度分析城市中隐含的能水流动，可以为能源与水资源的节约带来新的视角。

2.3.1　消费端的水资源与能源需求管理

1. 建筑能源和水资源消耗

建筑物内消耗了大量的能源和水资源(Bertone et al., 2018)。在美国，建筑能耗大约占一次能源消耗的 40%，占电力消耗的 75%(EIA, 2015)。建筑物内的用水需求占该国总取水量的 12%(Maupin et al., 2014)。因而，目前已经有不少学者针对如何减少建筑用能、用水及相关的环境足迹展开研究(Sarkar et al., 2014)。对于建筑用能，一些新的技术，包括屋顶太阳能系统(Mateus et al., 2018)、生物质锅炉加热系统(Las-Heras-Casas et al., 2018)等都受到了关注。对于建筑用水，相关研究通常关注的是分散式水系统的开发与应用，如灰水回收系统(Wanjiru and Xia, 2017)和雨水收集系统(Ward et al., 2012; Silva Vieira et al., 2013)。而考虑到建筑能源与水耦合关系，评估建筑物内分散式供水系统的能源消耗也成为最受关注的问题之一(Upshaw et al., 2017)。

事实上，考虑到集中供水系统存在着大量能源消耗和污染排放问题，相关研究已经表明可持续的水资源系统应当是分散式和集中式水系统的优化组合，而不仅仅只发展集中式水系统(Mahgoub et al., 2010)。其中，分散式水系统由于其具有的经济效益和环保效益，已经得到不少学者的认同(Talebpour et al., 2014；Siems and Sahin, 2016)。例如，Cheung 等(2013)考虑当下建筑供水能耗随着建筑向高层化发展而明显增加，以香港为研究对象，提出建筑储水罐的应用将使得高层供水系统的能源效率从当前的 0.25 提高至 0.26～0.37，相应的节电量可达 160～410 太焦/年，占该地区年用电总量的 0.1%～0.3%。在另一项研究中，一套综合能水储存和管理系统可以将高峰空调电力需求减少 75%以上，其中雨水收集子系统可以减少 53%～89%的市政耗水量(Upshaw et al., 2017)。

2. 居民和工业部门的能源和水资源消耗

在居民部门中，33.2%的用水在使用前需要经过预热过程，而所有最终使用过程(包括照明、冷却通风、生活热水和其他设备)中将消耗总能源的 62%用于对水资源的加热(Ndoye and Sarr, 2008)。居民部门这种对能源与水资源的利用模式，使得两种资源呈现出显著的相互依赖关系。事实上，与水资源终端使用相关的能源需求远远大于供水和污水处理服务阶段(Kenway et al., 2011; Rothausen and Conway, 2011)。因此，能否通过技术改进或行为规范以实现巨大的资源节约效益也就成了亟待解决的问题，而这有赖于对各种家庭活动中与水有关的能源足迹进行详细的描述和核算。相关研究通常通过问卷调查或家庭访问来收集数据(Sanders and Webber, 2015; Kenway et al., 2016)。研究表明，对水资源相关能源消耗贡献最大的家庭活动包括淋浴使用和洗衣机使用(Binks et al., 2016)。另外，居民部门水与能源之间高度交织的耦合联系也表明节能措施与节水措施之间存在巨大的协同利益(Topi et al., 2016)。Jiang 等(2016)的研究就表明，在天津由于用水量减少引起的能源节约每年可以达到 169 亿千瓦·时，占非生产活动用水总能耗的

24%。

同样，工业生产活动也需要投入大量的水资源和能源，因而工业部门也存在节水和节能的协同效益。研究表明，工业部门的节能措施可以促进水资源的节约（Gu et al., 2014）。由于节能引起的节水效益在不同部门之间差异很大，为了最大限度地发挥协同作用，应在关键工业部门推广节能和节水技术（Gu et al., 2016a）。

2.3.2 能源和水资源的隐含流动

能源和水资源既是自然资源又是经济资源，因此可以从实物或隐含的角度对其进行研究（Huang et al., 2013）。隐含能和虚拟水反映了已经用于产品或建筑的能源和水资源的数量。这种间接流动占总的最终消费流动的很大一部分（Wang et al., 2017），因而给从消费端节约能源与水资源带来了新的视角。

1. 城市之间的虚拟水和隐含的能源

经济贸易中隐藏着巨大的能源和水资源流动。通过调整贸易活动，进而改变其中的隐含能和虚拟水流动，同样可以作为缓解水资源短缺和水资源分配不均的重要措施（Feng et al., 2014）。当资源从生产率相对较高的地区通过贸易转移到生产率相对较低的地区时，从全球的视角来看也就实现了资源的节约（Huang et al., 2013）。此外，在城市范围内，从间接的角度调查城市内部的资源流动，也有助于确定城市能源与水耦合关系管理的关键部门和关键路径（Wang et al., 2017）。通过对北京各部门内部关系的调查，Fang 和 Chen（2016）识别出了最具影响力的部门，其中，农业部门和食品加工部门作为水资源使用的上游部门，为北京经济提供了最大的供给推动作用，而该地区的基础资源对其他地区的依赖主要体现在房地产业和电力部门，包括从其他经济部门或其他地区进口大量的水和能源，以满足其最终需求。此外，隐含能和虚拟水流动也经常在城市之间交换。因此，城市代谢分析已经扩展到了城市群（Hao et al., 2018）。Wang 和 Chen（2016）对京津冀地区的研究表明，北京和天津依赖河北的水资源和能源资源，河北则更多的是自给自足，而且北京对能源和水供给网络产生的影响大于天津和河北。

2. 城市供水系统中的能耗

量化供水系统内的隐含能可以为未来的基础设施规划提供一些新的参考。由于现代城市供水系统仍然以大型水资源基础设施为主，其中的隐含能是总能源使用（即直接能源使用和间接能源使用）的重要组成部分。例如，Singh 和 Kansal（2018）对印度首都新德里废水处理基础设施的实证研究表明，化学用品和基础设施材料中的隐含能分别占废水基础设施总能耗的 10%和 30%。考虑到基础设施中大量的隐含能，设计较长的使用寿命可以降低其平均能源足迹，而这种选择可能会增加运营初期的能源消耗。因此，采用分阶段进行容量扩充，使用与人口增长趋势相同的模块化方式设计污水处理厂也就更具经济与环境效益。此外，不同的供水选择的隐含能也显示出显著的异质性。例如，地下水系统体现的能源使用率比地表水系统低 31%，主要是因为处理过程中较少的化学品使用(Mo et al., 2011)。

2.4　本 章 小 结

本章通过文献计量分析和文献综述方法对能源与水耦合领域的相关文献进行归纳、整理、分析，探究本领域的文献规律及研究趋势，得出以下结论：

通过对国内外能源与水耦合领域文献计量分析，发现在 21 世纪之后，能源与水耦合领域开始引起国内外学者的广泛关注，欧美发达国家及其机构的发文是主要的贡献力量。能源与水耦合领域研究学科交叉特点显著，环境与工程领域是研究重点。国内能源与水耦合研究偏向采矿等工程领域，而国外则较为注重全球气候变化背景下的能源与水耦合问题。

基于生产端和消费端两个视角对能源与水耦合领域的文献进行梳理。从生产端来看，能源行业对水资源的需求主要体现在化石燃料的水资源相关问题有较明显的区域性特征，研究集中在中国及中东地区；能源与水耦合研究中最受关注的部门是电力部门；可再生能源中生物质能与水耦合是研究的重点。而水资源对能源的需求则主要体现在水资源淡化和再生过程中。能源与水资源在发展可再生能源、基础设施建设等问题上较为显著地体现了两者的协同关系。从消费端来看，建筑、居民、工业部门水资源与能源需求管理问题得到了学者的广泛讨论，并且城市之间的虚拟水和隐含能及城市供水能耗也受到了国内外学者的密切关注。

第3章　中国能源与水的生产消费特征和耦合关系

3.1　中国能源生产与消费特征

3.1.1　中国能源生产现状

1. 中国能源生产总量持续增长，人均能源生产总量较低

经济发展离不开能源的支持，自改革开放以来中国能源生产总量稳步上升。到20世纪末期，其增长趋势较为平缓。伴随着21世纪中国经济的快速发展，中国能源生产也进入了快速增长阶段。数据显示(图3-1)：1978～2000年，中国能源生产总量由6.3亿吨标准煤增长至13.9亿吨标准煤，年均增速为3.66%；2000～2016年，中国能源生产总量由13.9亿吨标准煤增长至34.6亿吨标准煤，年均增速为5.87%。

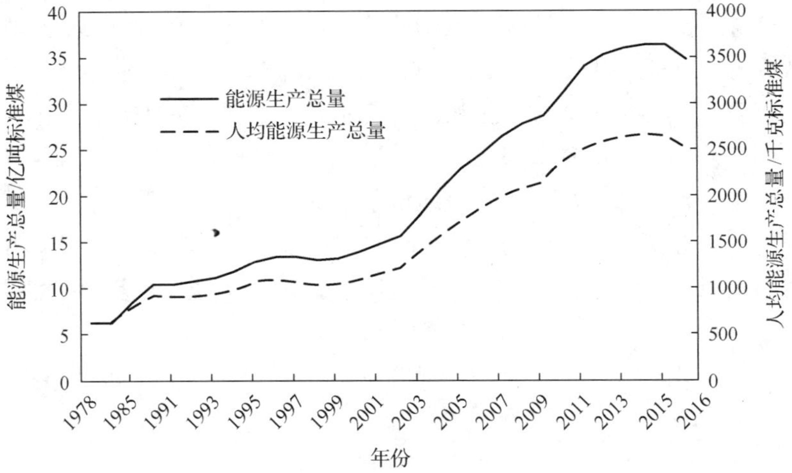

图3-1　中国能源生产总量与人均能源生产总量趋势图(1978～2016年)

资料来源：国家统计局(2018a)

同时，中国作为最大的发展中国家，其能源生产总量占世界能源生产总量的比重迅速增加。从2011年起，中国一次能源生产量已经居世界首位(中华人民共和国国务院新闻办公室，2012)。但是由于中国人口基数大，人均能源生产总量仍相对较低，2015年中国人均能源生产总量为2636千克标准煤/人，不足美国(9081.2千克标准煤/人)的1/3(国家统计局，2018b)。

2. 中国能源生产以煤炭为主，一次电力及其他能源占比提高

中国国土面积位居全球第三位，物产资源丰富，特别是在矿产资源方面。例如，2016年煤炭、石油、天然气等资源储量分别为2440亿吨、257亿桶①和5.4万亿立方米，折合成标准煤后，储量分别为1743亿吨标准煤、36亿吨标准煤、53亿吨标准煤(表3-1)，比例为48.42∶1∶1.47，表现出明显的“富煤、贫油、少气”的资源禀赋特征。另外，为了满足中国能源需求，各种能源的开采力度明显高于世界平均水平，若保持当前的资源开采力度，中国各种能源枯竭时间将早于全球平均水平。

表3-1　2016年中国主要化石能源储量及储采比

能源种类	煤炭	石油	天然气
探明储量/亿吨标准煤	1743	36	53
占世界份额/%	21.4	1.5	2.9
储采比/年	72	17.5	38.8
世界储采比/年	153	50.6	52.2

资料来源：BP (2017)。

中国能源生产主要由煤炭、石油、天然气、一次电力及其他能源构成，随时间推移其构成比重发生了一定变化(图1-6)。1980～2016年，中国能源生产中煤炭占据了主体地位，占一次能源生产量的比重超过了70%，但近年来占比呈现下降趋势。同样呈现下降趋势的还有石油占比，由1980年的23.8%下降到了2016年的8.2%。中国能源生产中天然气和一次电力及其他能源占比均呈现上升趋势，其中天然气占比由1980年的3.0%上升到了2016年的5.3%；一次电力及其他能源上升趋势显著，由1980年的3.8%上升到了2016年的16.9%。考虑到资源禀赋、经济发展阶段和能源安全战略等因素，在未来一段时期内中国天然气、一次电力等清洁能源比重将逐步提高，但仍将保持以煤炭为能源主体地位的格局。

3. 中国能源生产呈西北多、东南少

中国化石能源(煤炭、石油、天然气)储量丰富，但分布极不均衡，表现出明显的“西北多、东南少”的分布格局。能源生产主要受地区资源赋存情况限制，因此集中在储量丰富的山西、内蒙古、陕西、新疆等省份，特别是山西、内蒙古能源生产总量极高，分别达到56481万吨标准煤和52690万吨标准煤，2016年这两个省份的能源生产总量占全国能源生产总量的57%(图3-2)。

① 1桶=1.58987×10^2立方分米。

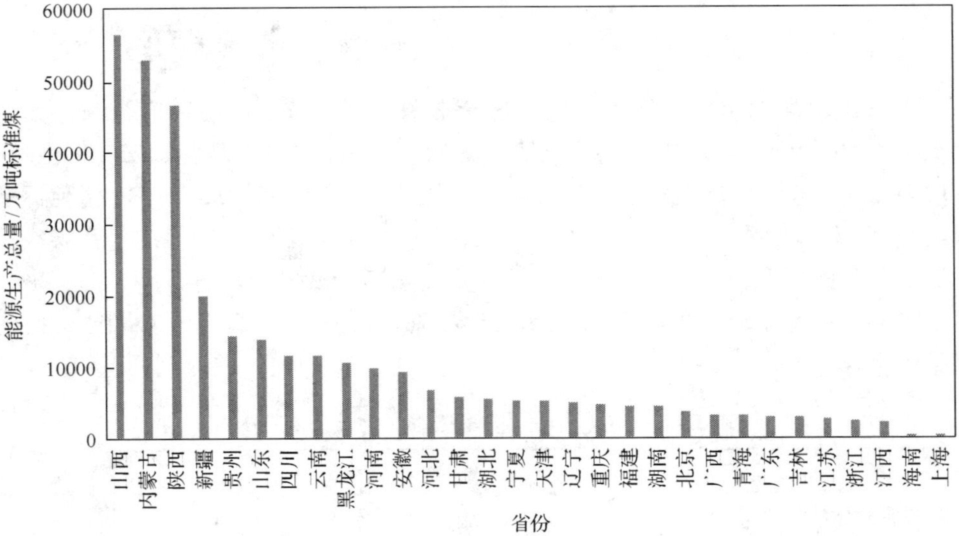

图 3-2　2016 年中国各省份能源生产总量

资料来源：国家统计局(2018b)

缺少西藏及港澳台数据

(1)煤炭：由于巨大的煤炭需求，中国煤炭生产量居高不下。2016 年中国煤炭生产量高达 42.8 亿吨标准煤，主要集中在内蒙古、山西等部分省份(图 3-3)。

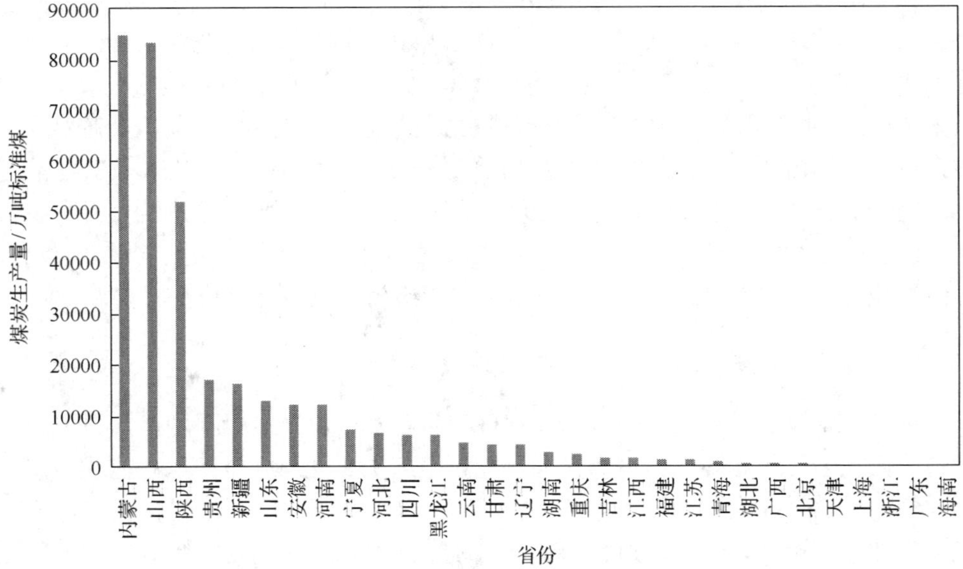

图 3-3　2016 年中国各省份煤炭生产量

资料来源：国家统计局(2018b)

缺少西藏及港澳台数据

将 2016 年各省份煤炭产量按等级划分，结果显示生产量超过 7000 万吨标准煤的有 9 个省份，分别是山西、内蒙古、安徽、山东、河南、贵州、陕西、宁夏、新疆，各省份生产量占比均超过 2%。生产量占比在 1%～2%的有河北、辽宁、四川等 8 个省份；而其他 13 个省份，占比都在 1%以下。

(2)石油：受储量因素影响，中国石油生产量提高空间有限，但与煤炭相似，其生产分布主要受资源储量影响。石油产地主要分布在少数地区(图 3-4)，以新疆、黑龙江、天津、山东、陕西最为集中，这 5 个省份的石油生产量占全国总产量的 76.58%，另外北京、山西、江西等 10 个省份均无石油产出。

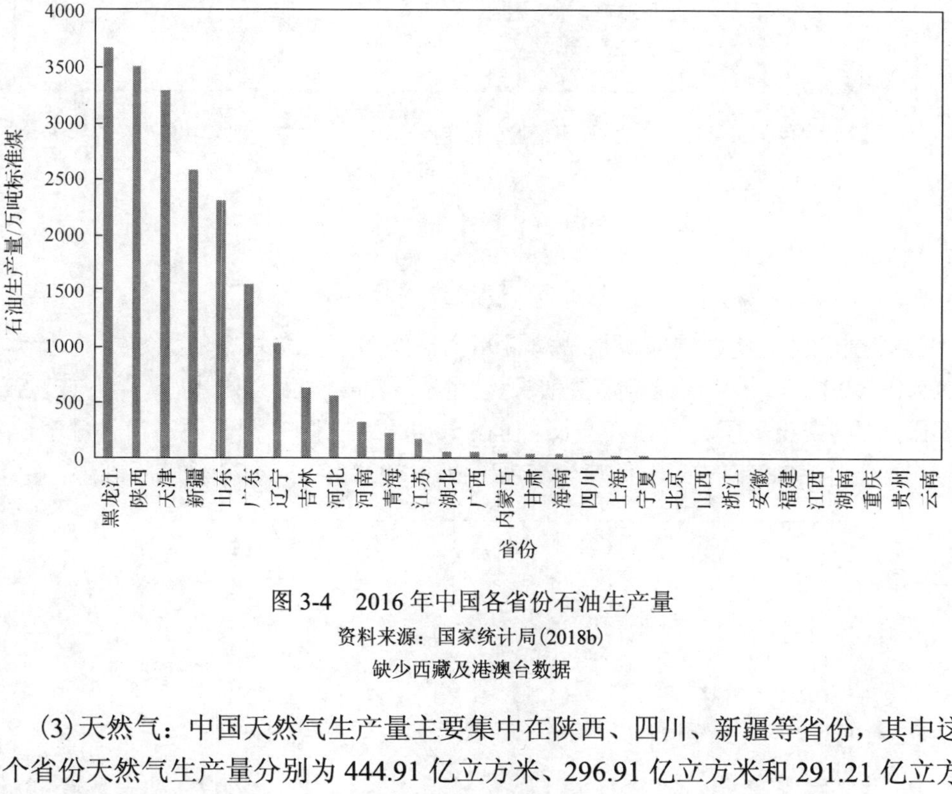

图 3-4　2016 年中国各省份石油生产量

资料来源：国家统计局(2018b)

缺少西藏及港澳台数据

(3)天然气：中国天然气生产量主要集中在陕西、四川、新疆等省份，其中这 3 个省份天然气生产量分别为 444.91 亿立方米、296.91 亿立方米和 291.21 亿立方米，这 3 个省份的天然气生产量占全国天然气总产量的 73.07%(图 3-5)。

3.1.2　中国能源消费现状

1. 中国能源消费总量增长迅速，人均能源消费仍相对较低

当今社会对能源的使用遍布人类生产、生活的各个角落，而中国作为世界上最大的发展中国家，其经济发展和城市化、工业化进程使得人们对能源的需求量大大提升。自 2010 年以来中国已经超过美国，成为全球第一大能源消费国(BP,

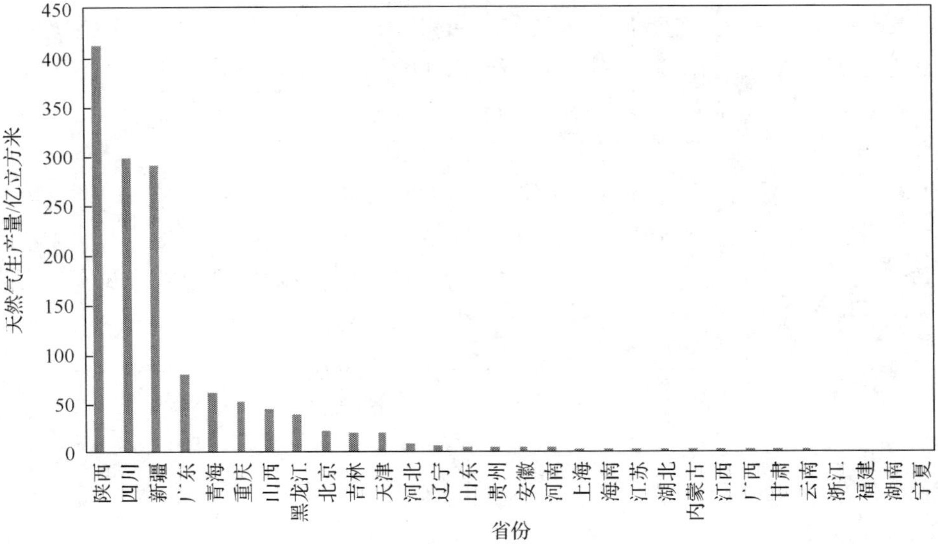

图 3-5　2016 年中国各省份天然气生产量

资料来源：国家统计局(2018b)

缺少西藏及港澳台数据

2011)，至 2016 年中国能源消费总量在全球能源消费总量中的比重更是达到了 23% (BP, 2017)。从中国能源消费增长趋势图(图 3-6)中可以看出，改革开放以来，中国能源消费出现了较大幅度增长，但在 20 世纪后期，中国能源消费总量增长趋于平缓，由 1978 年的 5.71 亿吨标准煤上涨至 2000 年的 14.70 亿吨标准煤，年均

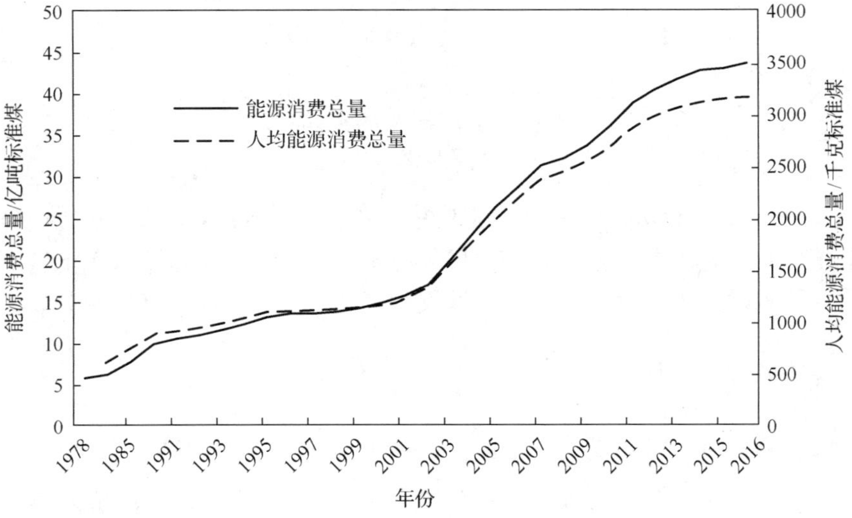

图 3-6　中国能源消费总量与人均能源消费总量趋势图(1978～2016 年)

资料来源：国家统计局(2018a)

增速为 4.39%。进入 21 世纪以后，中国经济飞速发展，人民生活水平迅速提升，带动了中国能源消费总量快速增加，由 2000 年的 14.70 亿吨标准煤上涨至 2016 年的 43.60 亿吨标准煤，年均增速高达 7.03%。人均能源消费总量走势和能源消费总量走势大体相同，在 21 世纪初期迅速增长，在近些年增长趋势有所放缓。

自改革开放以来，经过 30 多年的快速发展，中国已跃居为全球第二大经济体，2015 年 GDP 总量为 10.87 万亿美元，占全球 GDP 的 14.8%(World Bank, 2018)。但由于中国巨大的人口数量，人均 GDP 仍低于世界平均水平(图 3-7)。此外，中国仍为发展中国家，受经济结构、技术水平等因素限制，虽近年来人均能源消费总量高于世界平均水平，但仍远低于美国。依据发达国家发展经验，随着中国经济持续、健康地快速发展，居民生活质量逐步提高，汽车、家用电器等保有量将持续增加，人均能源消费总量将与美国人均能源消费总量的发展趋势相似，保持增长趋势。

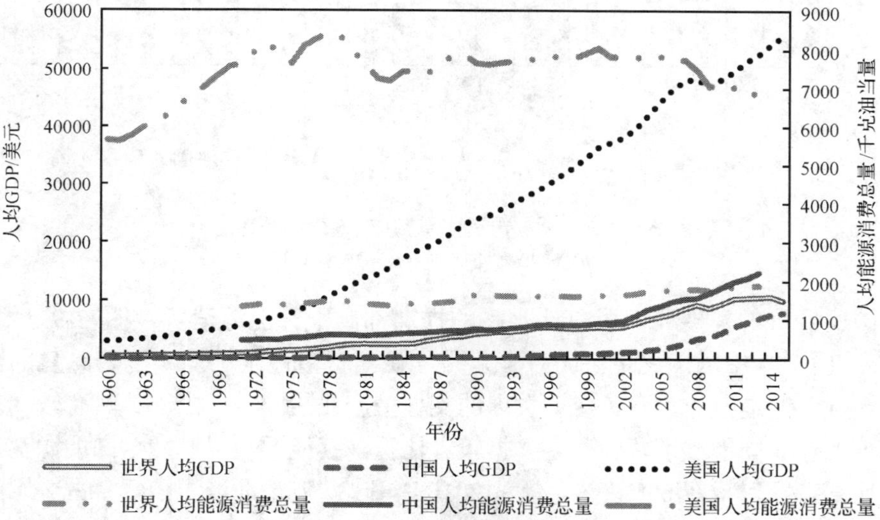

图 3-7　世界、中国及美国人均 GDP 与人均能源消费总量(1960～2014 年)

资料来源：World Bank (2018)

2. 中国能源消费仍以煤炭为主体，制造业用能巨大

从中国能源总消费量中各类能源消费占比的变化情况(图 3-8)可以看出，煤炭是中国能源消费的主体组成部分。虽然自 2009 年以后，其消费占比出现明显的下降趋势，但是截至 2016 年煤炭消费仍占我国总能源消费总量的 62%，位居第一。石油消费比重整体呈平稳趋势，保持在 16.4%～22.7%。天然气比重增长不太显著，由 1978 年的 3.2%上升到 2016 年的 6.4%。一次电力及其他能源增长显著，由 1978 年的 3.4%增长到 2016 年的 13.3%。研究期间，煤炭消费量年均增速为 5.13%，石油为 4.90%，天然气为 7.44%，一次电力及其他能源为 9.35%。此外，中国可再生

能源消费量也在逐年增加，据《BP 世界能源统计年鉴》显示，2016 年中国可再生能源消费量占世界可再生能源消费总量的 20.5%，已经超越美国，成为全球最大的可再生能源消费国。

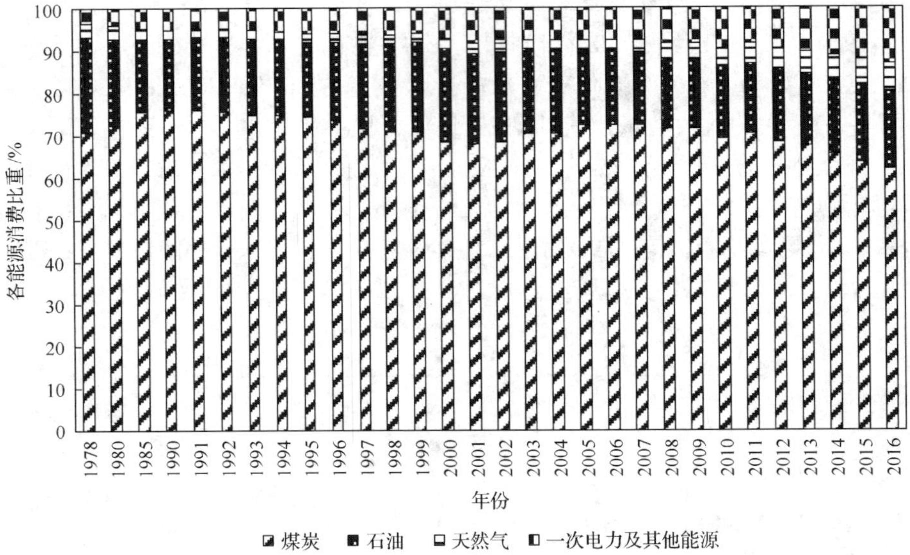

图 3-8　中国能源消费比重构成（1978～2016 年）

资料来源：国家统计局（2018a）

国民经济的发展和人民生活水平的提高都离不开能源消费，图 3-9 反映了 1995～2016 年中国国民经济各行业终端能源消费量占全国能源消费总量的比重变化情况。制造业作为我国经济发展的支柱型产业的同时，由于其具有较高的能源强度，在我国能源消费中一直占据较大比重，其能源消费量占全国能源消费总量的比重持续保持在 60%左右。但从 2010 年开始，制造业能源消费量占全国能源消费总量的比重有所下降，由 2010 年的 60.26%下降到 2016 年的 55.65%，消费量在 2015 年和 2016 年也有所下降，2016 年其能源消费量较 2015 年下降了 0.98%，为 24.25 亿吨标准煤。

除制造业部门以外，交通运输、仓储和邮政业部门的用能增长明显，年均增速高达 9.53%，能源消费比重由 1995 年的 4.47%增长到了 2016 年的 9.10%。随着中国经济的迅速发展，家庭轿车保有量将进一步增加，交通部门的能源消费比重还将进一步增长。

3. 中国能源消费地区分布与工业集中度、经济规模一致

中国能源消费地区分布相对能源生产更加均匀，但也存在一定的集中性，主要表现为与工业集中度、经济规模相一致的分布特征（图 3-10），如经济总量发达

的山东、广东、江苏等省份能源消费总量依次位居前三位。总体来说，中国能源生产、消费布局存在着一定的“逆向”关系，这也是中国一直存在“东煤西运、北煤南送”“西气东输”等能源运输格局的重要原因。

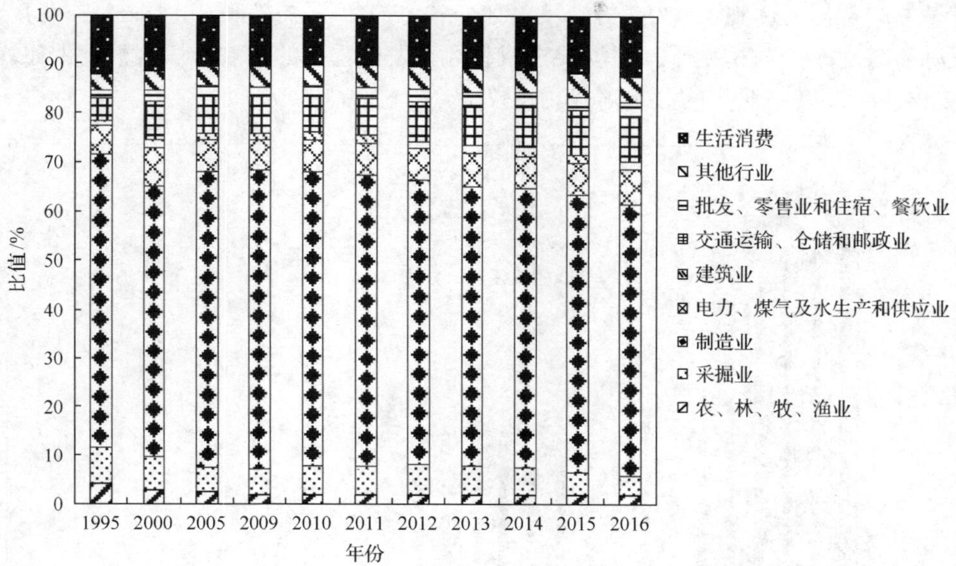

图 3-9　中国国民经济各行业终端能源消费量占全国能源消费总量的比值(1995～2016 年)

资料来源：国家统计局(2018b)

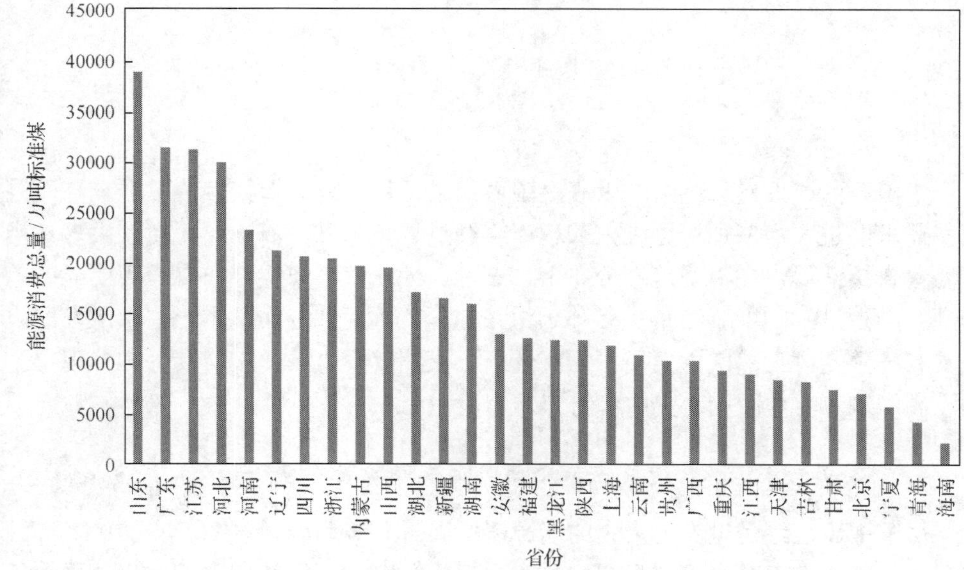

图 3-10　2016 年中国各省份能源消费总量

资料来源：国家统计局(2018b)

缺少西藏及港澳台数据

从 2016 年中国各省份煤炭消费格局来看(图 3-11)，煤炭的消费分布虽然相比生产分布较均衡，但也表现出了明显的地域差异，其中重工业较为发达的山西、内蒙古、河北、山东、江苏煤炭消费量占到了全国的 5%以上，其中山东的煤炭消费量位居首位，达到 40939.2 万吨；大部分省份消费量占比都在 1%～5%；北京、青海和海南 3 个省份由于其环境要求或者经济发展程度的限制，煤炭消费占比均在 1%以下，其中北京的煤炭消费总量仅为 847.62 万吨。

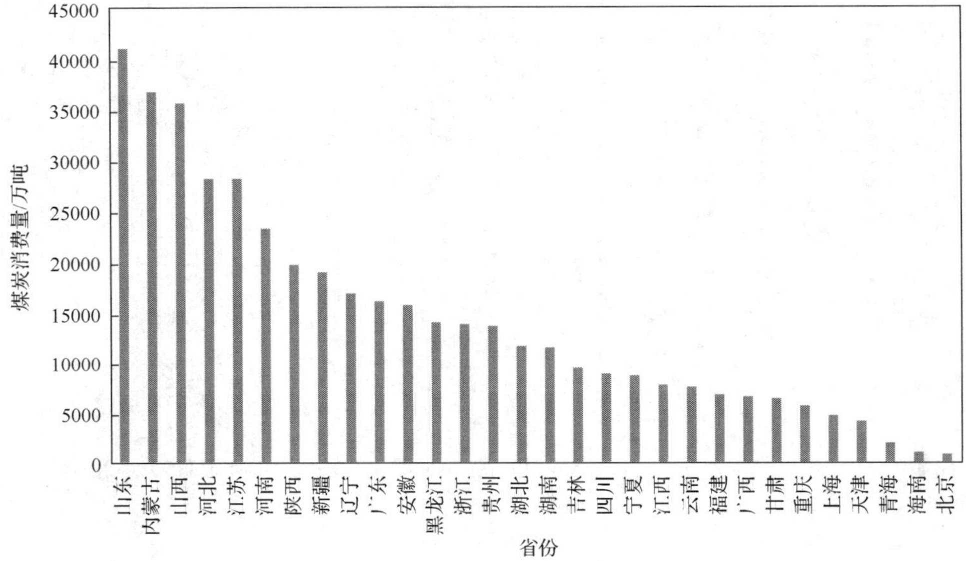

图 3-11　2016 年中国各省份煤炭消费量

资料来源：国家统计局（2018b）

缺少西藏及港澳台数据

中国石油、天然气供给难以满足国内需求，对国外进口依赖情况严重，而且随着需求的进一步增加，这种依赖程度将会进一步上升。石油、天然气大多被当作燃料直接消耗，在消费地域分布上，石油、天然气与煤炭分布有较为明显的差异(图 3-12，图 3-13)，石油大多作为汽车燃料，因此其分布基本上与经济发展水平具有一致性；天然气主要用于居民燃料、天然气发电、化工，其分布体现出产地、高经济水平地区相对集中的特点。

4. 中国仍处于工业化进程中，短期内能源需求持续增长

尽管中国已经是世界上最大的能源消费国，但中国人口基数大，自 2011 年后，中国人均能源消费总量超过世界平均水平，而与美国等发达国家相比仍处于较低水平。同时，目前中国工业部门能源消费在终端消费占比中仍占据相当大的比例，但距离已经完成工业基础设施建设的发达国家仍有很大差距，且中国仍处于城镇

化进程中，能源消费仍有很大的提升空间。预计中国的总能源需求仍将保持逐步增长趋势，但能源需求增速远低于 GDP 增速，单位 GDP 能耗不断下降，反映了中国生产技术和节能减排工作得到了进一步提升。

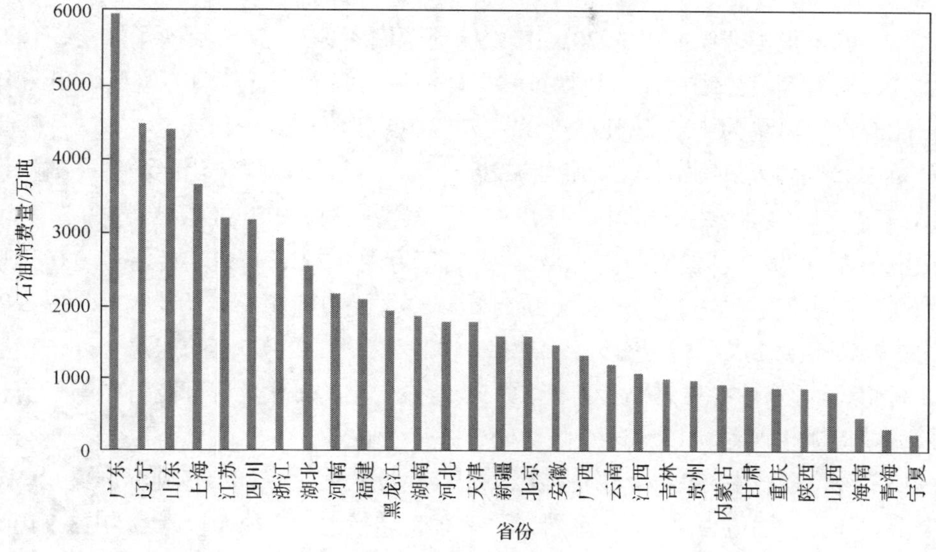

图 3-12　2016 年中国各省份石油消费量

资料来源：国家统计局(2018b)

缺少西藏及港澳台数据

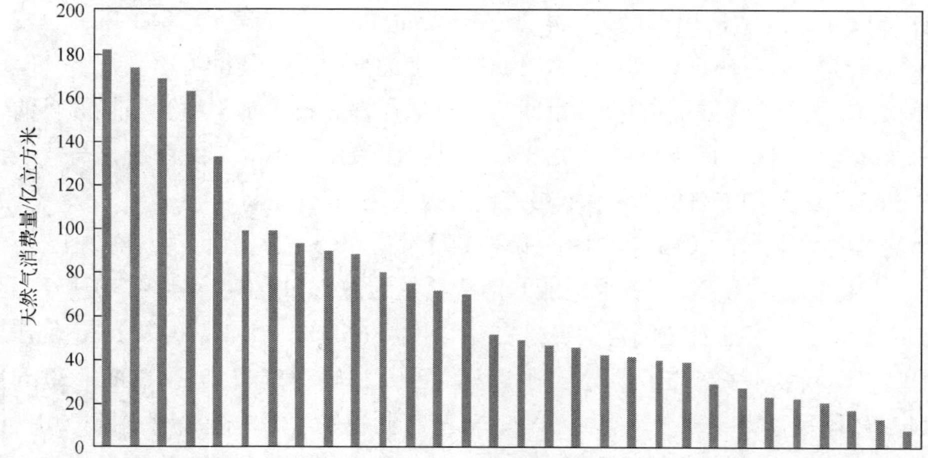

图 3-13　2016 年中国各省份天然气消费量

资料来源：国家统计局(2018b)

缺少西藏及港澳台数据

3.1.3 中国能源流图分析

1. 中国能源流整体分析

基于能源平衡表绘制出的2016年中国能源流图(图3-14),反映了煤炭、石油、天然气、电力等能源经过加工转换过程,最终流向终端消费部门的概况。2016年中国能源供应总量为40.1亿吨标准煤[①],较2015年略有减少。其中,一次能源生产量为31.5亿吨标准煤,较2015年减少5.5%。经过不断地优化能源生产结构,2016年中国一次能源生产量中,原煤占76.7%,原油占9.1%,天然气占5.7%,一次电力占6.7%,其他能源占1.8%。进出口方面,2016年进口能源约9.0亿吨标准煤,其中,石油进口约5.44亿吨标准煤,占进口能源总量的71.1%,出口能源约1.2亿吨标准煤,能源对外依存度为19.3%,高于2015年的能源对外依存度16.8%,能源对外依存度过高会对能源安全造成一定的威胁,这可能与中国目前正积极调整能源生产结构以应对气候变化有关。

加工转换过程中,2016年中国能源加工转换投入总量为29.7亿吨标准煤。其中,火电部门作为中国电力生产的重要来源,其加工转换过程中能源投入量为13.5亿吨标准煤,炼油投入7.9亿吨标准煤,炼焦投入5.4亿吨标准煤,供热投入2.0亿吨标准煤,其他煤化工过程等的投入量为0.9亿吨标准煤。2016年中国能源加工转换共计产出能源21.4亿吨标准煤,加工转换总效率为72.1%。分别来看,火力发电的效率为40.4%(产出电量为4.4万亿千瓦·时),尽管相较于2010年火力发电整体效率提升了两个百分点,但中国90%以上的火力发电装机为燃煤机组,发电煤耗同日本相比仍有不小的提升空间,可以通过提高技术水平达到降耗的目的。炼油效率为97.8%,炼焦效率为92.8%,供热效率为72.5%,与经济合作与发展组织(OECD)国家79.1%的供热效率相比仍有很大差距。

从消费端来看,2016年中国能源消费总量为40.5亿吨标准煤,较2015年仅上升0.7%。其中,终端消费部门能源消费总量约为31.9亿吨标准煤,第一产业、第二产业、第三产业及生活消费分别占比2.1%、66.9%、18.8%和12.2%,且在生活消费中,城镇和乡村生活消费分别占终端能源消费总量的7.2%和5.0%。2016年在OECD国家,第一产业、第二产业、第三产业和生活消费能源消费量平均占比分别为1.9%、31.3%、48.2%和18.6%(IEA, 2016b),因此,随着中国经济转型与发展,第三产业和生活能源消费比例还将进一步提高。

① 考虑到实际可再生能源生产过程中无能源损耗,本节中能源流图采用电热当量计算法。

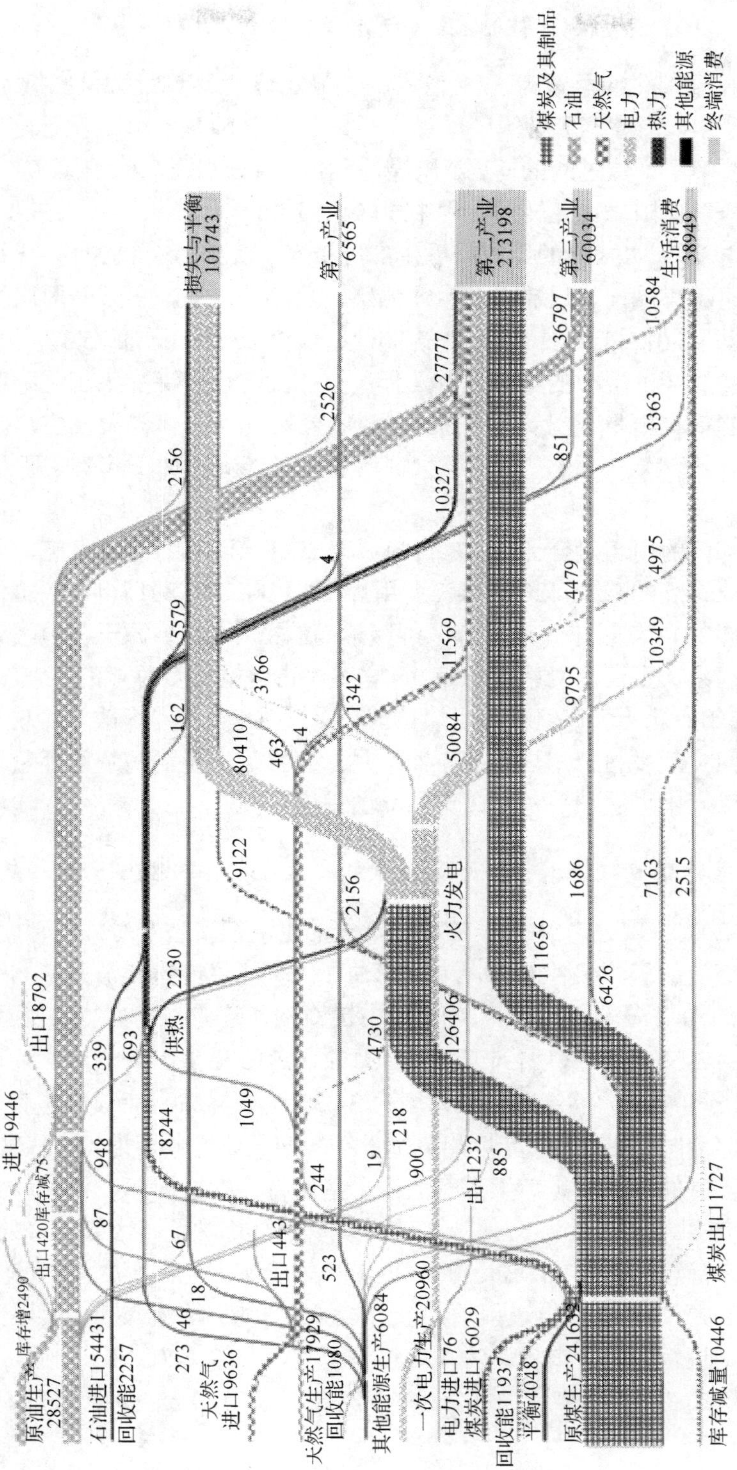

图3-14　2016年中国能源流图

单位为万吨标准煤，图中数据大小代表该过程的能源流量的大小

资源来源：国家统计局(2018b)

2. 工业部门用煤量大幅下降，居民生活消费耗煤仍在增加

2016 年全国原煤供应总量为 37.9 亿吨，是继 2013 年达到最大供应量 42.7 亿吨以来，连续第三年持续下降。其中，原煤生产量 34.1 亿吨，较 2015 年下降 9.0%，在一定程度上缓解了产能过剩的问题。原煤进、出口量分别为 2.6 亿吨、0.1 亿吨，仍保持为煤炭净进口国。加工转换过程中投入原煤 30.5 亿吨，其中，59.0%的原煤流向火力发电部门，29.5%的原煤用以生产洗精煤，以及 8.5%的原煤用于供热，其他原煤分别用于煤制油、煤制气和生产焦炭。除洗选煤外，各方面用煤均有所上升，供热用煤较 2015 年增加 10.4%，煤制油用煤较 2015 年增加 75.3%，其主要原因是通过增加煤炭消费中的电煤比例及提高煤制油等煤炭深加工工艺降低污染物排放，同时提高能源利用效率。2016 年煤制天然气工艺有较大改善，副产品焦炭明显减少，天然气产量较 2015 年大幅增加，对煤炭深加工起到了积极的推动作用。

终端消费部门的用煤量合计为 9.8 亿吨，较 2015 年减少了 1.4 亿吨，此变化主要表现为工业用煤的减少。2016 年工业用煤 7.6 亿吨，较 2015 年的 9.1 亿吨减少了 16%，是自 2013 年以来工业用煤量削减最高的一年，主要源于各地区对高耗能企业的减排约束。生活消费用煤量为 0.9 亿吨，占终端消费总量的 9.7%，虽然用煤量较 2015 年变化不大，但城镇用煤量因为“煤改电”及“煤改气”政策的实施不断减少。而反观乡村，用煤量却不断增加，直接导致生活消费用煤量呈增长趋势，由此可以看出城镇和乡村对政策贯彻的程度不同。

3. 中国油气消费量持续增长，终端消费中工业石油消费占比下降

图 3-15 为 2006～2016 年中国石油和天然气的生产消费量及对外依存度情况，受“贫油、少气”的资源条件制约，中国石油和天然气生产量和消费量均难以满足其日益增长的油气需求。2006～2016 年中国石油生产量维持在 200 百万吨左右，而消费量由 349 百万吨增加到了 564 百万吨，2016 年中国石油对外依存度高达 67.6%。2016 年中国天然气对外依存度为 34.3%，同样高于能源整体对外依存度，2006～2016 年中国天然气生产量和消费量年均增长速度分别为 8.9%和 14.0%，预计在未来一段时间中国对进口天然气的需求量仍将持续增加。

2016 年中国原油供应量为 5.6 亿吨，其中，受国际原油价格大幅下降的影响，国内原油生产量降至 2.0 亿吨，这是自 2006 年以来首次出现大幅度减产，较 2015 年生产量下降 6.9%。加工转换过程中，仅有 13.07 万吨原油流入火力发电部门，而其余原油用来进行加工，得到柴油 17850.3 万吨、汽油 12931.0 万吨、石脑油 4263.4 万吨、煤油 3983.9 万吨、液化石油气 2840.5 万吨、石油沥青 2171.6 万吨、

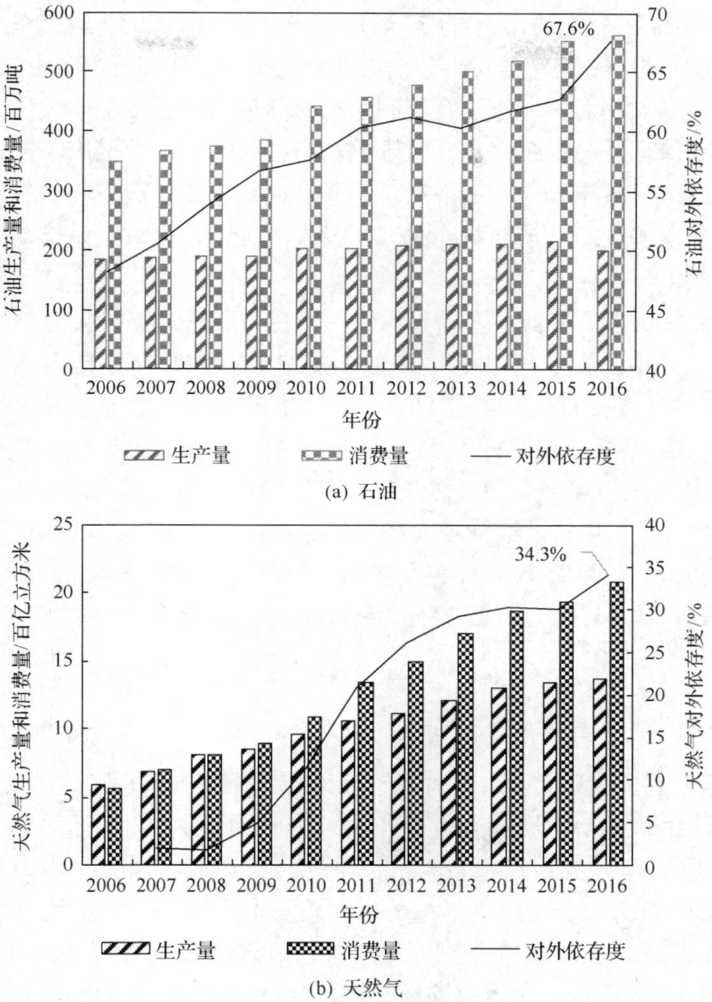

(a) 石油

(b) 天然气

图 3-15　2006～2016 年中国石油和天然气的生产消费及对外依存度

资料来源：国家统计局(2018a)

石油焦 1950.9 万吨、燃料油 1855.8 万吨、炼厂干气 1772.5 万吨、溶剂油 232.5 万吨、石蜡 212.2 万吨、润滑油 142.3 万吨、其他石油制品 3518.3 万吨。其中，柴油产量自 2000 年以来首次出现负增长，除柴油外，其他油制品产量较 2015 年均有所上升。由于中国经济增速的持续回落，2016 年中国石油消费增速进一步下降至 2.3%。

2016 年终端消费部门石油消费总量为 5.4 亿吨，其中，第一产业消费量为 0.2 亿吨，第二产业消费量为 2.0 亿吨，第三产业消费量为 2.5 亿吨，居民生活消费量为 0.7 亿吨。由于经济发展水平得到大幅提高，带动了居民消费水平的提升，居民生活消费和交通部门石油消费较工业部门增长显著。工业部门石油消费占比由

2010 年的 45.0%下降到 2016 年的 35.4%，在此过程中，2012 年交通部门超过工业部门成为最大的石油终端消费部门。大部分成品油在终端消费中流向交通部门，达 2.1 亿吨。与此相对应，原油及其制品在交通部门中也产生了大量的碳排放。随着中国汽车保有量的持续上升，碳排放量将持续增大，而推广新能源汽车的使用是减少交通部门碳排放的有效举措，因此，提高新能源汽车的使用性能、完善新能源汽车补贴制度等是推动新能源汽车发展的关键，同时也是推动交通部门实现节能减排的重要保证。

中国天然气供应的来源主要为国内天然气生产和进口国外天然气，除此之外，煤制天然气也是中国天然气供应的部分来源之一。2016 年中国天然气生产量为 1368.7 亿立方米，进口量为 745.7 亿立方米，煤制天然气产量为 18.7 亿立方米，较 2015 年的 3.2 亿立方米增长了 4.8 倍，这主要得益于煤制天然气项目的发展。2016 年，山西大同等 4 个煤制天然气项目获得批准，随着技术提高和项目全部投产，预计煤制天然气项目会给国内天然气供应提供重要保障。天然气利用过程中，终端消费部门天然气消费量为 1617.8 亿立方米，第二、第三产业和居民生活天然气消费量分别占比 55.3%、21.2%和 23.5%，农业部门天然气消费量仅为 1.1 亿立方米。

4. 可再生能源发展迅速，服务业和居民生活消费用电占比提高

自 2008 年起，中国火力发电占比已由 80.5%下降至 2016 年的 72.2%(图 1-8)，而水电、核电、风电等占比均有所提升。2016 年中国电力生产总量为 6.1 万亿千瓦·时(1 千瓦·时 = 0.1229 千克标准煤)，较 2015 年增长了 5.6%，电力进口 61.9 亿千瓦·时，出口 189.1 亿千瓦·时。电力生产总量中，各一次电力生产占比分别为：水电 19.4%，风电 3.9%，核电 3.5%，太阳能发电等 1%，其中，风电自 2013 年起发电量超过核电发电量，成为中国继火电、水电之后的第三大电力来源。2016 年中国风电、核电和太阳能发电量较 2015 年分别增长 27.6%、24.9%和 58.8%，但因其发电产量基数小，电力生产结构优化过程仍显缓慢。

终端消费部门中，第一、第二、第三产业及居民生活消费用电量分别为 1091.9 亿千瓦·时、40751.6 亿千瓦·时、7970.1 亿千瓦·时和 8420.6 亿千瓦·时。与第三产业和居民生活消费在终端能源消费总量中的比例变化趋势一致，2016 年第三产业和居民生活消费用电占比继续增加，且用电量较 2015 年均增长了 10%以上，反映了中国经济转型过程中的电力消费变化。工业部门电力终端消费中，制造业和电力、煤气及水的生产供应业用电量均呈增长趋势，而受到“煤炭去产能”政策的影响，采掘业用电量自 2014 年开始下降。用电量最多的第二产业中，其主要用电部门为金属冶炼，电力、热力生产与供应业及化工部门，分别占第二产业用电总量的 27.6%、12.2%、12.1%。居民生活消费用电中，城镇居民用电

4569.3 亿千瓦·时，农村居民用电 3851.3 亿千瓦·时，城乡电力消费比约为 1.2。

3.2　中国水资源开发与利用现状

3.2.1　中国水资源供应概况

1. 中国水资源总量丰富，人均占有量低

2000～2016 年，中国水资源量呈波动式变化(图 3-16)。其中在 2010 年、2012 年及 2016 年显著升高，在 2016 年达到 16 年来的最高值，为 32466.4 亿立方米，较 2015 年上涨了 16.11%，居世界前列。中国人均水资源量在这 16 年间同样呈现出波动式变化，但由于中国人口基数大，2016 年中国人均水资源量仅为 2354.9 立方米，远低于世界平均水平。根据国际通用标准，人均水资源量少于 1700 立方米就是水资源紧张国家，因此，中国已经接近水资源紧张国家，亟须加强对水资源节约问题的关注。

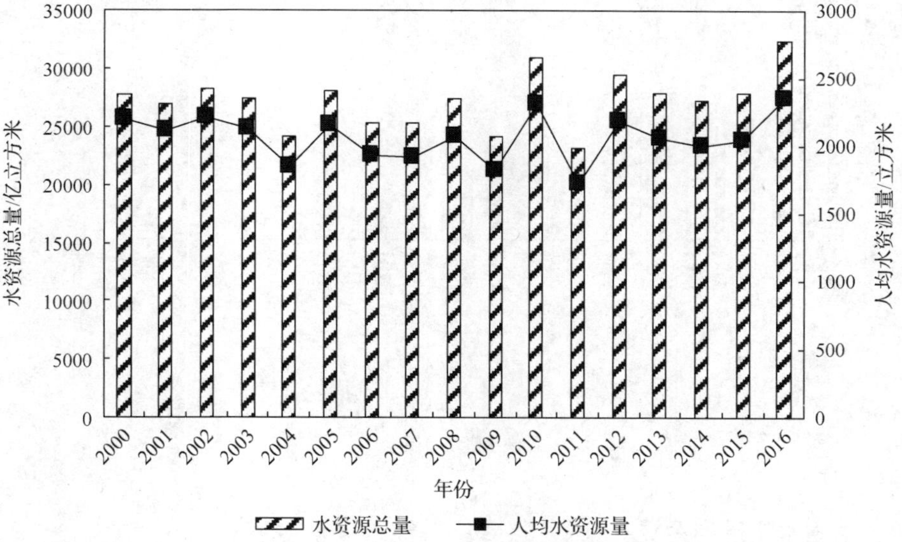

图 3-16　中国水资源总量及人均水资源量(2000～2016 年)

资料来源：国家统计局(2006a, 2018a)

2. 中国供水以地表水为主，水资源分布南方多、北方少

2005～2016 年中国供水结构没有发生明显变化，地表水占比维持稳定，常年保持在 81%左右。而由于地下水过量开采会加剧地表沉降的速度，威胁城市建筑安全，近年来地下水开采得到了一些控制，占比持续下降，但降低幅度很低，由

2005 年的 18.4%下降到 2016 年的 17.5%。同时，为了降低水资源短缺带来的不利影响，加快对非常规水资源的开发和利用成为一项重要举措。由于非常规水资源开发利用过程中仍存在成本高等问题，尽管海水淡化水、再生水、雨水蓄积等其他供水来源占比近年来有所上升，至 2016 年上升为 1.17%，但其总量和增量均较小。

中国水资源在地域分布上极不均匀，呈现出由南向北、由沿海向内陆逐渐减少的特点(图 3-17)。中国水资源分布以“秦岭-淮河”为界，呈现出南方多、北方少的分布特征。“秦岭-淮河”以南地区，除湖北、浙江等省份外水资源量普遍在 2000 亿立方米以上，而“秦岭-淮河”以北地区，水资源量则大多在 1000 亿立方米以下，南北差异巨大。此外，由于西藏特殊的地理位置，其水资源量在 2016 年达到了 4642.2 亿立方米，远高于其他省份，是水资源量第二的广东的 1.9 倍，是水资源最少的宁夏的 484 倍。

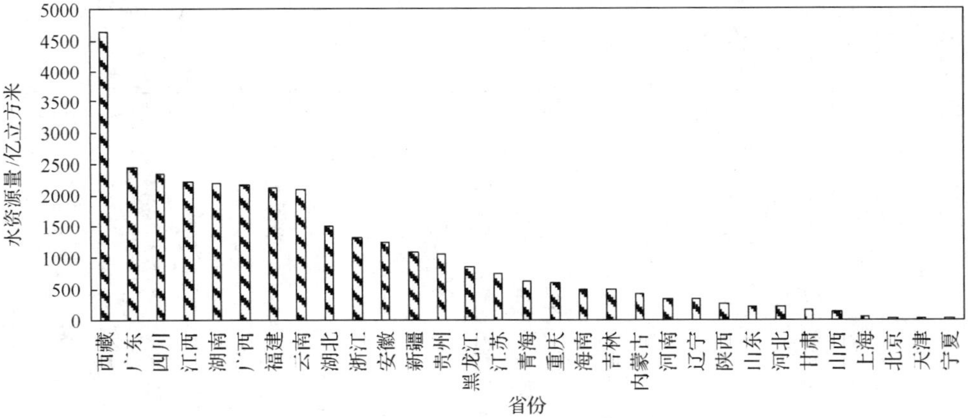

图 3-17 2016 年中国各省份水资源量

资料来源：国家统计局(2018a)

缺少港澳台数据

3.2.2 中国水资源利用概况

1. 中国用水总量上升，用水强度下降

2000～2016 年中国用水总量虽有波折但整体呈现出上升趋势。从图 3-18 中可以看出中国用水总量在 2003 年有显著下降，之后至 2013 年迅速增加。由 2003 年的 5320.4 亿立方米增加到了 2013 年的 6183.4 亿立方米，年均增长率为 1.5%。2013 年之后，中国用水总量又有微弱下降，直到 2016 年用水总量达到了 6040.2 亿立方米。中国人均用水量和用水总量呈现较为一致的变化趋势，2013 年中国人均用水量最高，达到了 455.5 立方米(图 3-18)。

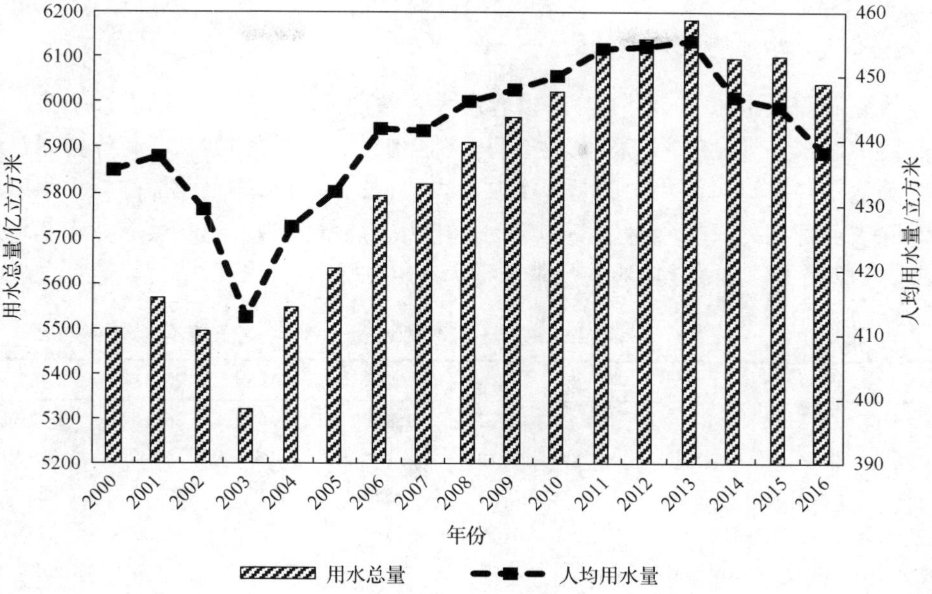

图 3-18　中国用水总量及人均用水量(2000～2016 年)

2000～2016 年中国用水强度呈现出先快速下降后缓慢下降的趋势。如图 3-19 所示，中国用水强度在 2000～2008 年快速下降，由 554.94 万米^3/亿元下降至 183.82 万米^3/亿元，年均下降率为 12.90%；中国用水强度在 2008～2016 年缓慢下降，由 183.82 万米^3/亿元下降至 81.56 万米^3/亿元，年均下降率为 9.66%。

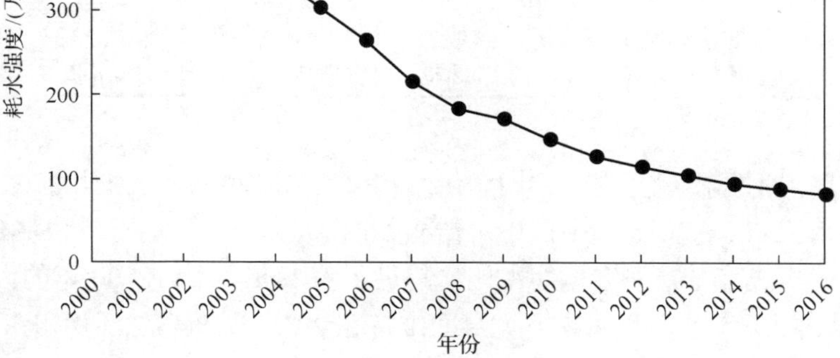

图 3-19　2000～2016 年中国用水强度变化趋势

资料来源：国家统计局(2018a)

2. 分部门取水量及用水结构

从分部门取水量中(表 3-2)可以看出大多数部门取水量呈平稳增长趋势。20 个部门中取水量最高的部门是农业部门，在 2012 年达到了 3902.50 亿立方米，远高于其他部门。这是因为中国是一个农业大国，同时中国的农业部门耗水强度较大。除农业部门外，取水量较高的部门是电力、燃气及热水生产供应业和其他服务业，这两个部门 2012 年的取水量分别为 459.69 亿立方米和 260.56 亿立方米。

表 3-2　中国分部门取水量　(单位：亿立方米)

部门	2002 年	2005 年	2007 年	2010 年	2012 年
农业	3736.20	3580.00	3601.96	3689.10	3902.50
采掘业	18.82	17.13	39.60	64.48	71.61
食品烟草业	26.94	25.62	29.00	31.65	42.33
服装制造业	17.99	23.41	37.30	39.22	42.03
木材加工和家具制造	0.62	0.99	1.30	3.90	5.54
造纸和印刷业	36.79	42.81	51.00	19.02	36.97
石油加工及炼焦业	9.77	21.07	15.80	10.65	10.23
化工橡胶制造业	59.43	60.87	69.80	68.30	92.15
非金属矿物制造业	7.67	11.57	11.20	22.15	31.45
金属冶炼制造业	48.08	51.55	54.40	37.80	62.99
普通机械制造业	3.53	3.84	5.00	13.30	15.68
运输设备制造业	3.24	3.32	4.80	9.02	12.14
电气机械及器材制造业	1.42	1.09	2.40	6.39	9.07
电子及通信设备制造业	2.14	2.43	6.00	6.48	12.51
其他制造业	0.57	1.20	1.60	13.21	6.25
电力、燃气及热水生产供应业	417.38	438.08	508.10	390.36	459.69
建筑业	7.27	18.02	11.00	29.53	41.88
交通运输、仓储和邮政服务业	40.18	48.34	38.88	55.99	26.06
批发零售和住宿餐饮	104.02	95.08	108.61	95.89	73.25
其他服务业	214.25	240.33	248.65	266.77	260.56

资料来源：Fan 等(2019)。

根据水的不同用途分类，中国用水结构分为农业用水、工业用水、生活用水和生态用水。2000～2016 年中国用水结构如图 3-20 所示，农业一直是中国用水量占比最高的组成部分，研究期间占比均超过了 60%。其中，2000 年的占比最高，达到了 68.22%。工业用水量在研究期间维持在 20%～25%，生活用水占比呈逐年增加的趋势，由 2000 年的 10.46%上升到 2016 年的 13.60%。同样，生态用水也呈上升趋势，从 2003 年的 1.49%上涨到 2016 年的 2.36%。随着中国人口的增长及人民生活水平的日益提高，生活用水及生态用水量有可能进一步增加。

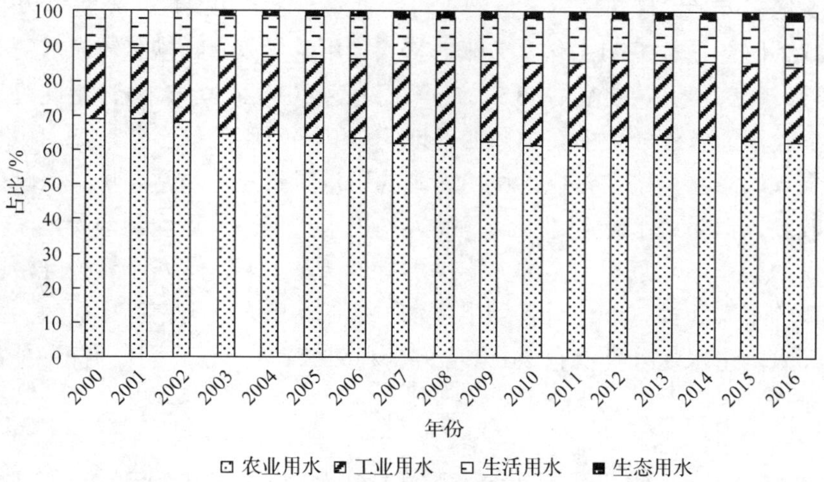

图 3-20　2000～2016 年中国用水结构

资料来源：国家统计局(2018a)

3. 水资源区域使用差异大

2016 年中国各省份用水总量和人均用水量如图 3-21 所示。其中，用水总量

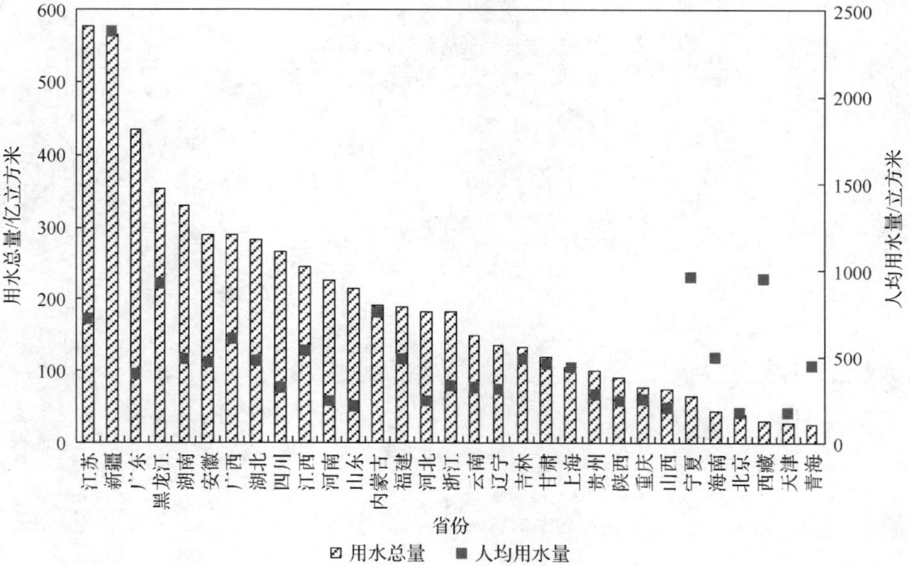

图 3-21　2016 年中国各省份用水总量及人均用水量

资料来源：国家统计局(2018a)

缺少港澳台数据

排在前三位的省份为江苏、新疆和广东，分别达到 577.4 亿立方米、565.4 亿立方米和 435 亿立方米。排在最后三位的省份为青海、天津和西藏，分别为 26.4 亿立方米、27.2 亿立方米和 31.1 亿立方米。从人均用水量来看，排名较靠前的省份有新疆(2376.6 立方米)、宁夏(966.5 立方米)和西藏(946.6 立方米)，由此可见，人均用水量较高的省份较集中在中国西部地区。其中新疆的储水量较低，用水量较高，并且人均用水量排在首位，说明新疆的用水紧张形势非常严峻。西藏的水资源总量较高，但是用水总量却很低，而人均用水量偏高，这均和西藏地区人口稀少有很大的关系。北京和天津的人均用水量最低，主要是这两个省份经济的发展带动人口的集聚和扩张，使得人均用水水平偏低。山东、河南等人口较为集中的省份，其人均用水量分别仅有 216.2 立方米和 239.4 立方米，同样值得关注。

3.2.3　中国水流图分析

2016 年中国供水总量为 6040.2 亿立方米，较 2015 年减少了 63.0 亿立方米，不包括海水直接利用量。中国供水来源分为地表水、地下水和其他水源，其中地表水是中国供水的主要来源。图 3-22 为 2016 年中国水流图，供水来源中，地表水、地下水和其他水源分别为 4912.4 亿立方米、1057.0 亿立方米和 70.8 亿立方米，分别占比 81.3%、17.5%和 1.2%，其他水源供水是指将通过海水淡化、污水处理再生利用和集雨工程得到的淡水用以满足人类生产生活的需求。

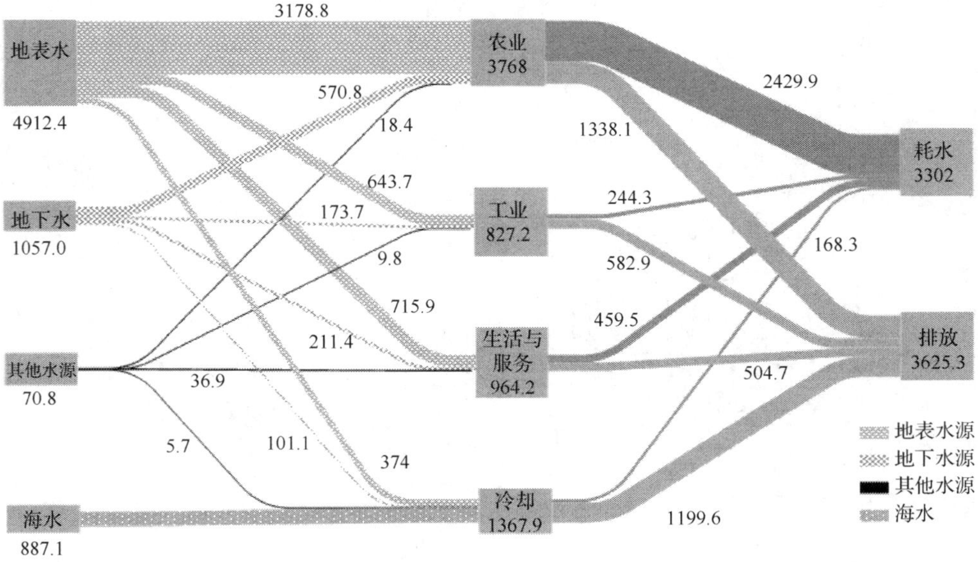

图 3-22　2016 年中国水流图(单位：亿立方米)

水资源终端用户中，农业、工业(不含电厂冷却水)[①]、生活与服务[②]和电厂冷却(不含海水直接利用)用水量分别为3768亿立方米、827.2亿立方米、964.2亿立方米和480.8亿立方米，由于中国是农业大国，农业年用水量占比稳定在60%以上。在全球淡水资源紧张缺乏的局面下，对于中国这样一个干旱缺水、人均水资源量匮乏严重的国家而言，加大海水资源的淡化和直接利用对于保障沿海地区水供应和节约淡水资源具有重要意义。根据《中国水资源公报》(1997～2016年)，中国海水直接利用量自1997年以来年均增长13.1%，2016年全国海水直接利用量为887.1亿立方米，较2015年增加了8.9%，主要作为火(核)电厂的冷却用水。

水资源供应过程中，各类水源对不同终端用户的供应比例有所差异。2016年中国火(核)电厂冷却用淡水量为480.8亿立方米，占工业用水总量的36.8%，因此假设所有水源供给工业部门的供水量中有36.8%流向火(核)电厂，用作冷却用水。根据以往的研究，全国地下水供水流向中，农业、工业、生活与服务用地下水分别占地下水供水总量的54%、26%和20%(Margat and van der Gun, 2013)，即农业用地下水量为570.8亿立方米，工业用地下水量为274.8亿立方米，其中有101.1亿立方米用于电厂冷却水，生活与服务用地下水量为211.4亿立方米。

其他水源供水量中，以再生水和集雨工程为主，其中，污水处理再生利用量占83.6%，集雨工程利用量占13.6%，海水淡化利用量仅占2.8%(中国水利部, 2016)。2016年再生水利用总量中，生活与服务部门再生水利用量为31.4亿立方米，工业再生水利用量为14.2亿立方米(水利部“城市污水处理回用”联合调研组等，2012)，略高于农业再生水利用量13.6亿立方米。2016年集雨工程利用量为9.6亿立方米，其中，农业和生活与服务部门各占50%(Li et al., 2016)。海水淡化水的终端用户分为工业和生活与服务部门两类，2016年工业淡化水用量为1.3亿立方米，占淡化水总量的66.6%(国家海洋局科学技术司，2016)，生活与服务部门淡化水用量为0.7亿立方米。在终端用水量中减去其他水源供水量，由此得到地表水源供水量中，有64.7%地表水流向农业部门，20.7%流向工业部门，14.6%流向生活与服务部门。

2016年全国耗水(不含海水)总量为3192.9亿立方米，占用水总量的52.9%。2013～2015年农业、工业、生活与服务和生态环境补水耗水率变化较小，根据2015年耗水率情况估算，农业耗水量为2429.9亿立方米，生活与服务耗水量为459.5亿立方米，工业耗水量为244.3亿立方米，直流火(核)电耗水量为59.1亿立方米，冷却用水耗水率为12.3%，低于工业部门平均耗水率23.2%。海水直接利

① 考虑到电厂冷却水有其他来源，即海水直接利用，与淡水资源性质不同，因此将工业部门电厂冷却用水单独列出。

② 考虑到无法单独获得各部门用水数据，将终端消费部门进行整合，即农、林、牧、渔业(简称农业)、工业均单独作为一个部门，第三产业部门、居民生活消费和建筑业合并为“生活与服务”部门。

用耗水量以冷却用水耗水率计算，2016 年海水直接利用耗水量为 109.2 亿立方米。

3.2.4 中国的水足迹变化特征研究

水资源是生产活动和人类福祉不可缺少的资源。然而，根据 FAO(2012)的数据显示，2012 年大约有 16 亿人生活在水资源缺乏的国家或地区。中国有着全世界最多的人口和丰富的淡水资源，但仍然面临水资源短缺现状，2015 年中国已经成为世界上水资源最为匮乏的 13 个国家之一(Chen et al., 2017)。

对中国而言，关注水足迹变化可以为改善水资源短缺现状提供一些基础性的信息。一方面，随着中国经济的发展及人口的扩张，中国的用水总量呈现增长趋势，从 2000 年的 5498 亿立方米上涨到 2016 年的 6040 亿立方米(图 3-18)。另一方面，中国水资源短缺现状十分严重，2015 年全球人均水资源量为 7342 立方米，而中国不及其三分之一(Gu et al., 2017)。此外，中国的水资源污染情况也十分严重(Cai et al., 2017)，这进一步加剧了淡水资源的短缺。针对这一情况，中国政府提出了一系列节水措施来控制水资源的消耗。例如，《节水型社会建设“十三五”规划》中提出了单位 GDP 用水量减少 23%的目标(国家发展和改革委员会，2017)。同时，《全民节水行动计划》中提出“实施全民节水行动计划”，强调要提高农业、工业和服务业水资源利用效率(国家发展和改革委员会，2016)。由于水在最终产品的生产过程中被大量消耗，从最终使用的视角提出节约水资源的措施可以有效实现节水目标。因此，本节分析中国 2002～2012 年最终使用造成的水足迹及其驱动因素，以期为缓解中国水资源短缺问题提供参考。

1. 模型与数据

本节将传统的投入产出方法扩展应用于水使用的基于环境扩展的投入产出模型(Leontief, 1970)，并为了探究水足迹变化的驱动因素，运用结构分解分析(SDA)将水足迹分解为 5 个驱动因素(人口、用水效率、生产结构、消费模式、人均 GDP)(Fan et al., 2019)。

其中，基于环境扩展的投入产出模型可以写成如式(3-1)所示：

$$\boldsymbol{X} = \boldsymbol{\omega}(\boldsymbol{I} - \boldsymbol{A})^{-1}\boldsymbol{Y} \tag{3-1}$$

式中，$\boldsymbol{X}=[X_i]$为总产出列向量；$\boldsymbol{Y}=[Y_i]$为最终使用列向量；$\boldsymbol{A}$为直接消耗系数矩阵；$\boldsymbol{\omega}$为取水系数矩阵，代表了每一单位的总产出所取用的水量；$\boldsymbol{I}$为单位矩阵。

完全用水系数向量($\boldsymbol{\delta}$)则可以由下式计算得到：

$$\boldsymbol{\delta} = [\delta_j], \quad \delta_j = \omega_j L_{ij} \tag{3-2}$$

式中，δ_j 为部门 j 的完全用水系数；$L=(I-A)^{-1}$，其中元素为L_{ij}。则总水足迹 TWF 可以由式(3-3)计算：

$$\mathrm{TWF}=\left[\mathrm{TWF}_j\right],\ \mathrm{TWF}_j=\delta_j Y_j \tag{3-3}$$

式中，TWF_j 为部门 j 的水足迹；Y_j 为 j 部门的最终使用。根据最终使用的不同，将最终使用分成 6 个组成部分，用 q 表示。因此水足迹变化可以写成（ΔTWF）(Hoekstra et al., 2002)：

$$\begin{aligned}\Delta\mathrm{TWF}&=\mathrm{TWF}_{(t)}-\mathrm{TWF}_{(t-1)}\\&=p_{(t)}\cdot\omega_{(t)}\cdot L_{(t)}\cdot\sum_{q=1}^{6}Y_{q(t)}^{s}\cdot Y_{(t)}^{v}-p_{(t-1)}\cdot\omega_{(t-1)}\cdot L_{(t-1)}\cdot\sum_{q=1}^{6}Y_{q(t-1)}^{s}\cdot Y_{(t-1)}^{v}\\&=\Delta p\omega_{(t)}L_{(t)}\sum_{q=1}^{6}Y_{q(t)}^{s}Y_{(t)}^{v}+p_{(t-1)}\Delta\omega L_{(t)}\sum_{q=1}^{6}Y_{q(t)}^{s}Y_{(t)}^{v}\\&\quad+p_{(t-1)}\omega_{(t-1)}\Delta L\sum_{q=1}^{6}Y_{q(t)}^{s}Y_{(t)}^{v}+p_{(t-1)}\omega_{(t-1)}L_{(t-1)}\sum_{q=1}^{6}\Delta Y_{q}^{s}Y_{(t)}^{v}\\&\quad+p_{(t-1)}\omega_{(t-1)}L_{(t-1)}\sum_{q=1}^{6}Y_{q(t-1)}^{s}\Delta Y^{v}\end{aligned} \tag{3-4}$$

式中，p 为人口；ω 为碳排放强度；Y^s 为消费模式因素；Y^v 为人均 GDP 因素；t 为年份。

由于数据的可获得性，本节选用中国 2002 年、2005 年、2007 年、2010 年和 2012 年的投入产出表(国家统计局国民经济核算司, 2004, 2007, 2009, 2012, 2015)。根据国家统计局公布的《国民经济行业分类》(GB/T 4754—2017)，本书将不同年份的部门统一成 20 个经济部门，见表 3-3。为了确保获得准确结果，本节利用双平减方法将 2002 年、2005 年、2007 年和 2010 年的投入产出表数据以 2012 年不变价进行处理(UNSD, 1999)。人口和 GDP 数据来自《中国统计年鉴》(国家统计局, 2018a)，同样 2002 年、2005 年、2007 年和 2010 年的 GDP 数据以 2012 年不变价进行处理。

表 3-3　部门代码

代码	部门名称
AGR	农业
MIN	采选业
FOD	食品与烟草行业
TEX	纺织机服装业

续表

代码	部门名称
TIM	木材加工业
PAP	造纸及印刷产品
PET	精炼石油和核燃料加工业
CHE	化学工业
NMP	非金属产品制造业
MET	金属冶炼和压延加工及金属产品制造业
ORD	通用及专用设备制造业
TRE	交通运输设备制造业
EAL	电气机械及器材制造业
EIC	计算机、通信和其他电子设备制造业
OEI	其他制造业
EGW	电力、热力及水的生产供应业
CON	建筑业
TRA	交通服务业
WHO	批发，零售和餐饮业
OSE	其他服务业

第一产业的用水数据来自《中国水资源公报》(中国水利部, 2002, 2005, 2007, 2010, 2012)。第二产业分部门的用水数据来自多方数据收集(Zhang and Anadon, 2014; 国家统计局, 2003, 2006b, 2008, 2011, 2013a, 2017b)。第三产业分部门的用水数据是由城市生活用水量及城镇居民用水量推导而来(中国住房和城乡建设部, 2002；Zhang and Anadon, 2014; 国家统计局, 2003, 2006b, 2008, 2011, 2013a, 2017b)。

2. 水足迹呈明显增长，城镇居民消费引起水足迹占比最高

图 3-23 展示了中国 2002～2012 年不同最终使用引起的水足迹量及其占比情况。中国最终使用引起的水足迹从 2002 年的 5222.7 亿立方米增长到了 2012 年的 6176.8 亿立方米，年均增长率为 1.69%，总体呈显著上升趋势。其中，2007 年中国水足迹相比 2005 年有所下降，主要原因是这一时期的固定资本形成总额造成水足迹显著下降，从 1379.1 亿立方米下降到 1002.5 亿立方米。从各最终使用引起的水足迹来看，农村居民消费引起的水足迹是唯一一部分呈逐年下降的，从 2002 年的 1149.0 亿立方米下降到 2012 年的 926.5 亿立方米，年均下降 2.55%。水足迹最高的部分是由城镇居民消费所拉动的，由 2002 年的 1827.9 亿立方米上升到 2012 年的 2161.9 亿立方米，年均增长率为 1.90%。由出口引起的水足迹从 2002 年的 783.4 亿立方米上升到 2012 年的 1111.8 亿立方米，2007 年达到最高，为 1341.8 亿

立方米。

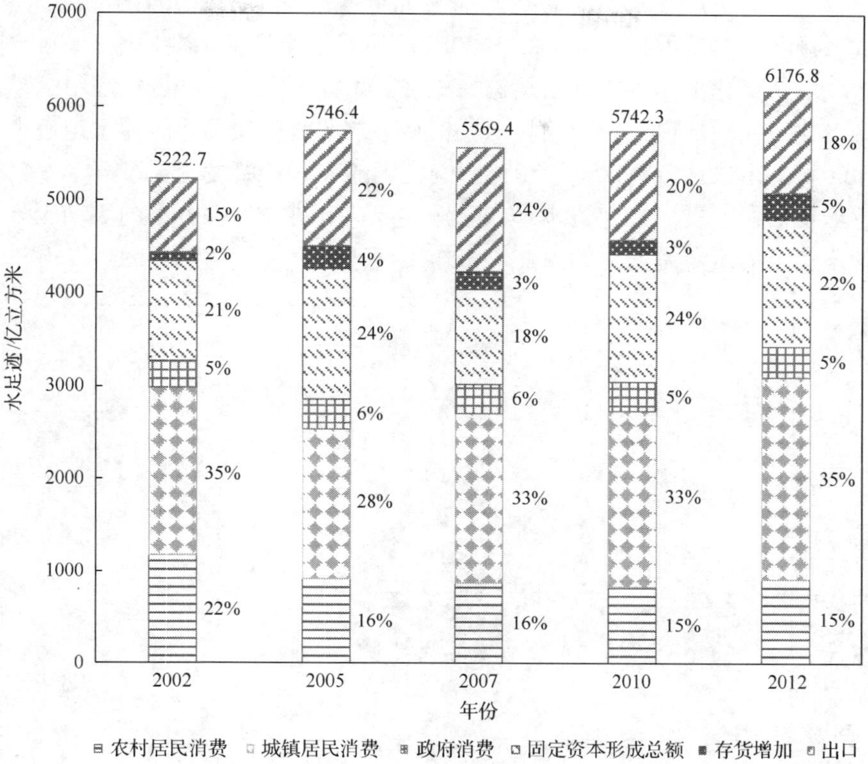

图 3-23　2002～2012 年不同最终使用引起的水足迹及其占比情况

从各部分最终使用引起的水足迹构成上看，占据主要部分的是消费引起的水足迹(包括农村居民消费、城镇居民消费和政府消费)，3 种消费引起的水足迹占到了每年水足迹总量的一半以上，说明居民及政府的消费更能影响水足迹的上涨。其中城镇居民消费成为中国最主要的水足迹来源，除 2005 年之外，其他研究年份的占比均超过了 30%，并且在近些年有显著上升趋势。农村居民消费引起的水足迹在明显下降，从其占比上来看，由 2002 年的 22%下降到 2012 年的 15%。政府消费引起的水足迹占比较低，研究期间占比均不超过 6%。另外，出口引起的水足迹在 2007 年以前占比在显著提升，从 2002 年的 15%上涨到 2007 年的 24%，在一定程度上促进了水足迹的上涨，但是 2007 年以后在逐渐下降，说明在后半段研究时间内相对于出口而言，国内的消费与投资是水足迹产生最主要的最终使用的影响部分。

在分析最终使用引起的水足迹总量构成之后，进一步分析 2002～2012 年影响水足迹增量的主要因素(图 3-24)。2002～2012 年，中国水足迹 39.42%的增量是由城镇居民消费引起的，31.67%的增量由出口导致，固定资本形成总额也推动了

31.32%的水足迹增长，存货增加和政府消费也分别贡献了19.86%和5.09%的增量。但是农村居民消费却造成了水足迹27.36%的负增长。说明城镇居民消费、固定资本形成总额和出口是引起中国2002～2012年水足迹上涨的主要原因。与此对应，农村居民消费变化抑制了中国水足迹的上涨。由此可以得出，近年来中国越来越高的城镇化率在使居民消费由农村向城镇转移的同时也使其伴随的水足迹由农村向城镇转移。本书选取对水足迹变化影响较大的4种最终使用类型——农村居民消费、城镇居民消费、固定资本形成总额和出口，进一步探究不同驱动因素对各最终使用类型的水足迹变化的内在影响作用。

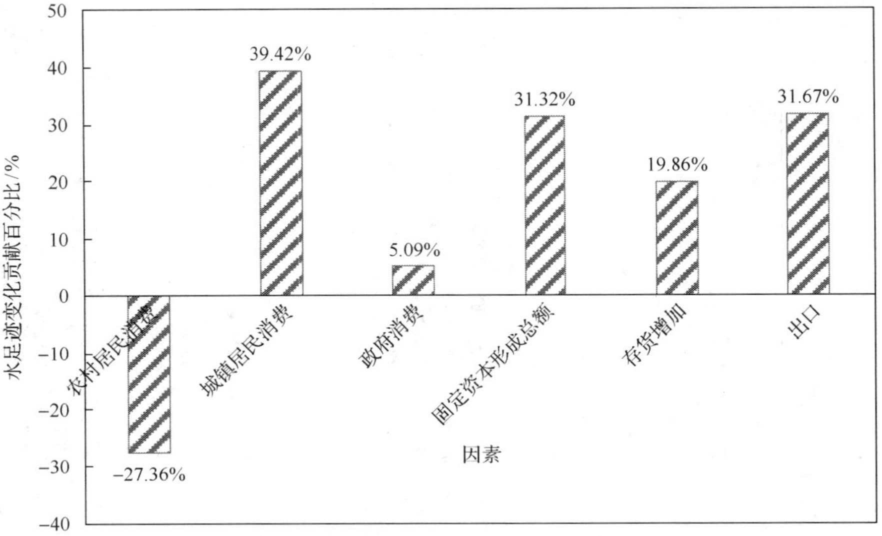

图3-24 2002～2012年中国水足迹变化中各最终使用贡献占比情况

3. 农业水足迹占主导地位，电力热力水行业位居其后

图3-25展现了2002～2012年，20个经济部门产品由于各部分最终使用所引起的平均水足迹。显而易见的是，无论何种最终使用模式，农业(AGR)部门的水足迹量均是最高的。其中，由城镇居民消费引起的水足迹中，农业部门平均水足迹达到了1514.8亿立方米，成为消耗水足迹量最高的单一部门。农村居民消费、固定资本形成总额及出口引起的水足迹也相对较高，分别达到了840.5亿立方米、743.4亿立方米和734.7亿立方米。另外，电力、热力及水的生产供应业(EGW)的水足迹也十分明显，其中由固定资本形成总额引起的水足迹达到了218.3亿立方米，出口引起的水足迹紧排其后，达到了157.6亿立方米。其他服务业(OSE)的水足迹也相对较高，相对而言，城镇居民消费、政府消费和固定资本形成总额引起的水足迹更高，分别达到75.6亿立方米、85.0亿立方米和55.1亿立方米。

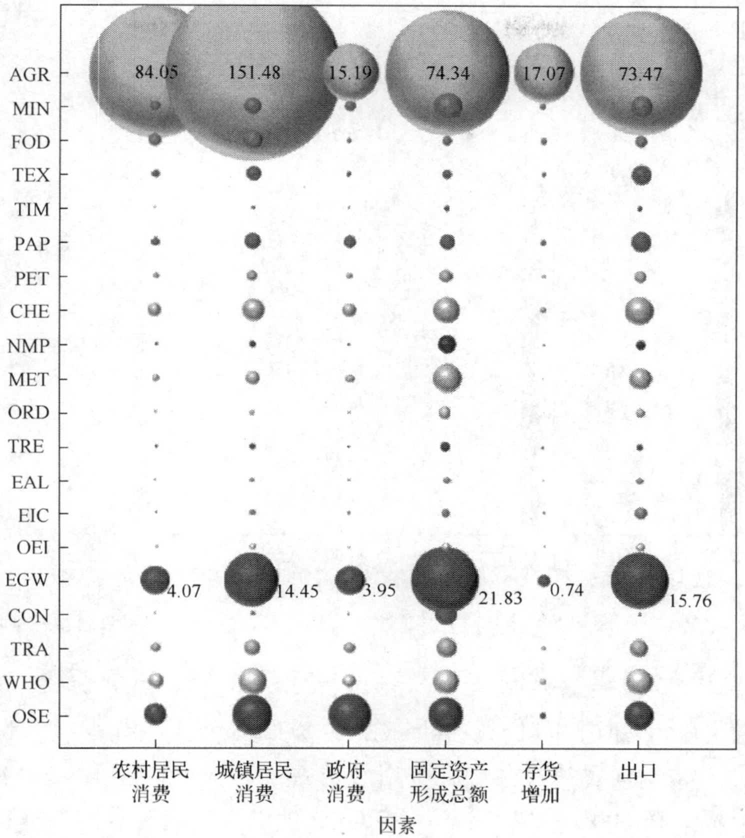

图 3-25 中国 2002～2012 年各部门各最终使用引起的水足迹情况
圆圈的大小代表水足迹量的大小

4. 各驱动因素对各部分水足迹影响呈现多元化

1) 农村居民水足迹驱动因素

图 3-26 显示了 2002～2012 年农村居民消费引起的水足迹变化驱动因素。2002～2010 年，农村居民消费引起的水足迹总量明显降低，2012 年与 2010 年相比略有增加，为 70.8 亿立方米。2010 年之前，水足迹的降低主要是由于用水效率的提高和消费模式的变化。在 2002～2005 年、2005～2007 年和 2007～2010 年由于用水效率的提高分别减少了 262.5 亿立方米、111.9 亿立方米和 177.5 亿立方米的水足迹，其中 2007～2010 年用水效率的影响甚至超过了消费模式，成为最大的影响因素。

2010 年之前，消费模式的变化对减少农村居民消费的水足迹起到了关键的作用，2002～2005 年、2005～2007 年和 2007～2010 年分别减少了 365.7 亿立方米、177.1 亿立方米和 140.2 亿立方米。在 2010～2012 年，消费模式这个驱动因素的

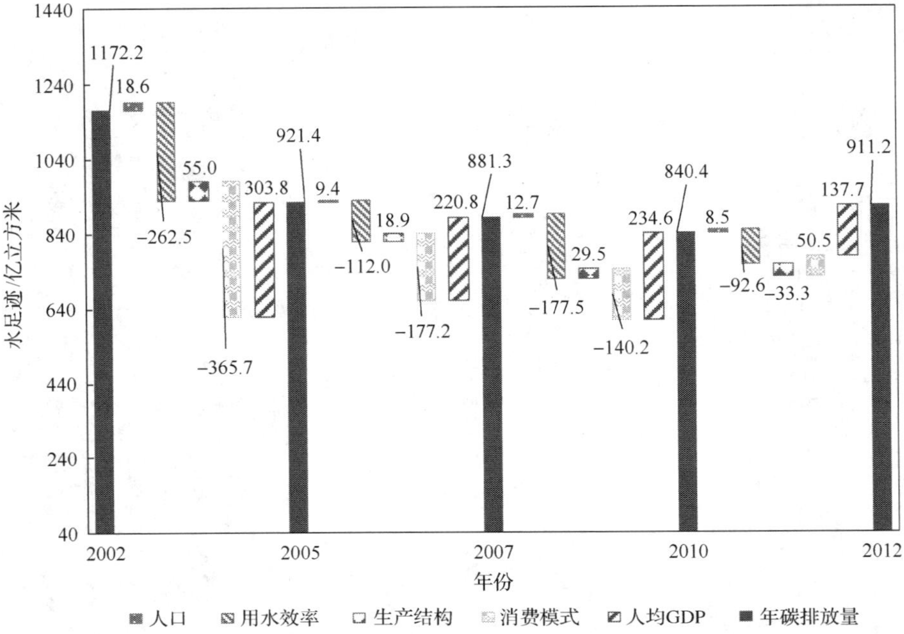

图 3-26　2002～2012 年农村居民消费引起的水足迹变化驱动因素

影响虽然变小，但却由抑制水足迹增长转变为促进水足迹增长。这主要是由于 2002～2010 年农村居民消费占 GDP 的比例在显著下降，但 2010～2012 年这一比例却有所升高。在 2002～2012 年，人均 GDP 促进水足迹的增长，但是增长程度逐渐降低，表明了人均居民收入和农村居民高水足迹的脱钩效应，因此未来应密切关注该影响因素。

2) 城镇居民水足迹驱动因素

图 3-27 显示了 2002～2012 年城镇居民消费引起的水足迹变化驱动因素。在 2002～2005 年，用水效率造成了 473.3 亿立方米的水足迹下降，2007～2010 年用水效率减少了 406.8 亿立方米的水足迹。与对农村居民消费引起的水足迹的影响相似，用水效率成为抑制水足迹上升最突出的影响因素。在 2010 年之前，消费模式显著抑制了水足迹的增加，生产结构则促进了水足迹的增加。但这两个因素在 2010～2012 年的影响则不同：生产结构抑制了 106.4 亿立方米的水足迹，消费模式促进了 270.6 亿立方米水足迹。这主要是由生产结构的优化，以及城镇居民消费结构的不利变化导致的，特别是 2010～2012 年，城镇居民在农业部门的消费比重增加过快。随着中国城镇化进程的加快，城镇居民的人均 GDP 显著促进了水足迹的增加，导致城镇居民消费引起的水足迹显著增加。

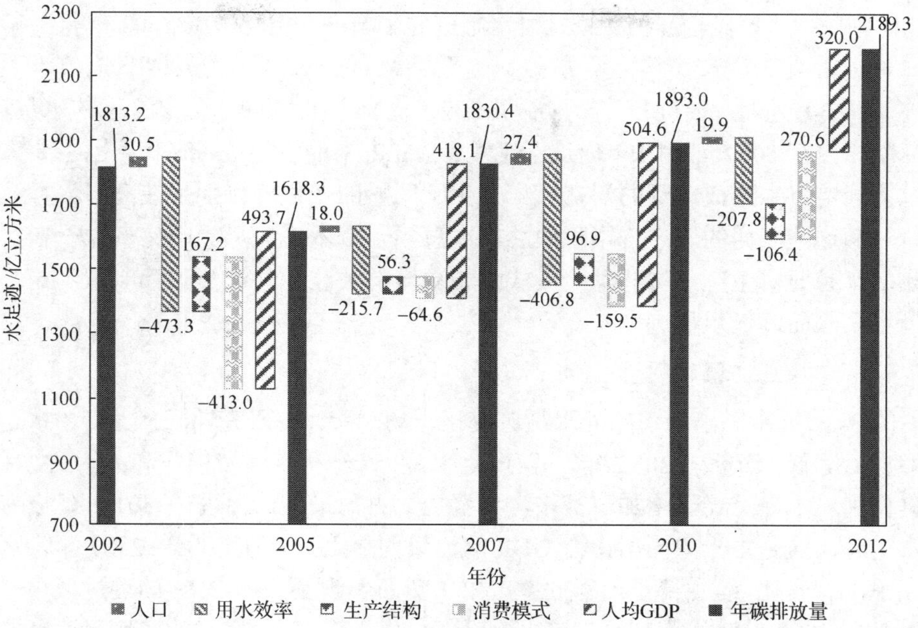

图 3-27 2002～2012 年城镇居民消费引起的水足迹变化驱动因素

3) 固定资本形成总额水足迹驱动因素

图 3-28 显示了 2002～2012 年固定资本形成总额引起的水足迹变化驱动因素。用水效率显著抑制了水足迹的增加，而人均 GDP 显著促进了水足迹的增加。在

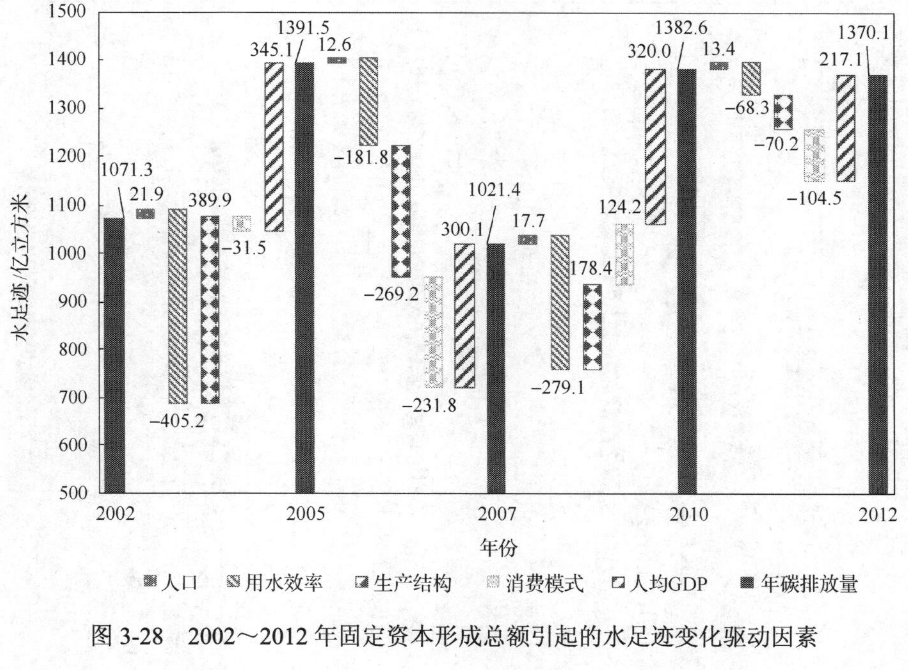

图 3-28 2002～2012 年固定资本形成总额引起的水足迹变化驱动因素

不同时间段，生产结构和消费模式对水足迹的影响各不相同。在 2002～2005 年及 2007～2010 年，生产结构因素分别促进了 389.9 亿立方米和 178.4 亿立方米的水足迹，而在另外两个时间段，却抑制了 269.2 亿立方米和 70.2 亿立方米的水足迹。消费模式仅在 2007～2010 年促进了 124.2 亿立方米的水足迹，究其原因主要为这一时期固定资本形成总额的消费模式发生了明显的变化，特别是在高用水行业，同一时期这些部门的固定资本形成总额占总固定资本形成总额的比例显著增加。因此，有必要对生产结构和消费模式给予更多的关注，并维持其抑制水足迹增长的趋势，从而降低水足迹。

4）出口水足迹驱动因素

图 3-29 显示了出口引起的水足迹变化驱动因素，在研究期间，出口的水足迹先增加后降低。2002～2005 年，由于人口、生产结构、消费模式和人均 GDP 的促进作用，水足迹显著增加。其中，消费模式占比最高，促进了 301.9 亿立方米的水足迹，这是由于中国出口占 GDP 的比值明显上升。在 2005～2007 年，水足迹几乎没有变化，这主要是用水效率产生了负面影响及人均 GDP 的促进效果平衡所致。在 2007～2010 年，水足迹再次降低，由于出口占 GDP 的比例迅速降低，消费模式抑制了 285.8 亿立方米的水足迹。2010～2012 年，由于生产结构的优化，减少了 135.7 亿立方米的水足迹，出口的产品结构更趋向于低用水行业。因此，未来中国应当继续保持这种出口发展模式，降低出口占 GDP 的比值，减少中国的用水负担。

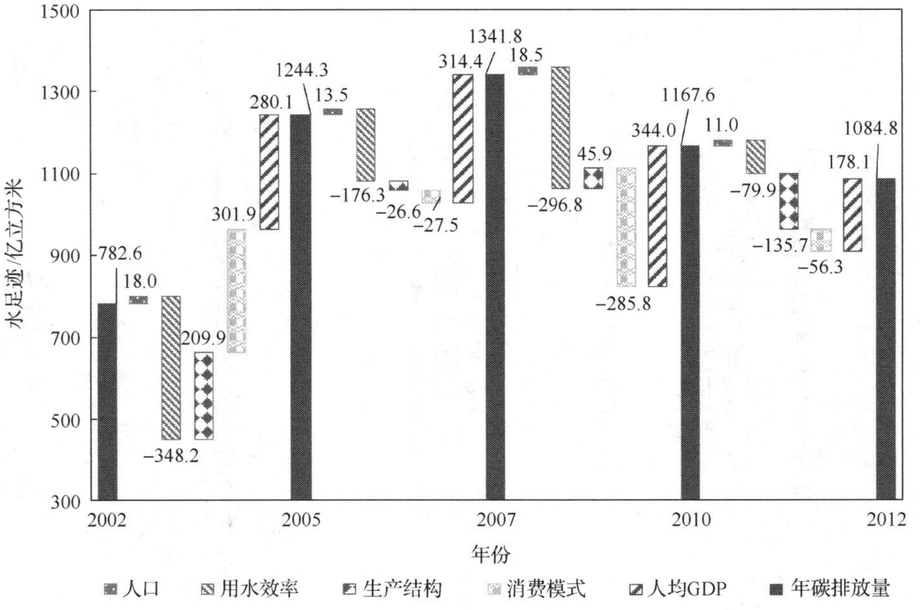

图 3-29　2002～2012 年出口引起的水足迹变化驱动因素

3.3　中国能源和水耦合流图分析

能源和水资源都是人类赖以生存的自然资源，两者与人类社会的生产生活有紧密联系，相互影响。煤、石油、天然气及电力生产过程中均需要水的参与，而水资源在提取、供应等过程中也需要能源的消耗，二者贯穿了人类生产生活的各个行业。

3.3.1　方法和数据来源

表 3-4 为单位能源生产用水量，其核算方法如下所述。内蒙古、山西、陕西、贵州、新疆、山东、安徽、河南、河北、宁夏 10 个省份原煤产量占全国原煤产量的 89%，通过对其产煤量及其相应的取水定额进行加权平均，得到单位原煤生产用水量为 0.35 米^3/吨，煤炭洗选过程用水量为 0.18 米^3/吨。山西、河北、山东、内蒙古、河南、陕西、辽宁、江苏、云南 9 个省份焦炭产量占全国焦炭产量的 74%，对其相应的取水定额进行加权平均得到炼焦过程中单位焦炭生产用水量为 1.86 米^3/吨。黑龙江、陕西、新疆、辽宁 4 个省份原油产量占全国原油总产量的 54%，对其相应的取水定额进行加权平均可得单位原油生产用水量为 2.74 米^3/吨。根据《取水定额 第 3 部分：石油炼制》(GB/T 18916.3—2012)，炼油过程用水量取为 0.75 米^3/吨。根据以往的研究，煤制油、煤制天然气和天然气生产用水量分别为 9.0 米^3/吨、0.0069 米^3/米^3、0.002 米^3/米^3 (项潇智和贾绍凤，2016)。

表 3-4　单位能源生产用水量

能源生产过程	用水量
采煤/(米^3/吨)	0.35
洗选煤/(米^3/吨)	0.18
炼焦/(米^3/吨)	1.86
煤制油/(米^3/吨)	9.0
煤制天然气/(米^3/米^3)	0.0069
原油开采/(米^3/吨)	2.74
炼油/(米^3/吨)	0.75
天然气生产/(米^3/米^3)	0.002

水资源的提取、供应及处理过程均需要能源作为动力来源，其中，水资源提取过程根据动力来源的不同，能耗强度也不同，地下水提取的能耗强度为 0.37(千瓦·时)/米^3 (Li et al., 2016)。地表水源由 4 种形式的供水构成，其中，蓄水工程供水量占 33.4%，引水工程供水量占 32%，提水工程供水量占 30.8%，调水工程供水量占 3.8%(中国水利部，2016)。各工程提取水的能耗强度分别为：蓄水工程

0.13(千瓦·时)/米^3，提水工程 0.2(千瓦·时)/米^3，调水工程 1.6(千瓦·时)/米^3(Li et al., 2015)，引水工程通过水自身重力作用取水，不考虑电力消耗。根据中国城镇供水排水协会(2016)的研究，水资源经过处理后供应到终端用户的能耗强度为 0.28(千瓦·时)/米^3，不考虑工业单独取水，2016 年城镇水供应量为 2272.2 亿立方米(包括能源生产取水及冷却用水)。水处理过程包括海水淡化、污水处理再生利用及废污水处理，各部分能耗强度分别为 5.35(千瓦·时)/米^3(Huang et al., 2017)、0.68(千瓦·时)/米^3(杨敏等, 2015)及 0.24(千瓦·时)/米^3(世界资源研究所, 2014)。

3.3.2 2016 年中国能源与水耦合流图分析

图 3-30 为 2016 年中国能源与水耦合流图，图中能源流部分在 2016 年中国能源流图的基础上进行绘制(3.1.3 节)，反映了 2016 年中国煤炭及其制品、石油、天然气等的消费情况及电力、热力的生产和消费情况，水流部分表示水资源提取、供应和部门的水资源利用情况。

2016 年煤炭及其制品消费总量为 282365.5 万吨标准煤，其中以煤电生产为主，该过程中煤炭及其制品消费量为 126406.5 万吨标准煤，占比 44.8%，其次为终端工业消费，占比 39.3%。石油消费总量为 80762.2 万吨标准煤，其中终端消费部门石油消费量占比 97.3%，且生活与服务部门石油消费量为 52413.4 万吨标准煤，占终端消费部门石油消费总量的 66.7%；工业部门石油消费量为 23645.3 万吨标准煤，占终端消费部门石油消费总量的 30.1%。2016 年天然气消费流向中，工业和生活与服务部门天然气消费量最多，分别占天然气消费总量的 42.2%和 34.7%。2016 年全国热力消费总量为 1.7 亿吨标准煤，其中工业部门热力消费量占比 61.4%，生活与服务部门供热量占比 25.3%，另外有 13.3%的热力用于电力生产。2016 年电力消费总量为 7.5 亿吨标准煤，其中包含一次电力消费量约 2.1 亿吨标准煤，工业部门电力消费量占比 64.3%。

2016 年中国能源生产过程中总用水量为 517.9 亿立方米，占全国供水总量的 8.6%，在一定程度上加剧了区域水资源短缺问题，其中，火核电厂冷却用水占能源生产用水总量的 92.8%，发展可再生能源、对火核电厂耗水加以管控及推广空冷机组在燃煤电厂的应用在水资源短缺省份显得尤为重要。2016 年化石能源生产用水总量为 37.1 亿立方米，其中煤炭行业用水量占比 66.6%，这与中国能源赋存禀赋及现阶段能源生产仍以煤炭为主体的情况密切相关，各过程用水量分别为：采煤用水量 11.9 亿立方米、洗选煤用水量 4.2 亿立方米、炼焦用水量 8.3 亿立方米、煤制油用水量 0.2 亿立方米、煤制天然气用水量 0.1 亿立方米；石油行业原油开采用水量 5.5 亿立方米、炼油用水量 4.2 亿立方米；天然气生产用水量为 2.7 亿立方米。

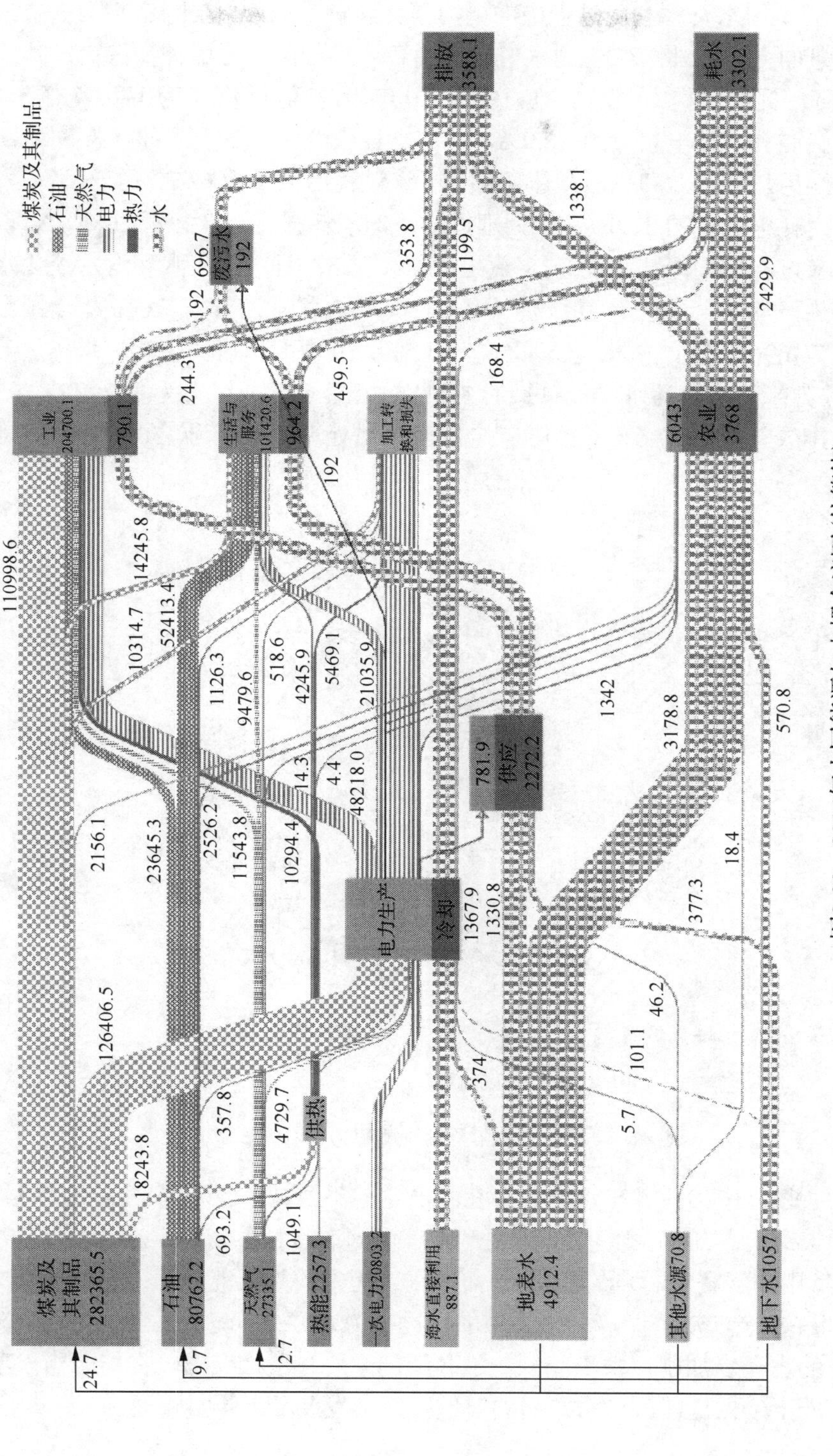

图3-30　2016年中国能源与水耦合流图(估算值)

能源单位为万吨标准煤，采用电热当量计算法，其他能源忽略不计，水的单位为亿立方米

2016 年中国水资源利用过程中的电力消耗总量为 2049 亿千瓦·时，占中国电力消费总量的 3.3%。图 3-31 为水资源利用各个过程的电力消耗及占比，其中，74%的水资源提取过程中都需要电力供应，其电力消耗量最高，为 1205.7 亿千瓦·时，占水资源利用耗电总量的 58.9%，平均能耗强度为 0.2 千瓦·时/米^3。城镇水供应的终端用户为工业和生活与服务部门，该过程用电量为 636.2 亿千瓦·时，占水资源利用耗电总量的 31.0%。水处理过程平均能耗强度为 0.29 千瓦·时/米^3，略高于水供应过程平均能耗强度 0.28 千瓦·时/米^3，该过程中再生水和海水淡化水作为供水源头，耗电量分别为 10.7 亿千瓦·时和 40.3 亿千瓦·时。2016 年全国废污水排放量为 696.7 亿立方米，处理率达 93.5%，其中城镇居民生活污水排放量为 504.7 亿立方米，占废污水排放总量的 72.4%；工业废水排放量为 192 亿立方米，占废污水排放总量的 27.6%。2016 年全国废污水处理耗电量为 156.2 亿千瓦·时。

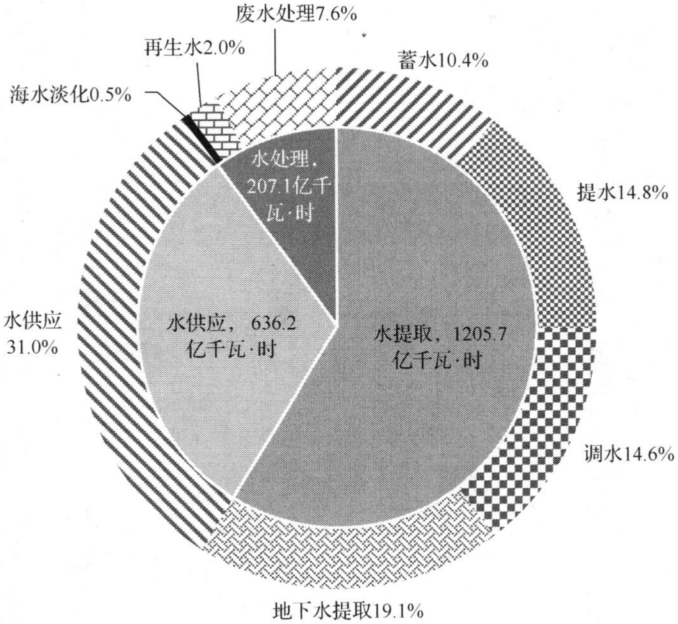

图 3-31　水资源利用各过程的电力消耗及占比

综上所述，中国能源与水之间存在着严重的不协调，特别是能源生产过程中的取水量较突出。2016 年中国能源生产过程中的取水量占当年供水总量的 8.6%，占 2016 年中国水资源总量的 1.6%，而取水过程中的能源消耗占一次能源生产量的 0.8%，在剩余能源资源可采储量中的占比仅为 0.02%。随着水污染、水资源短缺等问题的进一步加剧，中国能源与水之间的矛盾将更加突出，在能源需求不断增长的情况下，保证能源与水之间的协同可持续发展显得更加重要。

3.4　中国能源生产与水资源利用之间的协整性与因果关系

对于人口众多且尚处于工业化阶段的发展中国家而言，认识能源与水资源的耦合关系是实现可持续发展的基础。中国作为全球第一大发展中国家，其城市化、工业化进程推动了能源需求的快速增加。各类能源的生产都离不开对水资源的使用，因此随着中国能源生产和消费的不断增长，水资源的需求也在逐渐增加。虽然中国水资源总量丰富，但仍面临较严重的水资源短缺问题。特别地，就中国各区域来看，表现出了明显的地域差异，即"南多北少"的格局，与各省份能源资源赋存情况恰恰呈"逆向"分布，这导致中国各地区的能水矛盾越发突出。因此为了缓解水资源压力，中国政府开展了南水北调工程，并不断发展海水淡化工程，这些耗能较大的资源开发利用方式，需要加大能源产量，从而又加剧了能源危机。这种恶性循环对中国社会经济的可持续发展是十分不利的。因此，系统研究水资源使用和能源生产之间的关联是中国实现水资源和能源可持续利用的重大需求。

基于以上考虑，本小节使用计量经济学的多种定量方法，从经济和社会发展的角度研究能源和水的相互依赖性。具体地，本节重点关注能源生产与水资源利用之间的因果关系，利用 2000～2014 年全国 31 个省份的面板数据及面板单位根检验、协整检验、向量误差修正模型(VECM)和 Granger 因果分析等方法，建立了中国区域能源生产与水资源之间的相互关系模型，定量分析了区域能源生产与水资源之间的相互依赖关系。另外，本小节还建立了混合模型(MM)、个体固定效应模型(FEM)和个体随机效应模型(REM)，定量分析了经济、技术等因素对能源生产和水资源使用的影响程度，并提出了几点建议，这对中国未来能源与水资源的可持续发展是有意义的。

3.4.1　计量经济模型与数据

1. 能源变量与用水变量选取

1) 能源产量

电力部门作为支撑其他行业发展的基础，在经济社会发展中起着关键性的作用。2000 年以来，中国电力需求量逐步增加，全社会用电量从 2000 年的 1.36 万亿千瓦·时增长到了 2015 年的 5.55 万亿千瓦·时，年均增速为 9.83%(国家统计局, 2018a)。同时，在整个能源系统中，发电部门是最大的耗水者和取水者(IEA, 2012)，这使得在分析能源相关的水问题时选择电力生产量来解释能源生产是合理的。在中国，电力部门用水占能源部门用水的比例最大，2007 年电力部门耗水量占总水耗量的 60.8%，取水量占总取水量的 89.72%。因此，本小节以电力生产为代表，研究能源生产与用水的关系。

2) 用水量

到目前为止，由于在中国能源生产或发电消耗水的数据是不可获得的，工业用水被用作代理变量来表示水的使用量。这一选择的主要考虑是：因为工业部门和能源工业之间存在着密切的联系，工业用水作为用水变量，在很大程度上反映了能源生产与水资源利用之间的关系。

2. 其他相关影响因素

能源产量与用水量受多种因素的影响，其中包括经济发展、人口增长、城镇化、工业化、技术进步、气候变化、政策调整等。基于数据的可获得性及为了避免共线性等带来的问题，本小节着重考察了工业增加值(IVA)、人口、节水技术及第二产业增加比重 4 个主要因素对能源产量与用水量的影响。

1) 工业增加值

能源和水资源是工业生产的必要投入，许多研究已经指出经济增长对能源消费、能源生产有影响(Huang et al., 2008; Zhang and Cheng, 2009)；在工业用水方面，也有研究指出工业增加值与工业用水存在倒“U”形关系(邹庆荣和刘秀丽, 2015)；在能源与水耦合关系研究中，Chen 和 Chen(2016)也指出经济增长对能源与水耦合关系有重要影响。因此，本小节在研究对能源产量与用水量的影响因素时考察工业增加值这一经济变量。本小节采用 2000～2014 年度各省份的数据，其中工业增加值按 2000 年不变价进行处理。

2) 人口

人口增长会对能源与水的供给与需求产生影响，进而影响能源与水关系的发展。本小节为避免严重的多重共线性问题，采用非农业人口作为模型中人口指标的代理变量。

3) 第二产业增加值比重

中国自改革开放以来，一直在大力发展重工业、制造业，第二产业增加值在总产业增加值中的比重一直保持在 40%以上(国家统计局, 2018a)。很多研究指出，第二产业对能源的需求量明显高于其他产业(Zhang and Cheng, 2009; Khan et al., 2015)，不同的产业结构将导致能源需求量不同。另外，由于已引入工业增加值作为解释变量，为避免严重的多重共线性问题，本小节在考察能源生产影响因素的时候加入了第二产业增加值比重这一变量。

另外，十大用水部门中有 3 个为第二产业部门，分别是煤炭开采和洗选业，石油加工与炼焦业，电力、热力生产和供应业。如果第二产业增加值比重增加，那么也会增加水资源的使用量，因此本小节在考虑水资源使用影响因素的时候也加入了第二产业比重这一变量。

4）节水技术

节水技术对于用水变动起着重要作用。Ackerman 和 Fisher（2013）指出，部分节水技术能够显著降低水资源的使用；唐霞和曲建升（2015）指出中国需要不断提升能源生产中的节水技术和工艺水平，将节水效率作为能源产业的重要管理标准。因此，本小节在影响水资源使用模型中加入了节水技术这一变量。对于节水技术的预期与我们选取的表征量有关，本小节参考邹庆荣和刘秀丽（2015）的研究，采用工业废水重复利用率表征节水技术进步效应，预估在控制其他因素不变的情况下，如果节水技术进步，那么工业用水量将会下降。

3. 数据源

电力产量、工业用水、工业增加值、第二产业增加值比重和非农业人口等数据均来自《中国统计年鉴 2015》（国家统计局, 2016a）。同时，由于《中国统计年鉴 2002》开始发布省级区域工业用水量数据，2000～2002 年度的工业用水数据均来自《中国水资源公报》和作者整理（中国水利部, 2002）。工业废水重复利用率数据来源于《中国环境统计年鉴 2001～2015》（国家统计局, 2016b）。本小节所用变量的描述性统计结果见表 3-5。

表 3-5　数据变量的描述性统计

变量简称	变量含义	单位	均值	中位数	最大值	最小值	标准差
EP	电力产量	亿千瓦·时	1060.43	775.53	4347.57	6.61	889.59
WU	工业用水	亿立方米	42.78	26.79	237.97	0.34	42.35
IVA	工业增加值	亿元	4496.99	2683.47	29144.15	10.17	5211.61
WST	工业废水重复利用率	%	77.99	84.88	96.48	0.15	18.55
SR	第二产业增加值比重	%	46.05	47.60	61.50	19.80	8.33
P	非农业人口	万人	1365.14	1161.16	4827.43	35.29	965.48

4. 计量经济模型

1）单位根检验

为避免虚假回归问题，在回归模型中不能直接使用非平稳变量。因此，在进行能源生产与水资源使用的关联性分析之前，需要对面板数据进行单位根检验。对面板数据进行单位根检验的方式有很多，为了避免检验方法自身缺陷造成的检验误差，保证检验的精度，本小节运用 LLC 检验、IPS 检验、ADF-F 检验和 PP- F 检验 4 种检验方法对各变量进行单位根检验。

2) 协整检验

为研究能源生产和水资源使用及其影响因素之间的长期稳定关系，需要进行协整检验。考虑到本小节数据的小样本性质，参考 Pedroni(1999)的研究，主要考虑面板 ADF 检验和群 ADF 检验统计量来判断变量之间是否存在协整关系，同时也参考面板 PP 检验和群 PP 检验统计量。此外，除了 Pedroni 检验，本小节也考虑了 Kao 检验和 Johansen Fisher 检验，综合 3 种检验结果得出协整检验结果。

3) 固定效应模型

进行协整检验后，进一步分析能源生产和水资源使用及其影响因素对能源与水耦合关系的影响程度。由于本小节选取了 2000～2014 年全国 31 个省份的面板数据进行研究，基本接近总体情况，其时间维度(T 个时期)小于横截面维度(n 个个体)，考虑选用固定效应模型。此外，作为被解释变量的水资源使用量与能源产量对时间的差异不太明显，所以本小节主要考虑采用个体固定效应模型而不是时点固定效应模型。为保证模型选取的可靠性，本小节除了建立个体固定效应模型外，同时也建立了混合模型和个体随机效应模型，并通过以下假设检验对个体固定效应模型的选取进行了验证。

个体固定效应模型与个体随机效应模型用 EVIEWS8.0 做似然比(LR)检验和 Hausman 检验确定选择固定模型还是随机模型。

个体固定效应模型与混合模型进行假设检验。

H_0：模型中不同个体的截距相同(真实模型为面板混合模型)；

H_1：模型中不同个体的截距不同(真实模型为个体固定效应模型)。

F 统计量定义如式(3-5)所示：

$$F=\frac{(\mathrm{SSE_r}-\mathrm{SSE_u})/[(NT-K_1-1)-(NT-N-K_2)]}{\mathrm{SSE_u}/(NT-N-K_2)} \tag{3-5}$$

式中，$\mathrm{SSE_r}$ 为面板混合模型的残差平方和；$\mathrm{SSE_u}$ 为个体固定效应模型的残差平方和；K_1 和 K_2 分别为混合模型和个体固定效应模型的解释变量个数；N 为横截面数；T 为年数。

设检验水平为 α，若 $F_\alpha \leqslant F_{(NT-K_1-1,\ NT-N-K_2)}$，则接受 H_0，选择混合模型；若 $F_\alpha > F_{(NT-K_1-1,\ NT-N-K_2)}$，则拒绝 H_0，选择个体固定效应模型。

为了消除变量可能存在的异方差及波动性，并且反映能源生产与水资源使用之间的长期弹性关系，对所有变量做自然对数处理，分别记为 lnEP、lnWU、lnIVA、lnSR、lnWST 和 lnP。综上考虑，本小节结合数据可获得性及中国的实际情况设定模型如式(3-6)和式(3-7)所示：

$$\ln\mathrm{EP}_{it} = c + a_i + \beta\ln\mathrm{WU}_{it} + \gamma\ln Z_{it} + \varepsilon_{it} \tag{3-6}$$

$$\ln\mathrm{WU}_{it} = c + b_i + \lambda\ln\mathrm{EP}_{it} + \delta\ln U_{it} + \varepsilon_{it} \tag{3-7}$$

式中，EP_{it} 为电力生产量；WU_{it} 为工业用水量；i 为第 i 地区；t 为年份；Z_{it} 为能源生产的其他影响因素(工业增加值、第二产业增加值比重、就业人员数等变量的全部或部分)；U_{it} 为水资源使用的其他影响因素(工业增加值、第二产业增加值比重、工业废水重复利用率、就业人员数等变量的全部或部分)；a_i 和 b_i 分别为两模型中 i 地区的固定效应，反映模型中体现的区域个体差异；β、γ、λ、δ 分别为各变量的系数；ε_{it} 为模型中的随机误差项，体现随截面与时序同时变化的因素的影响；c 为常数项。

4) 向量误差修正模型

通过协整分析和面板个体固定效应模型估计，所确定的能源生产、水资源使用及其影响因素之间的长期稳定关系往往是一种“非均衡过程”。所以，为了进一步分析短期内水资源使用和能源生产的关联性，以及它们之间的因果关系，本小节参考 Pesaran 等(1999)的研究，建立面板向量误差修正模型，为进行面板数据的 Granger 因果检验做准备。

下面的 VECM 模型[式(3-8)和式(3-9)]用于能源生产和水资源使用的 Granger 因果关系检验：

$$\begin{aligned}\Delta\ln(\mathrm{EP})_{it} = {} & c + \sum_{j=1}^{k}\beta_{11j}\Delta\ln\mathrm{WU}_{i(t-j)} + \sum_{j=1}^{k}\beta_{12j}\Delta\ln\mathrm{IVA}_{i(t-j)} + \sum_{j=1}^{k}\beta_{13j}\Delta\ln\mathrm{SR}_{i(t-j)} \\ & + \sum_{j=1}^{k}\beta_{14j}\Delta\ln\mathrm{P}_{i(t-j)} + \sum_{j=1}^{k}\beta_{15j}\Delta\ln\mathrm{EP}_{i(t-j)} + \lambda_1\mathrm{ECM}_{i(t-1)} + \varepsilon_{it}\end{aligned} \tag{3-8}$$

$$\begin{aligned}\Delta\ln(\mathrm{WU})_{it} = {} & c + \sum_{j=1}^{k}\beta_{21j}\Delta\ln\mathrm{EP}_{i(t-j)} + \sum_{j=1}^{k}\beta_{22j}\Delta\ln\mathrm{IVA}_{i(t-j)} + \sum_{j=1}^{k}\beta_{23j}\Delta\ln\mathrm{SR}_{i(t-j)} \\ & + \sum_{j=1}^{k}\beta_{24j}\Delta\ln\mathrm{WST}_{i(t-j)} + \sum_{j=1}^{k}\beta_{25j}\Delta\ln\mathrm{P}_{i(t-j)} + \sum_{j=1}^{k}\beta_{26j}\Delta\ln\mathrm{WU}_{i(t-j)} \\ & + \lambda_2\mathrm{ECM}_{i(t-1)} + \varepsilon_{it}\end{aligned} \tag{3-9}$$

式中，$\Delta\ln\mathrm{EP}$、$\Delta\ln\mathrm{WU}$、$\Delta\ln\mathrm{IVA}$、$\Delta\ln\mathrm{SR}$、$\Delta\ln\mathrm{WST}$ 和 $\Delta\ln\mathrm{P}$ 分别为变量的一阶差分项，表示 6 个变量的短期变化量；j 为滞后阶数；ECM 为协整关系的残差；系数 λ 为修正系数，表示从非均衡向长期均衡调整的速度；$\beta_{11} \sim \beta_{26}$ 为回归系数，为其代表变量的短期影响情况。

5) Granger 因果分析

依据 Granger 因果关系检验原理，如果非平稳的两个时间变量之间是协整的，那么至少存在一个方向上的 Granger 因果关系；对于面板数据也同样适用，如果变量之间的相关系数在统计水平上显著，那么可以认为两者之间具有因果关系。根据误差修正模型检验结果，本小节进行了因果关系检验。

参考 Nasreen 和 Anwar(2014)的研究，在以上 VECM 模型中，$\mathrm{ECM}_{i(t-1)}$ 是残差一阶滞后项，用于检验变量之间的长期 Granger 因果关系，短期 Granger 因果关系通过如下假设检验来证实。

原假设 $H_0:\beta_{11j}=0(j=1,2,\cdots,k)$， ΔWU 不是 ΔEP 的 Granger 原因。

原假设 $H_0:\beta_{21j}=0(j=1,2,\cdots,k)$， ΔEP 不是 ΔWU 的 Granger 原因。

长期 Granger 因果关系可以通过 t 检验来验证，短期 Granger 因果关系可以通过 F 检验来验证。

3.4.2 结果分析与讨论

1. 单位根检验结果

表 3-6 给出了 LLC 检验、IPS 检验、ADF-F 检验和 PP-F 检验 4 种检验方法的单位根检验结果。其中因 LLC 检验要求数据是同质面板，有一定局限性(Im et al., 1995)，因此主要参考 IPS 检验、ADF-F 检验和 PP-F 检验 3 种面板单位根检验方式。

表 3-6 单位根检验结果

变量名	电力产量		工业用水量		工业增加值	
	原序列	一阶差分	原序列	一阶差分	原序列	一阶差分
LLC 检验	−2.132**	−15.754***	−2.104**	−14.205***	5.218	−10.888***
	(0.017)	(0.000)	(0.018)	(0.000)	(1.000)	(0.000) ***
IPS 检验	1.207	−10.083***	0.268	−10.393***	6.013	−3.617***
	(0.886)	(0.000)	(0.606)	(0.000)	(1.000)	(0.000)
ADF-F 检验	60.493	209.949***	53.968	227.072***	26.501	102.726***
	(0.531)	(0.000)	(0.756)	(0.000)	(1.000)	(0.001)
PP-F 检验	56.090	313.053***	45.107	257.513***	21.788	157.832***
	(0.687)	(0.000)	(0.947)	(0.000)	(1.000)	(0.000)
变量名	工业废水重复利用率		第二产业增加值比重		非农业人口	
	原序列	一阶差分	原序列	一阶差分	原序列	一阶差分
LLC 检验	−4.827***	−10.593***	−0.893	−17.450***	−0.108	−33.664***
	(0.000)	(0.000)	(0.186)	(0.000)	(0.457)	(0.000)

续表

变量名	工业废水重复利用率		第二产业增加值比重		非农业人口	
	原序列	一阶差分	原序列	一阶差分	原序列	一阶差分
IPS 检验	–0.503	–8.265***	–0.053	–14.896***	4.397	–11.585***
	(0.307)	(0.000)	(0.479)	(0.000)	(1.000)	(0.000)
ADF-F 检验	68.056	185.784***	67.360	291.946***	33.891	166.555***
	(0.279)	(0.000)	(0.299)	(0.000)	(0.999)	(0.000)
PP-F 检验	64.754	197.562***	90.092	354.397***	22.936	238.674***
	(0.381)	(0.000)	(0.598)	(0.000)	(1.000)	(0.000)

注：(　)内是概率值；**表示 5%水平显著，***表示 1%水平显著；EP、IVA、P 检验式含截距项和趋势项，WA、SR、WST 检验式含截距项不含趋势项；最大滞后项根据 AIC 准则选取。

3 种检验结果显示，所有变量在水平状态下是非平稳的，在一阶差分状态下通过 1%显著性水平检验，拒绝序列具有单位根的原假设，说明变量序列在一阶差分状态下是平稳的。因此，单位根检验表明，电力产量、工业用水量、工业增加值、第二产业增加值比重、工业废水重复利用率及非农业人口是一阶单整序列 I(1)，结果与大多数宏观经济变量在水平状态下是非平稳的，但在一阶差分状态下是平稳的结论一致。因此，可以进行变量一阶单整序列 I(1)间的协整检验。

2. 协整检验结果

表 3-7 给出了电力生产和 WU、IVA、SR、P 及整体协整检验结果。表 3-8 给出了工业用水和 EP、IVA、SR、WST、P 及整体的协整检验结果。从表 3-7 和表 3-8 的结果来看，在 Pedroni 检验中，面板 ADF 检验、面板 PP 检验、群 ADF 检验和群 PP 检验大多在 1%显著性水平下拒绝不存在协整关系的原假设；Kao-ADF 检验和 Johansen Fisher 检验也有同样的结果。在整体协整检验模型中(表 3-7 和表 3-8 最后一列)，面板 ADF 检验、面板 PP 检验、群 ADF 检验和群 PP 检验均

表 3-7　电力生产和 WU、IVA、SR、P 及整体协整检验结果

检验模型		lnWU	lnIVA	lnSR	lnP	整体
Pedroni 检验	面板-v 检验	40.100***	–0.381	42.315***	19.130***	–1.948
		(0.000)	(0.648)	(0.000)	(0.000)	(0.974)
	面板-rho 检验	1.222	0.826	0.333	0.118	2.722
		(0.889)	(0.796)	(0.631)	(0.547)	(0.997)
	面板-PP 检验	–2.140**	–3.918***	–5.229***	–5.806***	–9.674***
		(0.016)	(0.000)	(0.000)	(0.008)	(0.000)
	面板-ADF 检验	–3.585***	–6.972***	–8.061***	–8.445***	–7.275***
		(0.000)	(0.000)	(0.000)	(0.000)	(0.000)

续表

检验模型		lnWU	lnIVA	lnSR	lnP	整体
Pedroni 检验	群-rho 检验	2.892 (0.998)	2.195 (0.986)	2.196 (0.986)	2.254 (0.988)	5.500 (1.000)
	群-PP 检验	−2.055** (0.020)	−4.532*** (0.000)	−7.021*** (0.000)	−8.779** (0.000)	−15.357*** (0.000)
	群-ADF 检验	−3.008*** (0.001)	−6.786*** (0.000)	−7.104*** (0.000)	−8.897*** (0.000)	−9.822*** (0.000)
Kao 检验	ADF	−2.408*** (0.008)	−3.438*** (0.000)	3.086*** (0.001)	−2.307** (0.011)	−3.839*** (0.000)
Johansen Fisher 检验	无	182.4*** (0.000)	149.5*** (0.000)	155.2*** (0.000)	269.1*** (0.000)	— —
	至多 1	131.6*** (0.000)	145.7 (0.928)	85.48** (0.026)	96.31*** (0.003)	— —

注：(　)内是概率值；**表示 5%水平显著，***表示 1%水平显著；最大滞后项与 Nasreen 和 Anwar(2014)相同。

表 3-8　工业用水和 EP、IVA、SR、WST、P 及整体协整检验结果

检验模型		lnEP	lnIVA	lnSR	lnWST	lnP	整体
Pedroni 检验	面板-v 检验	3.184*** (0.001)	2.544*** (0.006)	1.677** (0.047)	0.340 (0.367)	3.116*** (0.001)	−1.358 (0.913)
	面板-rho 检验	−0.920 (0.179)	−1.501* (0.067)	−1.457* (0.073)	−1.834** (0.033)	−1.597* (0.055)	3.876 (1.000)
	面板-PP 检验	−1.826** (0.034)	−1.949** (0.026)	−2.629*** (0.004)	−4.290*** (0.000)	−2.435*** (0.007)	−2.627*** (0.004)
	面板-ADF 检验	−2.917** (0.002)	−3.118*** (0.001)	−3.479*** (0.000)	−1.089 (0.138)	−3.655*** (0.000)	−3.427*** (0.000)
	群-rho 检验	0.255 (0.601)	0.383 (0.649)	0.987 (0.838)	0.503 (0.692)	0.443 (0.671)	6.412 (1.000)
	群-PP 检验	−2.017** (0.022)	−1.502* (0.067)	−1.520* (0.064)	−2.492*** (0.006)	−1.691** (0.045)	−7.888*** (0.000)
	群-ADF 检验	−4.851*** (0.000)	−3.768*** (0.000)	−4.818*** (0.000)	−3.094*** (0.001)	−3.419*** (0.000)	−7.014*** (0.000)
Kao 检验	ADF	−2.027** (0.021)	−1.685** (0.046)	−2.554*** (0.005)	−1.667** (0.047)	−1.765** (0.038)	−1.948** (0.026)
	无	182.4*** (0.000)	141.7*** (0.000)	181.6*** (0.000)	189.0*** (0.000)	239.5*** (0.000)	— —
Johansen Fisher 检验	至多 1	131.6*** (0.009)	157.1*** (0.000)	154.0*** (0.000)	145.5*** (0.000)	156.7*** (0.000)	— —

注：(　)内是概率值；*表示 10%水平显著，**表示 5%水平显著，***表示 1%水平显著；最大滞后项与 Nasreen 和 Anwar(2014)相同。

在 1%显著性水平下拒绝不存在协整关系的原假设，Kao –ADF 检验也在 5%显著性水平下拒绝不存在协整关系的原假设。这表明，总体来看电力生产和 WU、IVA、SR、P 之间存在长期稳定的协整关系；工业用水和 EP、IVA、SR、WST、P 之间存在长期稳定的协整关系。为进一步了解各变量之间的影响程度，需要进行回归分析。

3. 影响因素分析

为了估计用水和其他因素对能源生产的影响，以及能源生产和其他因素对用水的影响，本小节分别建立了混合效应模型、个体固定效应模型、个体随机效应模型，为避免内生问题，使用完全修正的普通最小二乘法(FMOLS)来估计模型系数，其结果是无偏的和有效的(Pedroni, 1999)，估计结果见表 3-9。

表 3-9　FMOLS 估计结果

因变量	能源生产			水资源使用		
模型	MM	FEM	REM	MM	FEM	REM
样本量	432	432	432	432	432	432
常数项	20.441	4.272***	–0.518	–3.240	2.775***	–0.607***
	(0.571)	(4.808)	(–1.121)	(–1.131)	(3.480)	(–1.068)
lnEP	—	—	—	0.123**	0.111**	0.263***
	—	—	—	(2.175)	(2.011)	(5.008)
lnWU	0.094**	0.072**	0.131***	—	—	—
	(2.302)	(1.667)	(3.924)	—	—	—
lnIVA	0.259***	0.360***	0.584***	0.374***	0.077***	0.127***
	(3.282)	(4.823)	(36.404)	(4.261)	(1.706)	(3.512)
lnSR	–0.127	0.174**	0.114**	–0.085	0.410***	0.754***
	(–0.810)	(1.149)	(1.319)	(–0.485)	(3.179)	(7.785)
lnWST	—	—	—	–0.033***	–0.120***	–0.121***
	—	—	—	(–2.655)	(–2.861)	(–6.103)
lnP	0.121	0.074***	0.373***	–0.272***	0.379***	0.049**
	(0.170)	(2.595)	(6.161)	(–2.626)	(3.772)	(0.625)
AR(1)	0.997***	0.919***	—	0.990***	0.744***	—
	(142.604)	(41.498)	—	(197.639)	(24.037)	—
R-squared	0.793	0.794	0.727	0.783	0.744	0.336
DW	2.167	2.390	0.442	1.904	1.977	0.464
LR 检验	—	2.092***	—	—	3.640***	—
	—	[0.001]	—	—	[0.000]	—
Hausman 检验	—	—	39.844***	—	—	87.045***
	—	—	[0.003]	—	—	[0.000]

注：(　)内是 t 值，[　]内是概率 p 值；**表示 5%水平显著，***表示 1%水平显著。MM 表示混合模型；FEM 表示个体固定效应模型；REM 表示个体随机效应模型。

LR 检验结果和 Hausman 检验均显示在 1%显著性水平下拒绝原假设(表 3-9)，表明采取固定效应模型较好。尽管模型中存在多重共线性问题，但经计算方差膨胀因子 VIF 值均在 1.0 左右，其多重共线性并不严重影响模型结果。

另外，在考虑建立混合模型还是个体固定效应模型时，根据式(4-1)和 LR 测试计算结果，若在 1%显著性水平下拒绝选择混合面板模型的原假设，则应建立个体固定效应模型。此外，混合回归模型的 lnSR 也就是第二产业增加值比重的系数符号和另外两个模型的结果相反，这也说明混合效应模型的不可靠性。综上所述，我们认为个体固定效应模型的结果是最为可靠的。

通过表 3-9 可以得到如下结论。

(1) 水资源使用对能源生产起到了正向作用，工业用水每增加 1%，电力生产量增加约 0.072%，这是因为水通常是能源生产过程(特别是在发电过程)中的重要输入；相似地，能源生产也对水资源使用起到正向作用，电力产量每增加 1%，工业水资源使用量增加约 0.111%。这是因为发电在冷却和其他过程中需要水资源投入，电力生产量越高，工业水资源使用量也越高。结果证明了中国能源与水耦合关系的存在，这与我们的预期是一致的。此外，考虑到电力生产的弹性系数相对较高(0.111)，伴随中国巨大的电力需求，未来的用水量将急剧增加，这意味着水资源短缺问题可能会更严重。

(2) 对于影响能源生产和水资源利用的其他因素分析，第二产业增加值比重对 GDP、工业增加值和人口的影响与经济理论和经验基本一致。具体而言，这些控制变量的大多数系数在 1%显著水平上是正的，表明这些因素的增加将改善能源生产量和/或耗水量。这与 Acaravci 和 Ozturk(2010)、Bildirici 和 Kayıkçı(2013)及 Fang 和 Chen(2016)的结论基本一致。值得注意的是，节水技术对水资源使用的作用是负向的，工业废水重复利用率每增加 1%，工业用水量降低 0.12%左右，这说明节水技术的进步能够有效降低水资源的使用需求。

4. 向量误差修正模型及因果关系检验

从 ECM 系数来看，均在 1%显著性水平下显著(表 3-10)，说明模型从非均衡向长期均衡调整情况良好，即从长期来看，两个模型中自变量对因变量是有影响的。它证实了能源生产和水资源利用的长期双向 Granger 因果关系的存在，因此，我们认为能源生产和水资源利用之间存在长期的双向关系。从各差分项系数来看，能源生产差分项系数不显著，说明短期内，能源产量不是工业用水量变动的 Granger 原因；工业用水量生产差分项系数在 1%显著水平下拒绝原假设，说明短期内，水资源利用是能源生产变动的 Granger 原因。这反映出短期水资源利用对能源生产的影响较为显著。

表 3-10　基于 VECM 估计的 Granger 因果关系

变量	短期		变量	长期	
	$\Delta \ln EP_{it}$	$\Delta \ln WU_{it}$		$\Delta \ln EP_{it}$	$\Delta \ln WU_{it}$
样本量	400	400	样本量	400	400
$\Delta \ln EP_{it}$	—	0.109*	ECM	–0.248***	–0.217***
	—	(0.073)		[–4.660]	[–3.873]
$\Delta \ln WU_{it}$	0.097***	—	—	—	—
	(0.002)	—	—	—	—

注：(　)内是 F 检验的概率 p 值，[　]内是 t 值；*表示 10%水平显著，***表示 1%水平显著。

综上所述，在短期内，水资源利用对能源生产具有相对显著的影响。因此，虽然能源生产与水资源利用之间存在长期的相互作用，但水资源对能源生产的短期影响更为明显。这意味着我们不能忽视水资源对能源系统的影响。

3.5　本章小结

本章通过对目前中国能源与水资源的生产和消费特征及能源与水协同利用关系进行了总结归纳，并定量分析了中国水足迹变化特征和能源与水相互影响关系，主要结论如下。

(1) 能源供需结构持续缓慢优化，主要表现为煤炭产量和供应量下降，油气和电力消费量稳步上升，清洁能源发电得到迅速发展，但由于其基数较小，电力生产消费结构优化缓慢。同时，中国能源消费正逐渐向发达国家靠拢，由工业部门向第三产业和居民消费转移。

(2) 能源与水生产和消费均存在显著的地域差异，不仅表现为能源与水资源之间呈现逆向分布的格局，而且就中国能源和水资源而言，其自身生产和消费也存在资源赋存和需求不一致的布局。

(3) 2016 年中国能源生产过程中总用水量为 517.9 亿立方米，占全国供水总量的 8.6%，电力行业在能源产业用水量中占比 90%以上，主要为火核电厂发电过程中冷却用水。而中国水资源利用过程中的电力消耗总量为 2049 亿千瓦·时，占中国电力消费总量的 3.3%。由此可见，电力部门是中国能源与水之间相互影响的重点部门，水电、风电等可再生能源及节水技术等的发展可以有效降低中国水资源供应负担。

(4) 农村居民消费引起的水足迹呈下降趋势，应当继续保持现有发展模式。对于城镇居民消费引起的水足迹，应当注意调整和优化产业结构，另外，提高产业用水效率也至关重要。从固定资本形成总额角度来看，下一步的重点工作是保持产业结构中稳定的水足迹消费结构，降低高用水部门的比重。特别是在大规模基础设施建设投资过程中，中国应更加重视对水的大量需求，确保取水量的稳定变化。另外，积极改善出口产品结构，降低出口占国内生产总值的比重，也有利于缓解中国供水压力。

(5) 中国控制水足迹不仅需要从取水的生产过程或贸易角度出发，也需要从消费者的角度分析其消费行为和用水结构。中国应该专注于国内消费造成的水足迹的问题，尤其是城市及家庭消费推动了水足迹的快速增长。应调整产业结构部门，提高工业用水效率，引导更多的企业转向节水产品的生产，优化消费结构和比例。

(6) Granger 因果关系检验证实，能源生产与水资源利用之间存在长期的双向因果关系，但其之间只存在短期的单向因果关系，即水资源利用是能源生产变化的短期 Granger 原因。考虑到中国水资源短缺的现状，水资源很可能成为未来能源部门发展的限制因素。因此，为实现中国能源和水资源的可持续发展，政策制定者应充分发挥水资源在制定能源发展战略中的关键作用，实施严格的水约束战略等措施。另外，本章的研究还表明，通过实施节水技术可以有效地减少工业用水。因此，政府应鼓励节水技术的创新，如水的循环利用技术，促进其在能源生产中的实施，缓解能源部门的水压力，实现能源和水资源的可持续发展。

第 4 章　中国能源与水耦合关键部门研究

4.1　经济产出变化对水足迹与碳足迹关键部门的影响

能源和水资源是支撑社会经济发展的重要资源，也是影响世界可持续发展的主要制约因素。近年来，随着全球气候变化、社会经济发展，两种资源之间的关联与耦合问题逐渐引起了人们的广泛关注(Ackerman and Fisher, 2013; Dennen et al., 2014; Murrant et al., 2015)。目前，中国正处于全面建设小康社会的关键时期，经济增长、产业结构调整、居民收入水平提高、城镇化等各方面因素都会在一定程度上促使能源和水资源的需求增加，进而影响能源与水耦合关系的发展。与此同时，能源消耗引起的碳排放及水消耗引起的水资源短缺危机逐渐成为制约中国未来经济社会可持续发展的瓶颈。

基于此，中国发布了多项节能或节水政策(Fan et al., 2017)。与此同时，如前所述能源与水资源之间还存在相互影响，一方面，能源在生产过程中大量取水并消耗水资源(如煤炭开采、火力发电等)(Scanlon et al., 2013b)；另一方面，水的开发利用同样离不开能源的供给(Hannon, 1973; Hoff, 2011)。系统地描述能源和水的互相依赖与保障关系，在经济发展的同时确保能源与水系统的可持续发展已成为经济环境领域重点关注的问题(Chen and Chen, 2014)。此外，能源生产和供应由需求拉动，而化石能源的消费又会产生大量的温室气体，尤其是二氧化碳的排放。碳水耦合的概念应运而生，用来描述能源消费引起的碳排放与水消耗之间的内部协同发展与关联。基于此，本小节从碳足迹和水足迹分析入手，研究二氧化碳排放、水消耗与经济系统的关联关系，并探寻碳足迹与水足迹的关键部门。

4.1.1　模型与数据

参考 Alcántara 和 Padilla(2003)的研究，本节运用投入产出分析与需求弹性模型，计算碳排放与能源消费的弹性需求关系。并对模型进行扩展，将其应用到水消费的核算上。所涉及的关键部门概念来源于 Rasmussen(1956)的研究，其共同特点是这些部门受最终使用的影响较为显著。

根据排放强度和产品总产出量，可以计算出该年份整个经济系统产品生产活动过程引起的二氧化碳排放总量；通过里昂惕夫(Leontief)逆矩阵，可以把该过程表示如下：

$$\boldsymbol{E}=f'\boldsymbol{X}=f'(\boldsymbol{I}-\boldsymbol{A})^{-1}\boldsymbol{Y} \tag{4-1}$$

式中，$\boldsymbol{X}$ 为总产出；$\boldsymbol{Y}$ 为最终使用；$\boldsymbol{A}$ 为直接消耗系数矩阵；$\boldsymbol{E}$ 为二氧化碳排放总量；f' 为二氧化碳排放系数；$\boldsymbol{I}$ 为单位矩阵。

将式(4-1)进行求导，可以表示单位总产出变化引起的二氧化碳排放变化：

$$\Delta \boldsymbol{E} = f'\Delta \boldsymbol{X} = f'(\boldsymbol{I}-\boldsymbol{A})^{-1}\boldsymbol{Y}\theta \tag{4-2}$$

式中，θ 为最终使用变化的比例。式(4-2)反映了最终使用对二氧化碳排放的弹性。

式(4-2)等号两侧同时除以 E：

$$\boldsymbol{E}^{-1}\Delta \boldsymbol{E} = \boldsymbol{\beta}'(\boldsymbol{I}-\boldsymbol{R})^{-1}\widehat{\boldsymbol{S}}\theta \tag{4-3}$$

式中，$\boldsymbol{\beta}'=(\beta_1,\beta_2,\cdots,\beta_i,\cdots,\beta_n)$，分别为 n 个部门二氧化碳排放量占所有部门最终使用引起二氧化碳排放总量的比例；$\widehat{\boldsymbol{S}}=\widehat{\boldsymbol{X}}^{-1}\boldsymbol{Y}$，$\widehat{\boldsymbol{X}}^{-1}(\boldsymbol{I}-\boldsymbol{A})^{-1}\widehat{\boldsymbol{X}}=(\boldsymbol{I}-\boldsymbol{R})^{-1}$，其中，$r_{ij}=x_{ij}/X_i$ 组成矩阵 $\boldsymbol{R}$，为增加一部门单位总产出将为其他部门发展提供相应的该部门的产品，如果缺少该部门产品的供应，经济系统发展将受到限制。该式表示一定比率的最终使用变化带来部门二氧化碳变化量占排放总量比率的变化。进一步对角化 $\boldsymbol{\beta}'$ 向量得到 $\widehat{\boldsymbol{\beta}}'$，可以更加清楚地看到这种关系，如下式所示：

$$E^y = \widehat{\boldsymbol{\beta}}'(\boldsymbol{I}-\boldsymbol{R})^{-1}\widehat{\boldsymbol{S}} \tag{4-4}$$

式中，$\boldsymbol{E}^y$ 为 i 行 j 列的矩阵，其中元素 E_{ij}^y 为 j 部门最终使用变动 1%，引起 i 部门二氧化碳排放的变化。

进一步，将 $\boldsymbol{E}^y$ 各列加和可以表示为 j 部门最终使用变动 1%，整个经济系统为满足这部分最终使用需要投入的产品和能源消耗引起的二氧化碳排放变化率，反映了部门经济活动对二氧化碳排放具有一种拉动作用，或者说是部门最终使用变动对二氧化碳排放总量带来的影响；我们将其定义为部门行为对二氧化碳排放产生的一种效应：

$$\mathrm{TI}_i^E = \sum_{j=1}^{n} E_{ij}^y \tag{4-5}$$

式中，TI_i^E (total impact)为 i 部门最终使用变化 1%对整个经济系统二氧化碳排放总量造成的影响，定义为拉动效应。

所有的矩阵行加和可以被定义为一种贡献效应(distributive impact)，即经济系统增加 1%的产出(所有部门产出都增加 1%)，需要多少 j 部门各部分最终使用的投入(DI_j^E)；这部分作为投入的产品会引起一部分二氧化碳排放，因此也可以表述为要推动经济系统的发展，对 j 部门二氧化碳排放造成的影响：

$$\mathrm{DI}_j^E = \sum_{i=1}^{n} E_{ij}^y \tag{4-6}$$

用类似的方法将碳排放系数改为水消耗系数，则可以得到：

$$\mathrm{TI}_i^W = \sum_{j=1}^{n} W_{ij}^y \tag{4-7}$$

式中，W_{ij}^y 为 j 部门最终使用变动 1%，引起 i 部门水消耗的变化；TI_i^W 为 i 部门最终使用变化 1%对整个经济系统水消耗总量造成的影响。

贡献效应 DI_j^W 即经济系统增加 1%的产出(所有部门产出都增加 1%)，需要多少 j 部门各部分最终使用的投入；这部分作为投入的产品会引起一部分水消耗，因此也可以表述为要推动经济系统的发展，对 j 部门水消耗造成的影响：

$$\mathrm{DI}_j^W = \sum_{i=1}^{n} W_{ij}^y \tag{4-8}$$

因此，这两种效应反映了产出结构和需求结构对中国二氧化碳排放和水消耗总量的影响，有利于分析中国各部门在经济活动中所扮演的不同角色。

本书基于 2012 年中国 139 个部门的投入产出表和 2007 年中国 135 个部门的投入产出表(在计算弹性时用到)，通过部门调整把两个投入产出表部门进行统一标准化，划分为 34 个部门(采用 2012 年不变价数据)(表 4-1)。各部门的能源消费量主要来自 2012 年能源平衡表(实物量)和 2012 年工业分行业终端能源消费量表(国家统计局, 2013b)。第三产业的能源消费量是假设同一类型能源在出售给不同部门时候的出售价格是相同的，因此，根据投入产出表中各部门消耗同一类型能源的价值量比例，对各部门不同类型能源消费实物量进行分配。能源缺省碳含量系数来自《2006 年 IPCC 国家温室气体清单指南》第二卷，平均低位发热量来自《中国能源统计年鉴 2002》附录中提供的中国各类一次能源的平均低位发热值，碳氧化因子来自薛新民(1998)的研究。2012 年各部门水资源消耗数据是根据 2008 年工业经济普查数据给出的各部门水消费量数据及《2013 中国环境统计年鉴》给出的 2012 年工业用水年均强度进行推导得出的。

表 4-1　投入产出表部门合并

序号	大类部门	部门名称	2012 年 IO 表部门代码	2007 年 IO 表部门代码
1	农业(Agr)	农业	001～005	001～005
2	采选业(Min)	煤炭采选产品	006	006
3		石油开采业	007	007
4		天然气开采业	007[①]	007
5		黑色金属与有色金属矿采选产品	008、009	008、009
6		非金属矿采选产品和其他采矿产品	010、011	010

续表

序号	大类部门	部门名称	2012 年 IO 表部门代码	2007 年 IO 表部门代码
7	轻工业(Lig)	食品和烟草	012～025	011～024
8		纺织业	026～030	025～029
9		服装业	031～033	030、031
10		木材加工业	034、035	032、033
11		造纸印刷和文教体育用品	036～038	034～036
12	重工业(Hea)	精炼石油和核燃料加工品	039	037
13		炼焦产品	040	038
14		化学产品	041～051	039～049
15		非金属矿物制品	052～058	050～056
16		金属冶炼和压延加工品	059～063	057～062
17		金属制品	064	063
18	制造业(Man)	通用及专用设备制造业	065～074	064～072
19		交通运输设备制造业	075～079	073～076
20		电气机械及器材制造业	080～085	077～081
21		计算机、通信和其他电子设备制造业	086～091	082～087
22		仪器仪表	092	088
23		其他制造产品及其他工业	093～095	089～091
24	电力、热力及水的生产和供应业(Ele)	电力、热力生产和供应	096	092
25		燃气生产和供应	097	093
26		水的生产和供应	098	094
27	建筑业(Con)	建筑业	099～102	095
28	服务业(Ser)	批发和零售	103	108
29		交通运输、仓储和邮政业	104～111	096～104
30		住宿和餐饮	112、113	109、110
31		房地产	119	113
32		教育	130	126
33		卫生	131	127
34		其他服务业	114～118、120～129、132～139	105～107、111～112、114～125、129～135

注：①能源部门在 4.2 节部分做了更详细的划分，具体的划分原则见 4.2.1 节。

4.1.2　碳排放强度与水消耗强度相互关系

为了探究碳强度与水强度的关联，本书绘制了图 4-1 与图 4-2，表示 2012 年各部门碳排放与水消耗量的大小及碳排放强度和水消耗强度与增加值的关系，其中圆圈的大小表示部门增加值的高低，圆圈越大表示部门增加值越高。

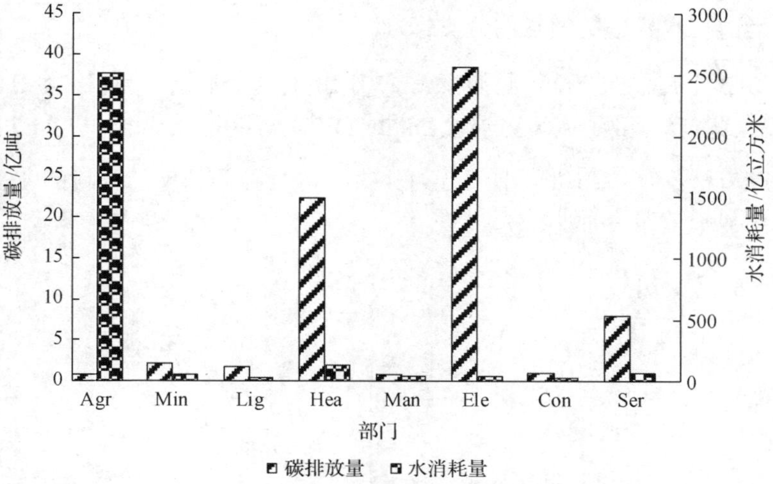

图 4-1　2012 年各部门碳排放与水消耗量

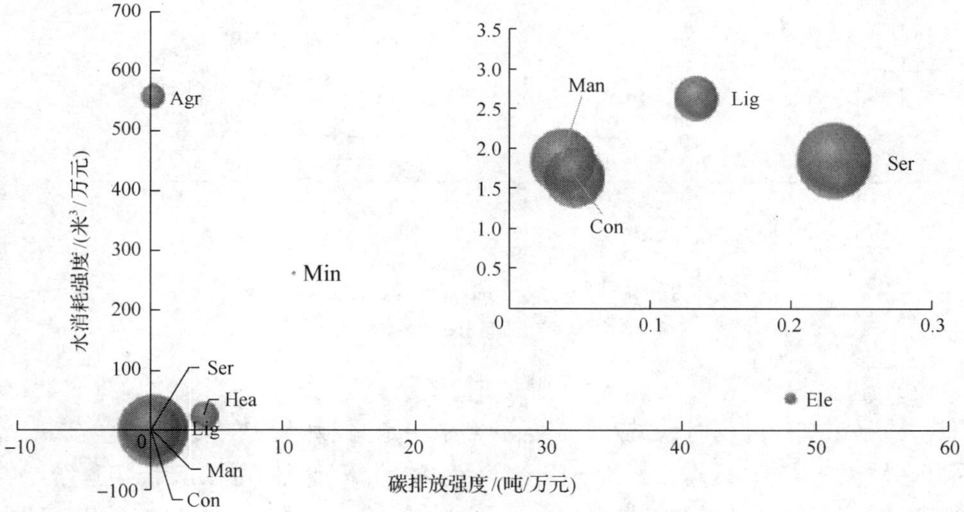

图 4-2　2012 年各部门碳强度和水强度与增加值的关系

电力、热力及水的生产和供应业(Ele)的碳排放量最高(38.3 亿吨 CO_2)，占到了所有部门能源消耗产生碳排放的 51.02%(图 4-1)；其部门碳排放强度也最高，达到了 48.09 吨/万元，约是排第二的采选业(Min)(10.99 吨/万元)的 4.38 倍。水消耗量占比最大的是农业部门(Agr)(2506.2 亿立方米)，占所有部门水消耗的 85.95%；其水消耗强度也最高，达到了 560 米^3/万元。服务业(Ser)的增加值最大，但其碳排放强度和水消耗强度都不高，分别为 0.23 吨/万元和 1.85 米^3/万元。

4.1.3　碳足迹与水足迹关键部门分类标准

根据 4.1.1 节提供的方法，我们核算了中国所有部门的碳足迹和水足迹的拉动效应的值（TI_i^E 或 TI_i^W）和贡献效应的值（DI_j^E 或 DI_j^W）。参考 Alcántara 和 Padilla（2003）提出的分类方法，把中国所有部门分为 4 类，每个部门都根据各自的 TI 和 DI 值被分配到这 4 类分组中（图 4-3）。

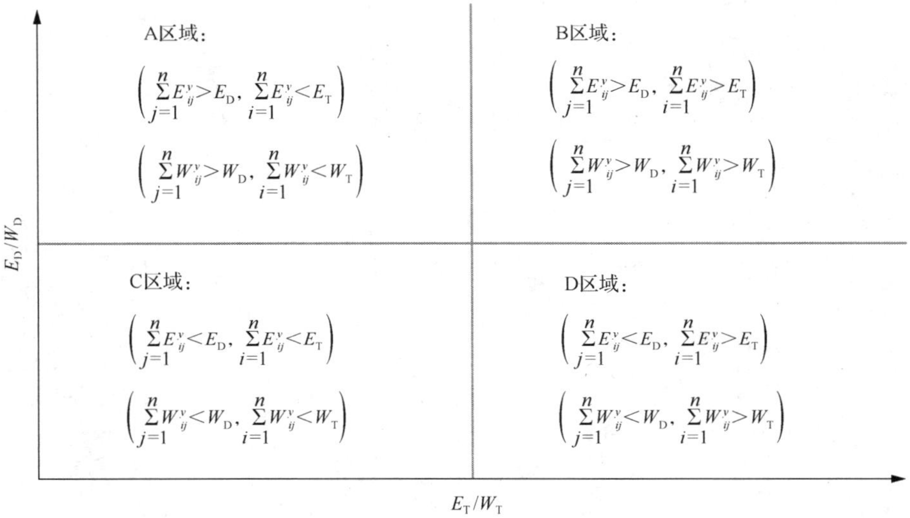

图 4-3　分类标准图

E_{T} 和 E_{D}（W_{T} 和 W_{D}）分别表示所有部门 TI 和 DI 值的中位数，
假设这两个中位数是区分重要性的一类阈值

（1）A 区域：该区域 DI 值较大，而 TI 值较小。这类部门的二氧化碳排放量（水消耗量）是由其他部门对这类部门产品的需求决定，经济系统的发展对这类部门产品存在较大的需求量（作为其他部门生产活动中的投入量）。因此，经济系统产出的变动对该部门二氧化碳排放量（水消耗量）的间接影响很大。如果施行节能节水政策，可能会影响经济系统整体的产出量，从而影响其他部门对这类部门产品的需求，使 A 区域部门的发展受到约束。

（2）B 区域：这类部门对于整个经济系统的二氧化碳排放量（水消耗量）是至关重要的，它们无论是 TI 值还是 DI 值都高于阈值，我们定义这类部门为本研究方法分析得到的“关键部门”。这些关键部门不但拉动了其他部门的能源消费和二氧化碳排放（水资源量的消耗），而且在其他部门的刺激下，自身也消费了大量的化石能源并排放大量的二氧化碳（水资源量）。因此，它们在整个经济系统的总能源消费（水资源消耗）中占据着高份额。

（3）C 区域：该区域无论是 TI 值，还是 DI 值都低于阈值。表明这类部门的活动与整个经济系统总的二氧化碳排放(水资源消耗量)的相关性较低。因此在设计节能(节水)政策的时候，不需要过分关注这类部门。

(4) D 区域：该区域 DI 值低于阈值，反映了经济系统对此部门产品的需求不大；而 TI 值高于阈值，反映了这类部门大部分都属于高耗能和碳密集(水密集)型部门。这种情况导致了这类部门的二氧化碳排放(水消耗)由它们产品的最终使用决定。因此，制定节能(节水)政策会直接对这类部门的生产产生限制，并且影响其最终使用量，最终导致这类部门的发展受到制约。

4.1.4　碳足迹与水足迹关键部门耦合关系

综合碳足迹、水足迹与经济结构的耦合关系(图 4-4 和图 4-5)，我们发现既是碳足迹的关键部门，又是水足迹的关键部门有农业(1)，食品和烟草(7)，服装业(9)，化学产品(14)，通用及专用设备制造业(18)，交通运输设备制造业(19)，电气机械及器材制造业(20)，计算机、通信和其他电子设备制造业(21)，建筑业(27)，交通运输、仓储和邮政业(29)，卫生(33)和其他服务业部门(34)。这些部门无论是 TI 值还是 DI 值都高于阈值，均处于 B 区域。因此，这类部门被我们定义为碳水耦合中的“关键”部门，其生产活动承担了经济系统主要的能源消费、二氧化碳排放及水消耗；而且在其他部门需求的刺激下，也大量地消费能源、排放二氧化碳及消耗水资源，生产产品作为其他部门的中间产品投入。

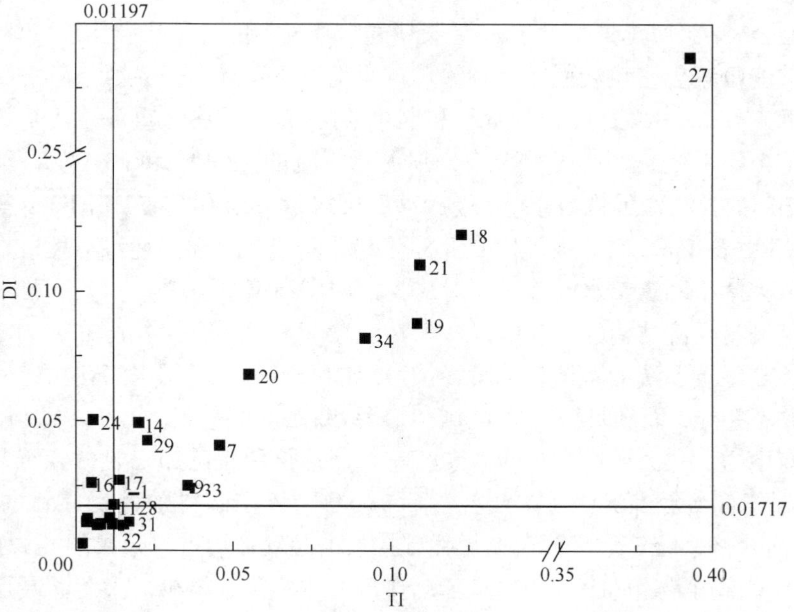

图 4-4　碳足迹与经济结构关系分布

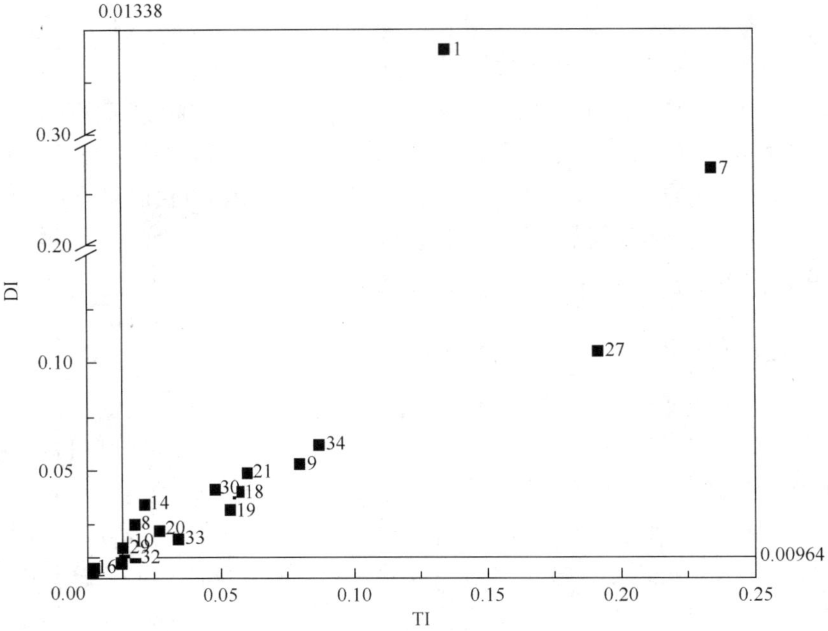

图 4-5　水足迹与经济结构关系分布

从碳足迹的角度来看，需要注意的是，建筑业(27)的 TI 值和 DI 值都远高于其他部门，增加其 1%的最终使用，将增加整个经济系统约 0.39%的二氧化碳排放总量；而经济系统产出量变动 1%，又会使建筑业部门的二氧化碳排放变化 0.29%。因此，节能政策会在较大程度上制约建筑业部门的发展，需要慎重考虑。从水足迹的角度来看，其中农业(1)与食品和烟草部门(7)是重中之重。这两个部门经济活动对整个经济系统水消耗的影响分别占总影响的 13.49%和 23.43%，经济活动对这类部门的拉动作用总和分别占总拉动效果的 34.02%和 23.77%。Jiang 等(2015)与 Zhang 和 Anadon(2014)也提出农业部门与食品和烟草部门是水消耗最重要的两个部门，因此在制定节水政策时，对这类部门应当慎重考虑。

水足迹与经济结构的关联中，只有 B 区域和 C 区域的部门分布较为集中，且部门产出与经济系统的水消耗或者经济系统的产出与部门的水消耗两者的互相拉动作用并不明显。而碳足迹在 A 区域和 D 区域均有少量部门分布。A 区域中包含的部门有电力、热力生产和供应业(24)与金属冶炼和压延加工业(16)两个部门。这两个部门的经济活动对整个经济系统总的二氧化碳排放的影响占总影响的 0.86%，而经济系统对这类部门二氧化碳排放的拉动作用占总效果的 6.37%。相对于其他类型部门，这两个部门生产活动排放的二氧化碳较少，因此，减排政策对这两个部门的减排效果有限。但是节能减排政策可能会影响其他部门对其产品的需求，造成这两个部门发展缓慢。

从碳足迹的角度来看，D 区域包含了两个服务业部门：房地产(31)和教育(32)部门。这两个部门的经济活动对整个经济系统总的二氧化碳排放的影响占总影响的 2.68%，而经济活动对这类部门的拉动作用仅占总效果的 1.70%。可以看出这两个部门的经济活动对经济系统二氧化碳排放的影响较显著，因此节能减排政策对这类部门的最终使用影响较大，可能限制这两个部门的发展。

4.2　中国能源与水耦合关键部门分析与识别

能源和水资源逐渐成为中国社会经济发展的主要制约因素。因此，节能与节水措施的有效实施对中国未来的可持续发展具有重要意义。各产业部门作为能源与水资源最主要的消费者，也是相关措施实施的重点领域。然而，一方面，从生产端来看，不同部门直接能源消耗和直接用水差异较大；另一方面，从消费端来看，对于不同的最终商品，间接能源消耗量和间接耗水量与取水量同样存在差异。这就导致不同产业部门的节能和节水潜力差异很大(Gu et al., 2016b)。因此，从直接与间接的角度，通过探究不同部门能源与水资源的利用规律，识别出具有巨大节能与节水潜力的部门对中国能源与水资源的节约具有重要意义。与此同时，考虑到能源与水资源之间紧密的耦合关系，本节将继续从节能与节水协同关系的角度，识别出中国能源与水耦合关键部门，从而为中国制定更有效的节能与节水政策提供理论依据。

4.2.1　能源与水耦合关键部门投入产出模型

为了揭示最终需求变化拉动的能源消费，本书根据部门将 $\boldsymbol{X}$ 表示为两部分，即 $\boldsymbol{X}=\left[\boldsymbol{X}_{\mathrm{E}},\boldsymbol{X}_{\mathrm{N}}\right]^{\mathrm{T}}$，其中 $\boldsymbol{X}_{\mathrm{E}}$ 表示一次能源部门总产出向量，$\boldsymbol{X}_{\mathrm{N}}$ 表示其他部门向量。由于我们的投入产出表是价值量形式的，在计算能源消费量时，需要将价值量总产出转化为实物量。同时为了避免重复计算，应该仅考虑一次能源部门，如式(4-9)所示：

$$\boldsymbol{E}^{f}=\boldsymbol{a}^{-1}\cdot\left\|\boldsymbol{X}^{f}\right\|_{\mathrm{E}} \tag{4-9}$$

式中，$\boldsymbol{E}^{f}$ 为最终需求 f 所引起的一次能源的完全消费量(实物量)向量；$\boldsymbol{a}^{-1}$ 为 n 种能源价格对角矩阵的逆矩阵，由各一次能源部门的总产出价值除以其实物产出量得到；$\left\|\boldsymbol{X}^{f}\right\|$ 为最终使用引起的完全需求量中所有一次能源部门构成的向量，包括“煤炭采选产品”“天然气开采业”“石油开采业”“电力、热力生产和供应业”的一次能源电力，其中对一次电力的完全需求依据水电、核电产量占全部发电量

的比重来计算。

在模型中引入取水量系数向量 $\boldsymbol{f}^{\mathrm{w}}$ 和耗水量系数向量 $\boldsymbol{f}^{\mathrm{c}}$，分别如式(4-10)和式(4-11)所示：

$$\boldsymbol{W}^{\mathrm{w}}=\boldsymbol{f}^{\mathrm{w}}\boldsymbol{X}^{*}=\boldsymbol{f}^{\mathrm{w}}\left(\boldsymbol{I}-\boldsymbol{A}-\boldsymbol{R}+\boldsymbol{M}\right)^{-1}\cdot\boldsymbol{Y}^{*} \tag{4-10}$$

$$\boldsymbol{W}^{\mathrm{c}}=\boldsymbol{f}^{\mathrm{c}}\boldsymbol{X}^{*}=\boldsymbol{f}^{\mathrm{c}}\left(\boldsymbol{I}-\boldsymbol{A}-\boldsymbol{R}+\boldsymbol{M}\right)^{-1}\cdot\boldsymbol{Y}^{*} \tag{4-11}$$

式中，$\boldsymbol{W}^{\mathrm{w}}$ 和 $\boldsymbol{W}^{\mathrm{c}}$ 分别为最终使用 Y^{*} 所驱动的全部取水量和耗水量；$\boldsymbol{f}^{\mathrm{w}}$ 为各部门的用水量系数向量($1\times \boldsymbol{n}$ 的行向量)，由各部门的用水量除以总产出得到；$\boldsymbol{f}^{\mathrm{c}}$ 为各部门的耗水量系数向量($1\times \boldsymbol{n}$ 的行向量)，由各部门的耗水量除以总产出得到；$\boldsymbol{X}^{*}$ 为总产出向量；$\boldsymbol{I}$ 为单位矩阵；$\boldsymbol{A}$ 为直接消耗系数矩阵；$\boldsymbol{R}$ 为误差系数形成的对角矩阵，其元素为误差项与总产出的比值；$\boldsymbol{M}$ 为进口系数形成的对角矩阵，其元素为进口量与总产出的比值。模型中的取水量和耗水量不包括居民部门的直接取水和耗水部分。

我们以中国最新的 2012 年投入产出表(国家统计局国民经济核算司，2012)为模型数据基础，为使结果展示清晰，将 139 个部门的投入产出流量表合并为 34 个部门流量表，部门对照关系见表 4-1。

对于本节中用到的能源数据，全国一次能源生产量和火力发电数据来源于《中国能源统计年鉴》(国家统计局，2013b)。对于水资源数据，可以分为取水量和耗水量两种。分行业的取水量数据来自不同的数据源。农业用水量数据来自《2013 中国水利统计年鉴》(《中国水利年鉴》编纂委员会，2013)。对于工业分行业用水量数据，我们基于 2010 年第二次全国经济普查年鉴中公布的 2008 年分行业用水量数据(国家统计局，2008)，推算出 2012 年工业分行业用水量。由于本节中能源部门划分更细，假设同一年份石油开采业和天然气开采业的用水强度相同，石油开采业和炼焦产品的用水强度相同。建筑业用水量由第二产业用水量减去工业用水量得到，数据均来自《2013 中国水利统计年鉴》。服务业各部门的用水量数据基于第三产业用水量合计，按照水的生产和供应业对各服务业部门的价值量投入比例进行分摊。

对于水资源消耗量，农业部门由农田灌溉耗水量和林牧渔业及牲畜耗水量合计得到，数据来自《2013 中国水利统计年鉴》。工业部门除煤炭采选产品及电力、热力生产和供应业部门外，其分行业的水资源消耗量来自《2013 中国环境统计年鉴》(国家统计局，2013a)。对于煤炭采选产品业和电力、热力生产和供应业及建筑业部门，参考 Zhang 和 Anadon(2014)的耗水率(水资源消耗量/用水量)数据进一步计算得到。

4.2.2　直接能源与水资源消费部门分析

从直接能源消耗的角度来看(图 4-6)，电力、热力生产和供应部门(24)能源消耗的占比最大，为 13.27 亿吨标准煤，占全国能源消耗总量的 41%。这主要是由于中国的电力仍然以燃煤发电为主，2015 年的燃煤发电量占总发电量的 73.7%，因此在发电期间消耗大量的煤炭作为燃料投入。金属冶炼和压延加工品部门(16)直接能源消耗占比第二。由于大量的石油消耗，交通运输、仓储和邮政业部门(29)排名第三。剩余部门直接能源消耗总量从高到低排列分别是化学产品部门(14)、非金属矿物制品部门(15)、精炼石油和核燃料加工品部门与炼焦产品部门(12 和 13)，以及煤炭采选产品部门(2)，而其他部门的直接能源消耗相对较低。

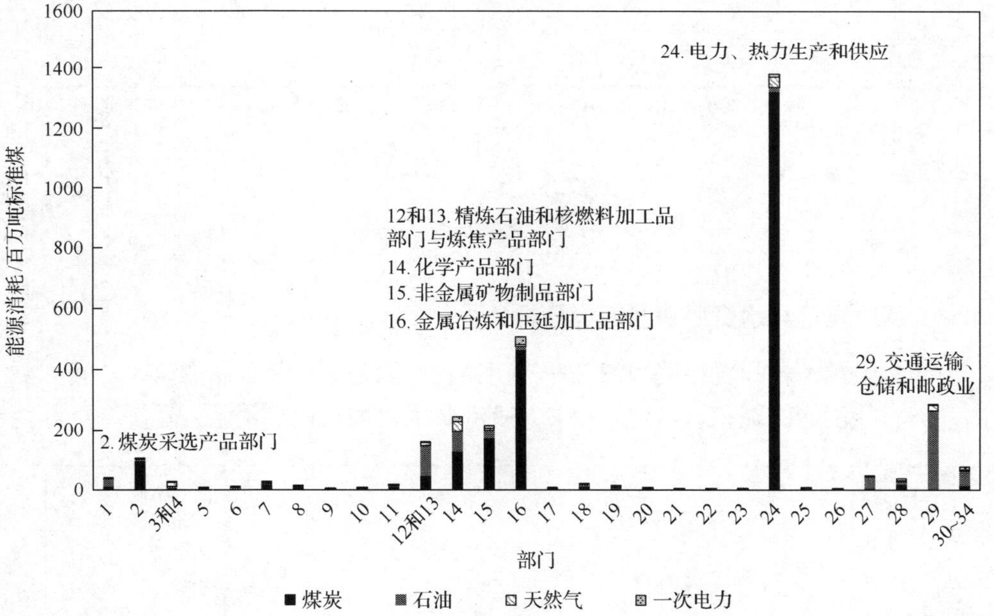

图 4-6　各部门直接能源消耗

从各部门直接取水量和耗水量来看(图 4-7)，农业部门(1)拥有最大的取水量和耗水量，大量的水资源需求用于农田和森林的灌溉，分别占全国取水和耗水总量的 70.3%和 78.9%。其次是电力、热力生产和供应部门(24)，但该部门的取水量仍远低于农业部门。这是因为循环冷却系统是中国电厂的主要冷却技术，但由于其耗水率仅为 9.69%，电力、热力生产和供应部门的耗水量排在化学产品部门(14)之后，处于第三位。此外，其他服务业部门(34)、金属冶炼和压延加工品部门(16)及建筑业部门(27)也有相对较高的直接取水量和耗水量。

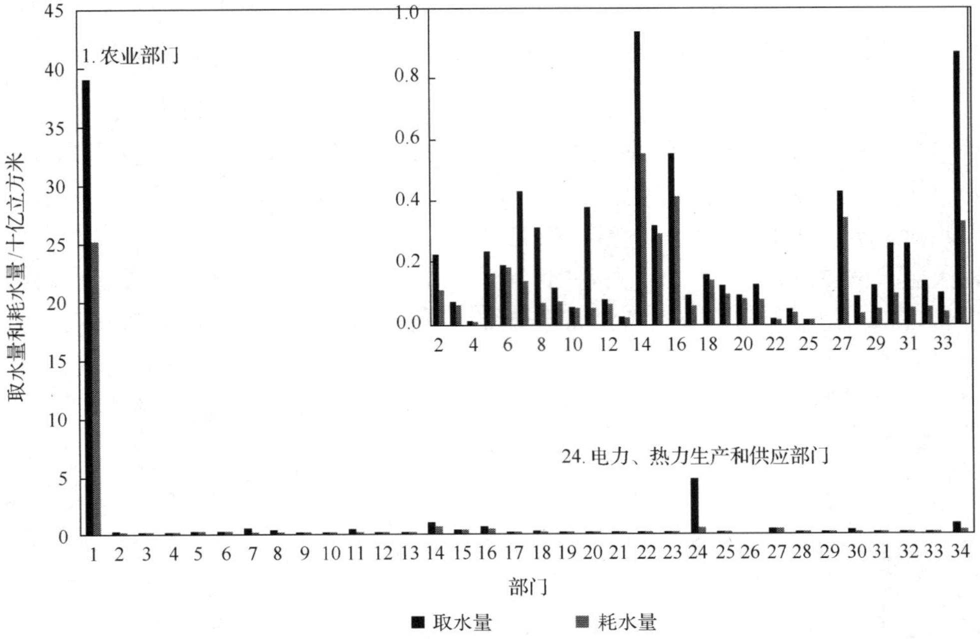

图 4-7　各部门直接取水量和耗水量

4.2.3　间接能源与水资源消费部门分析

间接能源消耗和直接能源消耗在部门结构方面是不同的。从图 4-8 中可以看出，与直接能源消耗相比，建筑业(27)拥有最大的间接能源消耗，远远高于其他

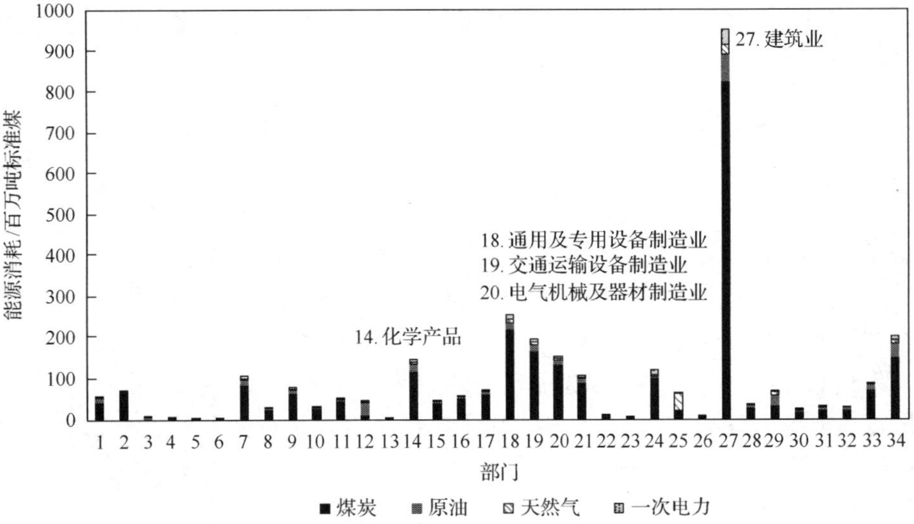

图 4-8　各部门间接能源消耗

部门，占所有部门间接能源消耗总量的 30%以上。这可以解释为，该部门需要其他部门提供水泥和钢铁等原材料。通用及专用设备制造业(18)具有第二大间接能源消耗，其次是其他服务业(34)、交通运输设备制造业(19)、电气机械及器材制造业(20)和化学产品(14)，但是都远低于建筑业。这些行业对水资源利用起的是拉动效应，因为它们需要来自其他行业的大量中间投入，从而导致上游部门的用水量增加。

在此，定义一个边际指标来表示每单位最终需求引起的间接能源消耗与取水量/耗水量，包括边际能源消耗(MEC)、边际取水量(MWW)和边际耗水量(MWC)，它们反映了不同部门对资源的依赖程度。

从边际能源消耗来看(图 4-9)，最高的 5 个部门分别是煤炭采选产品(2)，天然气开采业(4)，炼焦产品(13)，燃气生产和供应(25)及电力、热力生产和供应(24)。可以发现它们都是能源部门(2 和 4)或能源加工转换部门(13、24 和 25)。因为边际指标反映了最终用途中体现的主要能源强度，尽管能源或能源加工转换部门的能源消费绝对量相对较低，但其单位最终需求也会导致大量的能源投入。

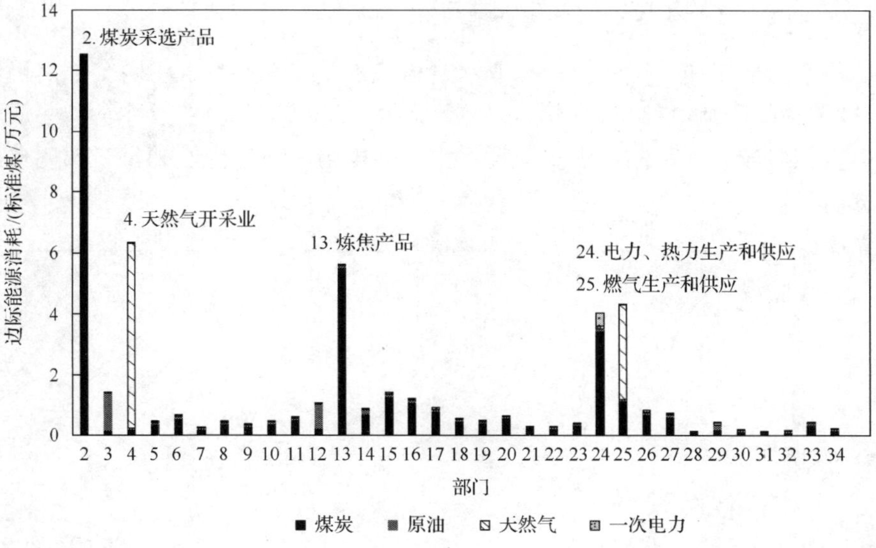

图 4-9　不同部门最终使用引起的边际能源消耗

如图 4-10 所示，从间接的角度，无论是从取水量还是耗水量来看，农业部门(1)都是最高的，其取水量和耗水量分别占总取水量和耗水量的 29.6%和 32.5%。食品和烟草部门(7)同样拥有大量间接取水量与耗水量，其份额分别为 21.0%和 22.6%，这说明食品或烟草消费中隐含了大量的水资源消耗。此外，建筑业(27)也间接导致了大量取水量与耗水量，分别占全国总取水量与耗水量的 10.9%和

10.0%。这表明建筑行业所需的中间投入不仅是能源密集型，而且也是水资源密集型。至于其他部门，间接取水量和耗水量相对较低。

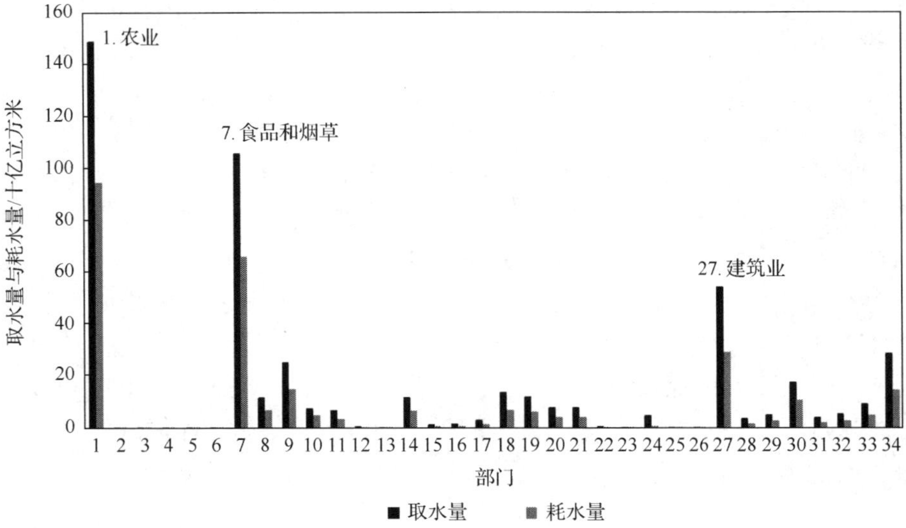

图 4-10　不同部门最终使用引起的取水量与耗水量

从各部门最终使用引起的边际取水量与耗水量来看，最大的两个部门仍然是农业(1)与食品和烟草部门(7)(图 4-11)。除此之外，纺织业(8)及住宿和餐饮(30)同样具有相对较大的边际取水量与耗水量，而电力、热力生产和供应部门(24)的边际取水量较大。

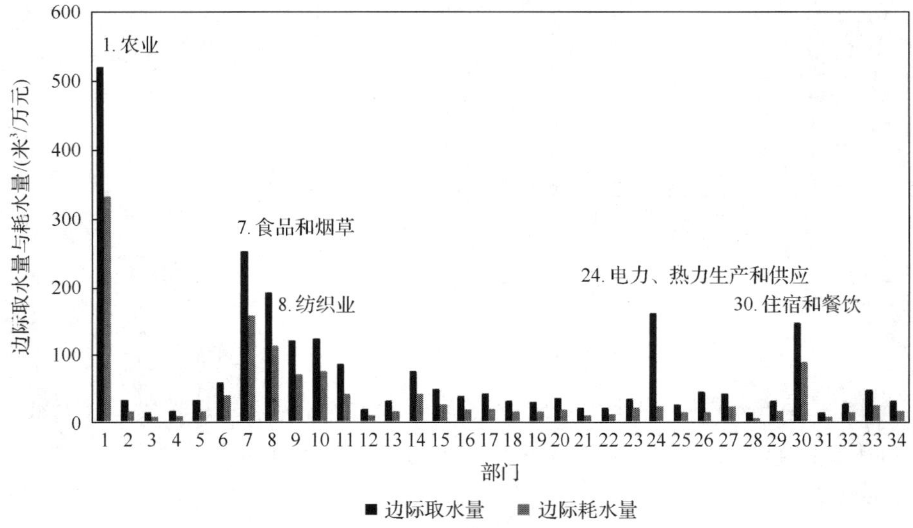

图 4-11　不同部门最终使用引起的边际取水量与耗水量

4.2.4　最终使用的间接能源与水使用分析

最终使用可以分为 6 个部分，在本小节中，我们将分析各个部分在间接耗能和耗水方面的特征。图 4-12 显示了所有间接能源消耗中，固定资本形成总额是最大的贡献者，其引起的间接能源消耗达到 14 亿吨标准煤，占总间接能源消耗的 45.7%。此外，出口和城镇居民消费也有较大占比，分别占总间接能源消耗的 22%和 19.1%，而最终使用的其他 3 个组成部分引发的间接能源消耗则相对较小。

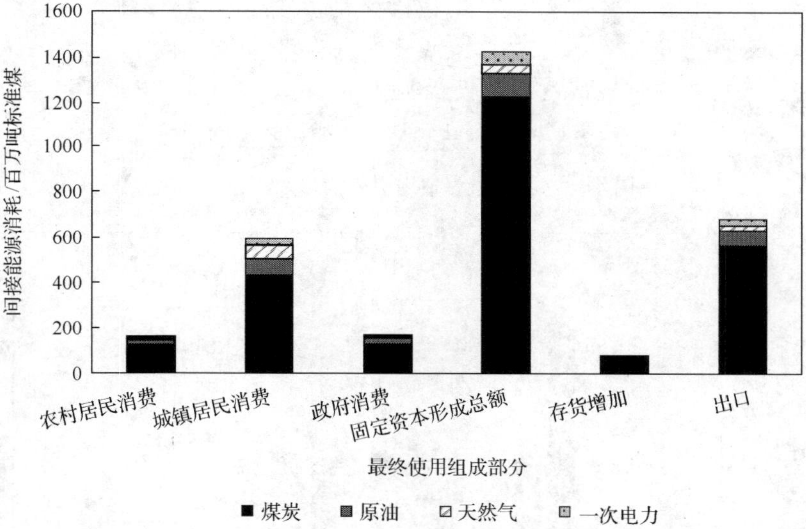

图 4-12　不同最终使用引起的间接能源消耗

至于边际能源消耗，结果则有所不同。如图 4-13 所示，存货增加及固定资本形成总额是边际能源消耗最大的两部分，表明中国的投资是能源密集型。相反，3 个与消费相关的部分，即政府消费、农村居民消费和城镇居民消费相对较少依赖能源，代表低边际能源消耗。特别是城镇居民的边际能源消耗高于农村居民，反映了中国在能源利用中的城乡差距。此外，值得特别关注的是出口部分，因为它同样隐含了大量的边际能源消耗(占总最终使用引起的边际能源消耗总量的 22%)，而且该部分的能源强度也相对较高。考虑到这一点，对能源密集型出口结构进行调整和升级，可以为国内能源节约和能源安全做出巨大贡献。

相比之下，从图 4-14 中可以看出城镇居民消费对间接用水的贡献最大，不论是取水量还是耗水量，分别占总量的 38.0%和 39.2%。其次是固定资本形成总额、农村居民消费和出口，这 3 个部分相互比较接近。

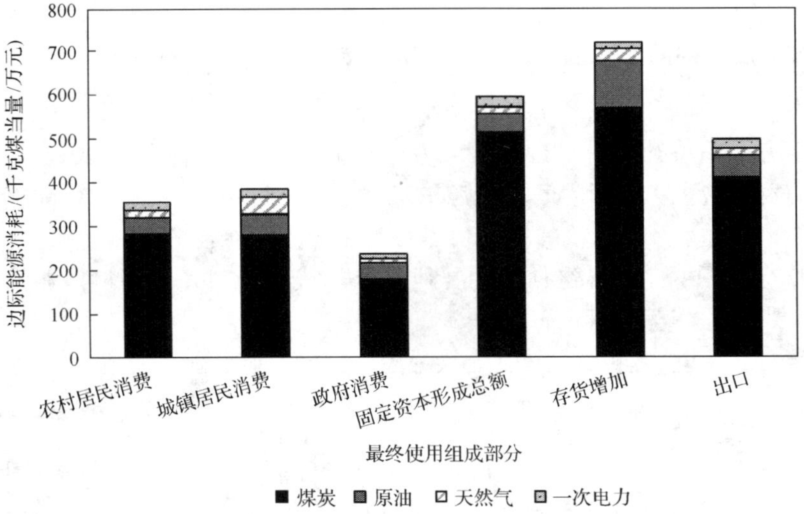

图 4-13　不同最终使用引起的边际能源消耗

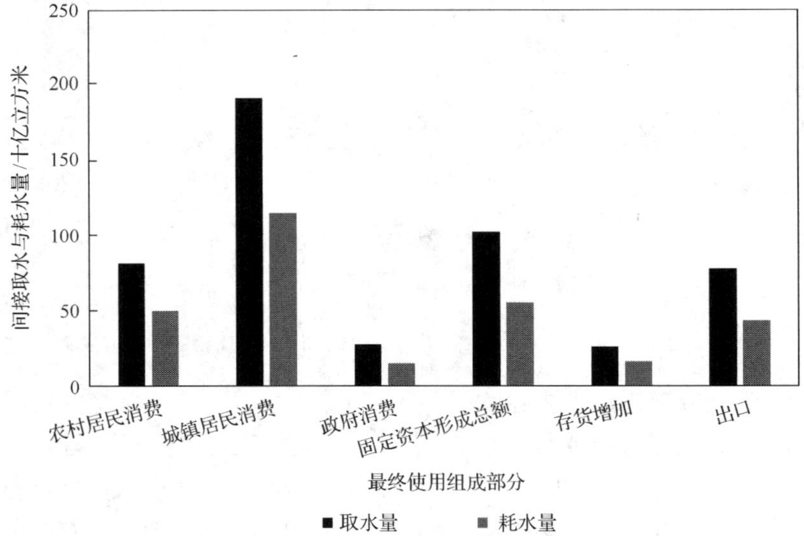

图 4-14　不同最终使用引起的间接取水量与耗水量

尽管存货增加部分在 6 个消费部分的取水量和耗水量最低，但它拥有最高的边际取水量和耗水量(图 4-15)。同时，农村居民和城市居民的间接水强度(取水和耗水)也相对较高。值得注意的是，农村居民消费可能比城市居民消费更依赖于水。这是因为农村居民消费了更多的水密集型农产品。另外，我们可以发现出口隐含的虚拟水占总量的比例远远低于能源的份额。出口引起的间接水份额较低，这主要是由于中国出口贸易中农产品份额较低。据估计，出口农产品的经济价值仅占出口总额不到 1%的份额(Zhang and Anadon, 2014)。

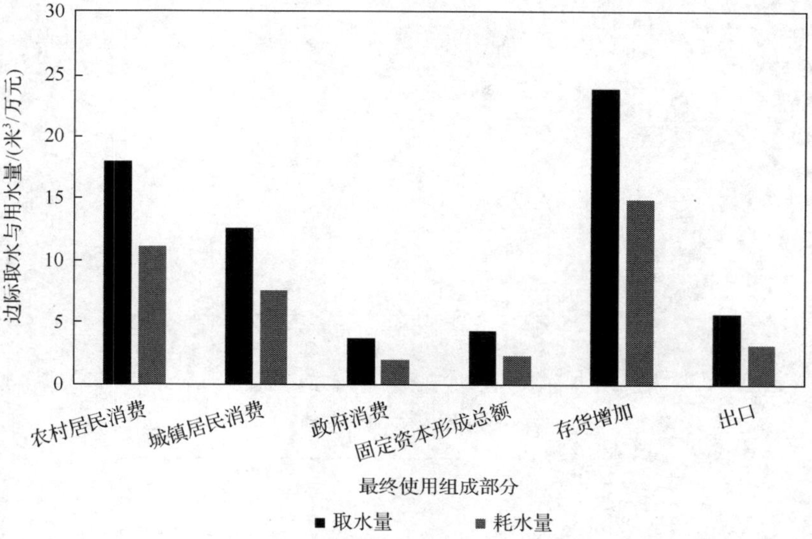

图 4-15　不同最终使用引起的边际取水与耗水量

4.2.5　能源与水耦合关键部门

以上分析分别从能源和水的角度讨论了各部门的资源利用状况，确定了节能或节水潜力最大的部门，从而能够为政策的有效实施提供支持。不过，考虑到能源与水之间相互依赖的关系，节能和节水之间是否存在协同效应需要进一步探究。基于此，在本小节中，我们将中国 34 个产业部门分别根据直接、间接、总量及强度指标分为 4 组，以筛选出能源与水耦合关键部门。具体地，我们将图 4-16 中每个图的水平和垂直坐标轴的变量的中位数作为阈值，将每个图划分为 4 个象限。

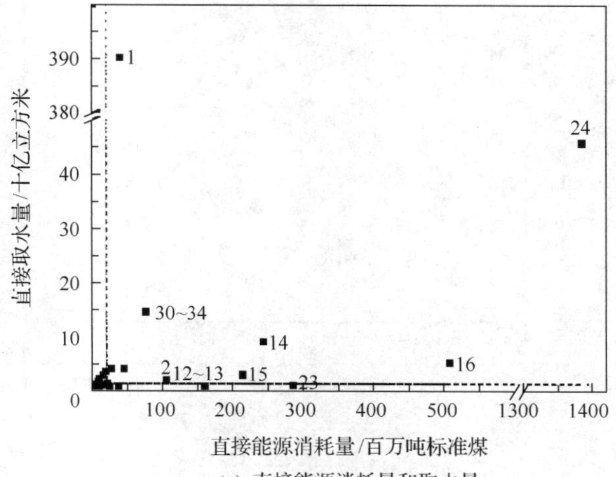

(a) 直接能源消耗量和取水量

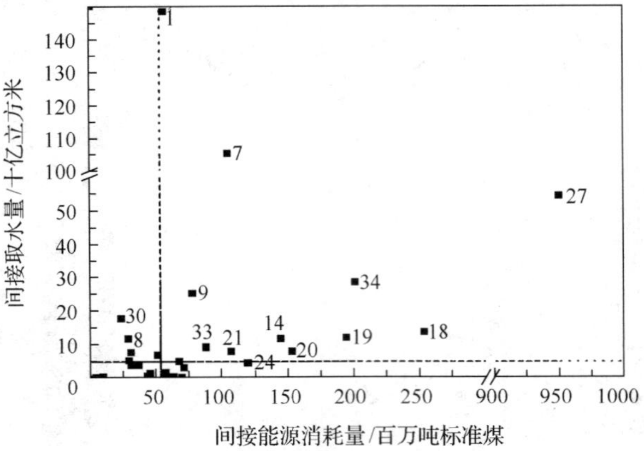

(b) 间接能源消耗量和取水量

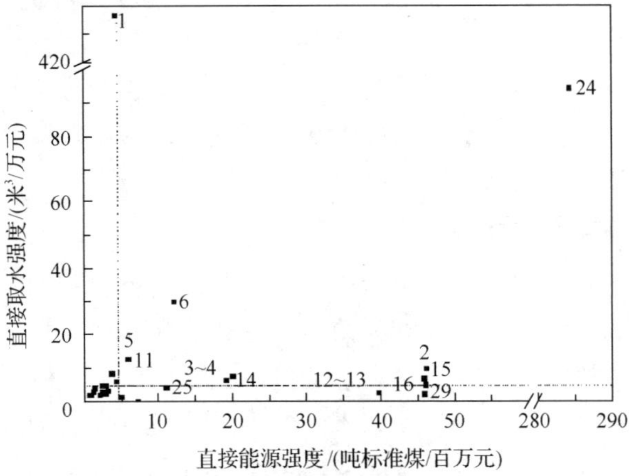

(c) 直接能水强度

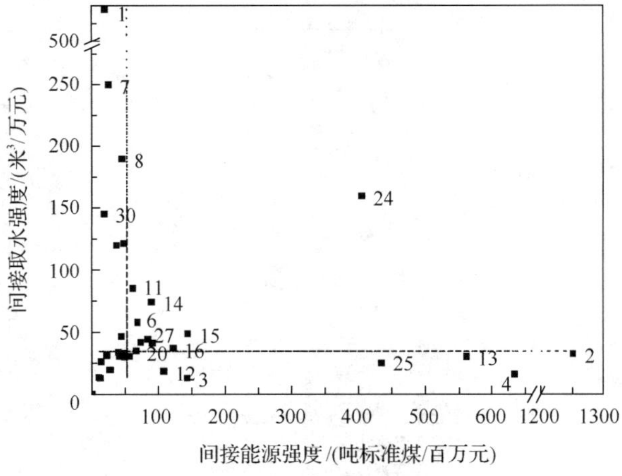

(d) 间接能水强度

图 4-16　能水耦合关键部门

那么第一象限中的区域即代表拥有相对较高的横坐标指标和纵坐标指标。基于此，我们认为同时位于总量和强度指标第一象限的部门即为能源与水耦合关键部门，包括直接层面[图 4-16(a)、(c)]及间接层面[图 4-16(b)、(d)]。

如图 4-16(a)、(c)所示，从直接角度来看，关键部门包括煤炭采选产品(2)，化学产品(14)，非金属矿物制品(15)，金属冶炼和压延加工品(16)及电力、热力生产和供应(24)。也就是说，无论从消耗量还是强度来看，来自这些行业的产品的生产都需要大量的能源和水投入。同时，这些部门的产品也是其他行业重要的中间投入，因此它们对中国经济活动的能源和水利用起到了相对较大的推动作用。对于这些部门，应特别注意生产过程中的技术改进，因为这些部门在提升能源利用效率的同时能够实现水资源的节约。

而从间接角度来看，关键部门则主要包括化学产品(14)、电气机械及器材制造业(20)和建筑业(27)，这些部门主要表现出比较显著的拉动效应，因为这些部门的生产活动需要大量使用其他部门的产品作为中间投入，从而导致其他部门的能源和水消耗增加。更值得注意的是，化学产品业(14)不论从直接还是间接的角度，都为关键部门。对于这些间接关键部门来说，通过寻找适当替代品和增加进口比例的措施可以在上游部门实现显著的间接节能和节水效果。

4.3　居民层面能源与水耦合关系关键部门研究

现阶段我国城镇化进程的加快极大地推动了居民消费水平的提升及消费方式的转变，加速了能源与水资源的消耗，而居民部门作为终端使用部门其节能节水潜力也是巨大的。居民部门的能源消耗和水消耗主要来自以下两个方面：一是居民为了维持生活所必需的直接能源消耗和水消耗，如私家车出行、照明取暖、洗衣做饭、个人卫生和饮用等。国家统计局 2018 年公布的数据显示，2016 年我国居民生活能源消费量为 5.42 亿吨标准煤，占我国能源消费总量的 12.4%，而 2017 年我国居民生活用水量为 838.1 亿立方米，占全国用水量的 13.9%(国家统计局，2017b)。二是居民的消费品在原材料选择和生产等过程中的间接能源消耗和水消耗。统计数据中的居民能源消耗和水消耗只是反映了直接能源消耗和水消耗，但其消费活动对能源消耗和水消耗的综合影响被低估了，居民的间接能源消耗和水消耗也不能忽略。因此，从居民消费视角针对我国能源消耗与水消耗现状进行分析，对居民部门的能源与水完全消耗有了更加深刻的认识，同时对缓解我国能源与水的供需压力，实现资源、生态环境与经济社会的可持续协调发展具有重要的理论和现实意义。同时，我国城镇人口和农村人口的收入水平、生活方式、基础设施之间都存在着显著的差别，城乡、不同阶层收入水平之间的居民收入差距也较大，如果仅从城镇或农村居民整体分析可能会产生一定的偏差。因此，本节将从不同收入阶层居民的角度对能源消耗与水消耗进行测算，计算其间接能源消耗和水消耗，从而为政府制定切合实际的节能降耗政策提供依据，帮助其采取有针对性的措施合理开发利用我国的能源与水资源。

4.3.1 数据来源与处理

由于本节讨论不同收入阶层居民的能源消耗与水消耗，本节对城乡居民进行了更为细致的划分。居民账户拆分过程中的数据主要参考 2012 年投入产出表、《2012 中国城市(镇)生活与价格年鉴》《2010 中国农村住户调查年鉴》《2014 中国统计年鉴》“2012 年资金流量表(实物部分)”“农村居民家庭基本情况”“城镇居民家庭基本情况”中的分类原则。其中城镇和农村居民家庭收入分组方法是将所有调查户按户人均可支配收入由低到高排队，农村居民按 20%、20%、20%、20%、20%的比例依次分成：低收入户、中等偏下收入户、中等收入户、中等偏上收入户、高收入户 5 组。城镇居民按 10%、10%、20%、20%、20%、10%、10%的比例依次分成：最低收入户、较低收入户、中等偏下收入户、中等收入户、中等偏上收入户、较高收入户、最高收入户 7 组。

首先根据不同收入阶层居民在 8 项消费支出(食品、衣着、居住、家庭设备及用品、交通通信、文教娱乐、医疗保健和其他)的消费比例，得到城乡居民各项消费支出的消费比例系数。其次利用 139 个部门的投入产出表对应这 8 项消费支出，将总的城乡居民消费值乘上该系数即可得到拆分后的列项，从而计算出不同收入阶层居民的各项消费。最后再按照部门的划分将 139 个部门合并为 34 个部门，得到拆分后的 12 组居民消费的列项。

不同收入阶层居民的人口处理由 2012 年的城镇和农村人口分别乘上对应收入阶层居民的比例得到。

为了统一口径，农村居民消费支出和城镇居民消费支出的数据，都使用了现金消费支出，这在一定程度上导致了农村居民的消费结构中食品消费占比下降。

4.3.2 不同居民的收入和消费特征

为了探究不同收入阶层居民的能源消耗和水消耗，我们先分析其收入和消费特征。如图 4-17 所示，从消费支出来看，城镇居民与农村居民的消费差异巨大，居民的消费支出随着收入的增加而增长，城镇最高收入户的人均年消费是农村低收入户的 8.2 倍。而城镇和农村内部的消费支出的差异也十分显著，城镇最高收入户的人均年消费为 54193 元，而城镇最低收入户的人均年消费仅为 9165 元，最高收入户是最低收入户的 5.9 倍；而对于农村居民内部的消费支出来说，农村高收入户的人均年消费为 17718 元，相当于城镇中等偏下收入户的人均消费支出(15807 元)。值得注意的一点是，农村高收入户的消费支出大于城镇最低收入户，因此我们不能单纯地、片面地从城乡差异角度分析居民消费，而应该从不同收入阶层居民的角度进行细致分析，这样才能更有针对性和准确性。

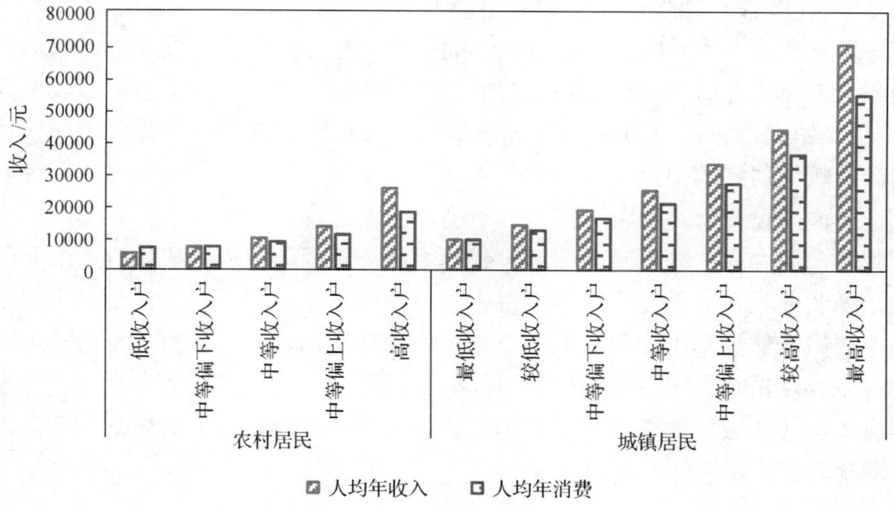

图 4-17　城乡不同收入阶层居民的收入与消费特征(2012 年)

除了消费支出总量以外，不同收入阶层居民的消费结构也有较大差异。如图 4-18 所示，食品消费无论是在城镇居民消费还是农村居民消费中所占比例都最大，其中农村低收入户的食品消费支出比例为 36.0%，而城镇最低收入户的食品消费支出比例为 45.3%，随着居民收入的上涨，食品支出占总消费的比例在逐渐下降，

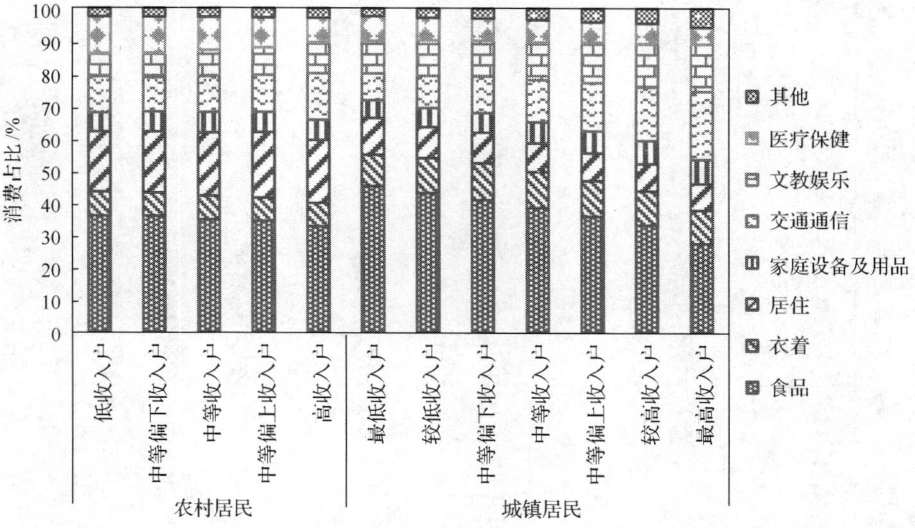

图 4-18　不同收入阶层居民的消费结构(2012 年)

这与恩格尔定理反映的规律一致。城镇居民的食品支出比例大于农村居民的原因是本节为了统一统计口径，二者均使用了现金消费支出，而农村居民有一部分食品支出为自产自销，部分消费未计算在其中。

另外具有显著差异的是，随着收入的增加，无论是农村居民还是城镇居民，他们在交通通信方面的支出都随之增加(农村低收入户为 11.0%，农村高收入户为 14.4%，城镇最低收入户为 8.2%，城镇最高收入户为 21.2%)，可见低收入居民出行会选择较为便宜的出行方式，高收入居民则会偏好于私家车。低收入居民会选用低价的通信设备而高收入居民偏好于高端的通信设备。

此外，居民在文教娱乐、家庭设备及用品方面的消费也是随着收入的升高而增加，说明低收入居民在享乐型消费上没有高收入居民投入得多，他们大多数的收入主要用于维持基本的生活开销。以上结论表明高收入家庭消费支出已不再以食品等生存性消费为主，需求层次逐渐向文教娱乐、交通通信等消费支出发展。不同收入群体所表现的消费支出和消费结构的差异最终导致家庭生活消费所产生的能源消耗和水消耗不尽相同。

4.3.3　不同居民的能源消耗分析

图 4-19 中的饼状图显示了不同收入居民总的间接能源消耗。整个居民部门消费引起的间接能源消耗达到 747.31 百万吨标准煤，占全国能源消费总量的 18.6%。

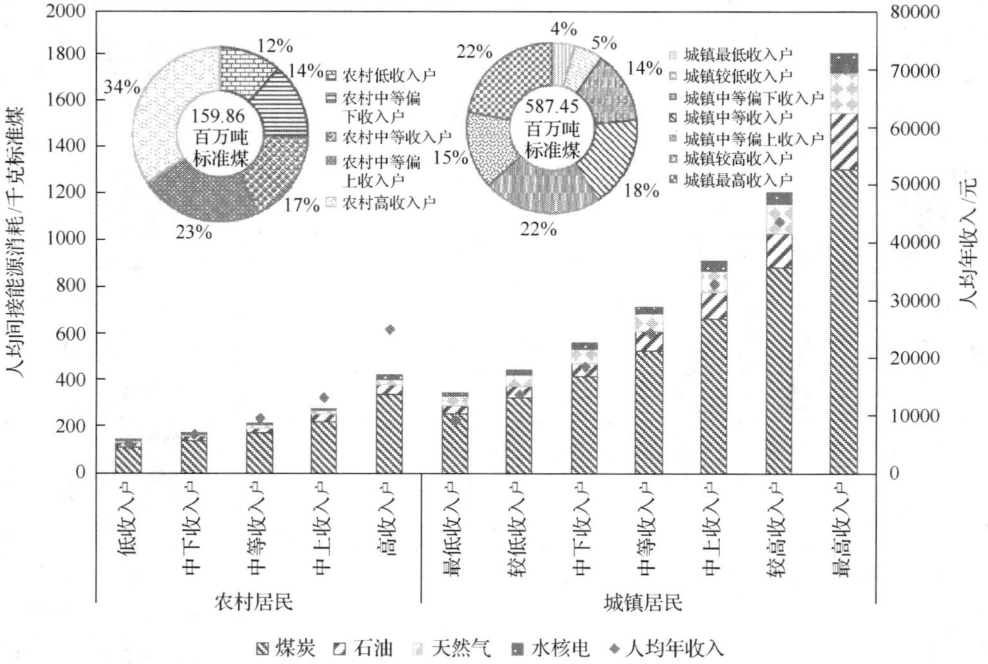

图 4-19　不同收入居民的间接能源消耗

其中，农村居民消费拉动的总的间接能源消耗达到 159.86 百万吨标准煤，同农村居民的直接能源消耗相差不大(158.65 百万吨标准煤)。城镇居民消费拉动的间接能源消耗则是农村居民的三倍多，达到 587.45 百万吨标准煤，值得注意的是，城镇居民的直接能源消耗为 238.01 百万吨标准煤，也就是说城镇居民消费活动的间接消耗量是其直接能源消耗的 2.47 倍。由此可见，居民消费引起的间接能源消耗的节能效应可能具有更大的潜力。而从不同居民消费拉动的间接能源消耗的结构来看，城镇居民特别是城镇最高收入户，虽然其人口仅占城镇总人口的 10%，但其消费拉动的总的能源消耗占比达到 22%，该收入阶层引起的高能耗值得引起我们更多的关注。

图 4-19 的柱状图显示了不同收入居民的人均间接能源消耗和人均年收入，其中居民消费拉动的一次能源消费中，农村低收入户的人均间接能源消耗最少，仅为 143.23 千克标准煤，而城镇最高收入户的人均间接能源消耗最多，达到 1815.58 千克标准煤，约是农村低收入户的 12.7 倍，随着收入的增高，居民消费引起的能源消耗也在逐渐上升。值得注意的一点是，城镇最低收入户的人均间接能源消耗(353.20 千克标准煤)比农村高收入户的人均间接能源消耗要低(427.97 千克标准煤)，这也印证了之前我们对其收入和消费特征的分析，也表明我们不能仅考虑农村和城镇两种类型居民，随着经济社会的发展，农村高收入居民的经济和消费实力已经超过城镇低收入居民，其间接能源消耗也更大一些，因此对不同收入类型的居民进行进一步划分才能考虑得更加全面深刻。另外，从居民消费拉动的各种一次能源能源消耗占比来看，煤炭是居民消费拉动的能源消耗中占比最大的，但随着居民收入的增加，煤炭在人们生活消费中所占的比例逐渐下降，如农村低收入户消费拉动煤炭的间接能源消耗占比为 80.04%，而城镇最高收入户消费拉动煤炭的间接能源消耗占比为 72.28%。另外，石油、天然气在间接能源消耗中的占比上涨，但由于农村未安装天然气，其燃气生产和供应业的天然气消耗较少，而城镇居民的天然气所占比例更大。但是随着农村“煤改气”方案的推进，农村地区消费拉动的天然气消费也将逐渐增加。此外，农村和城镇居民消费引起电力的间接能源消耗在其中的占比几乎相同，均接近 4%。

本节引入边际指标来表示不同收入居民每单位最终需求引起的间接能源消耗与取水量/耗水量，包括边际能源消耗、边际取水量和边际耗水量，它们反映了不同收入居民对能源和水资源的依赖程度。从边际间接能源消耗来看(图 4-20)，农村居民的边际间接能源消耗基本相同，基本保持在 0.35 万吨标准煤/元，可见农村不同收入居民对能源的依赖程度大致相同。城镇居民的边际间接能源消耗均略大于农村居民，内部有小幅度浮动，其中城镇最低收入户的边际间接能源消耗最大，为 0.41 万吨标准煤/元，而最高收入户的边际间接能源消耗则最小，为 0.38 万吨标准煤/元，高收入居民的边际间接能源消耗反而小于低收入居民。这与 Cayla 等

(2011) 的研究结论是一致的，该文指出收入越高的家庭会选择能源效率更高的产品，因此其能源强度比低收入家庭的要低，这也与之前关于随着收入的增加而取消能源限制的看法是一致的。Wiedenhofer 等 (2016) 的研究也表明，农村地区的碳足迹弹性要大于城镇地区，这是由于农村居民摆脱贫困会产生相对密集的碳排放，面临着煤炭等低质量商业能源的使用等。

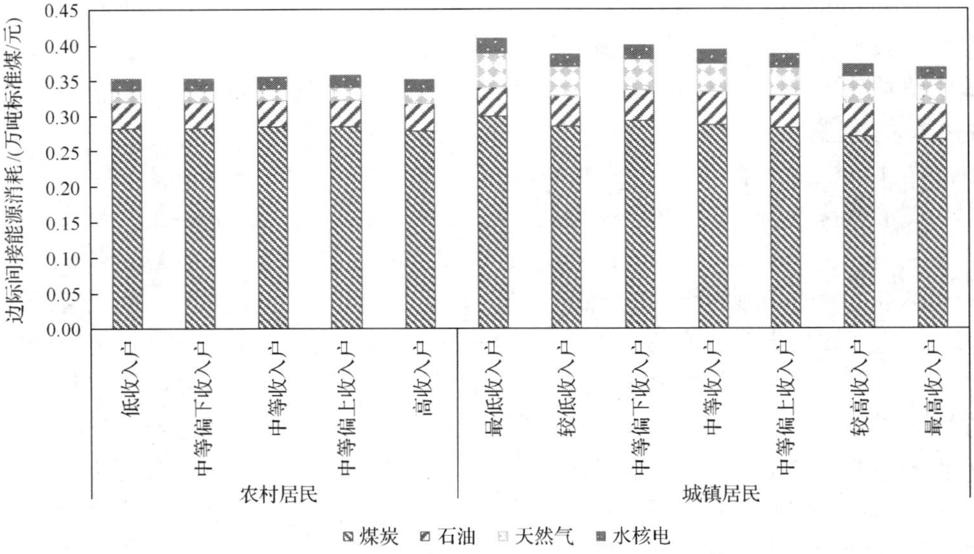

图 4-20　不同收入居民的边际间接能源消耗

4.3.4　不同居民的水消耗分析

图 4-21 和图 4-22 为不同收入居民的总间接取水量和耗水量及人均间接取水量和耗水量。图 4-21 表示居民总体的取水量和耗水量所占比例。整个居民部门消费引发的间接取水量和耗水量分别达到 2876.25 亿立方米和 1810.64 亿立方米，其中农村居民消费引发的间接取水量和耗水量分别为 849.49 亿立方米和 540.84 亿立方米，而城镇居民消费引发的间接取水量和耗水量则分别约为农村居民的 2.4 倍和 2.3 倍。从农村居民来看，农村高收入户的总取水量和耗水量最大，分别为 283.22 亿立方米和 180.05 亿立方米，约占农村居民总取水量和耗水量的 33%，而农村低收入户的总取水量和耗水量最小，仅占农村居民总取耗水量的 12%左右。城镇居民的取水量和耗水量都明显大于农村居民，城镇中等偏上收入户的取水量和耗水量是所有居民中数量最大的，分别达到 457.44 亿立方米和 286.97 亿立方米，约占城镇居民总取耗水量的 23%，这主要是由人口数量决定的。其次为城镇中等收入户，其取水量和耗水量占城镇居民总取水量和耗水量的 19%左右。而城镇最低收入户的总取水量和耗水量最小，仅占城镇居民总取耗水量的 5%左右。

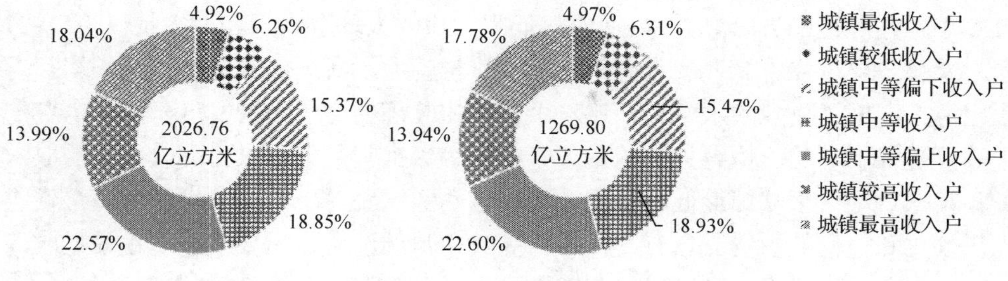

(a) 城镇居民取水量　(b) 城镇居民耗水量

(c) 农村居民取水量　(d) 农村居民耗水量

图 4-21　不同收入居民的总间接取水量和耗水量

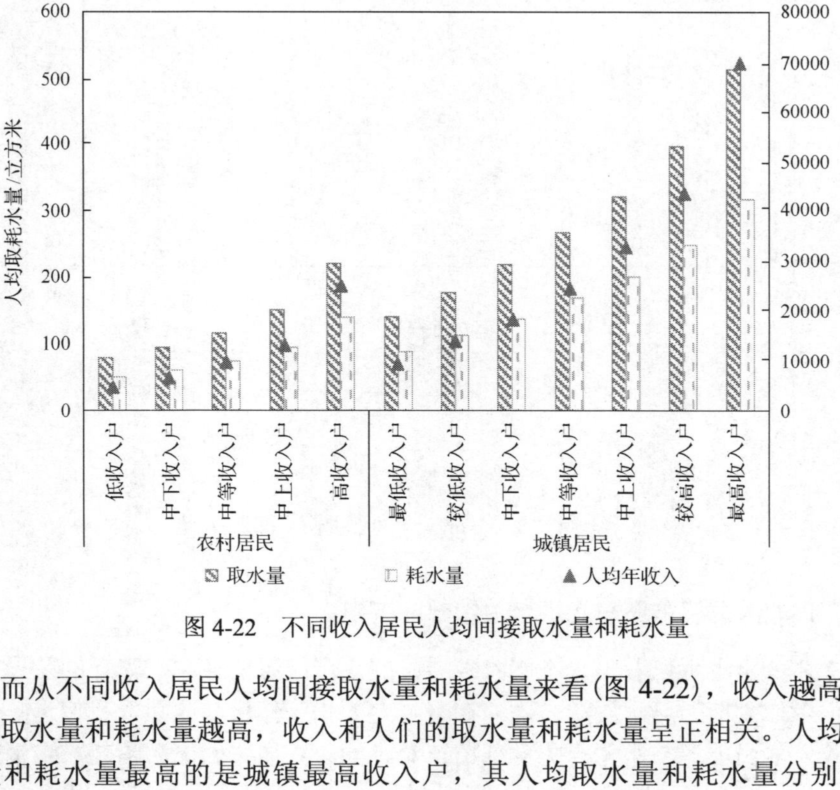

图 4-22　不同收入居民人均间接取水量和耗水量

而从不同收入居民人均间接取水量和耗水量来看(图 4-22)，收入越高的居民人均取水量和耗水量越高，收入和人们的取水量和耗水量呈正相关。人均间接取水量和耗水量最高的是城镇最高收入户，其人均取水量和耗水量分别达到了

513.74 立方米和 317.12 立方米，而农村低收入户的人均取水量和耗水量仅为 79.27 立方米和 50.56 立方米，二者差距悬殊，这也说明了我国的水资源分配不均，富人比穷人占据了更多的水资源，这对于我国的经济社会的和谐发展、居民消费的平等性是很不利的。值得关注的是，农村中等偏上收入户和农村高收入户的取水量和耗水量均大于城镇最低收入户，可见这两类居民对水的需求大于城镇最低收入户，这和他们的消费支出有关，农村高收入户的消费支出要大于城镇最低收入户；这也和农村居民多以发展农业为主的生活方式有关。

从边际间接取水量和耗水量来看(图 4-23)，与边际间接能源消耗类似，农村居民的边际间接取水量和耗水量基本相同，分别为 0.019 米^3/元左右和 0.012 米^3/元左右。而城镇居民则变化较为明显，城镇最低收入户的边际间接取水量和耗水量均是城镇居民类型中最大的，分别为 0.016 米^3/元和 0.010 米^3/元，而城镇最高收入户的边际间接取水量和耗水量最小，分别为 0.010 米^3/元和 0.006 米^3/元，可见城镇最高收入户对水的依赖程度并不高。值得注意的是，农村居民消费可能比城镇居民更依赖于水，这是因为农村居民的生活方式多以农业为主，而城镇居民则较少种植农田，其从事行业也多为第二和第三产业。

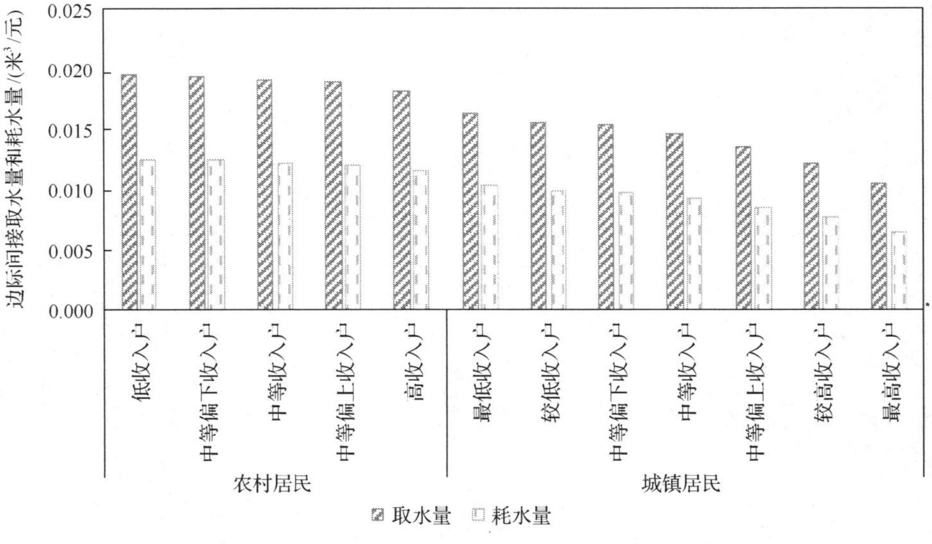

图 4-23　不同收入居民的边际间接取水量和耗水量

4.3.5　不同收入居民能源与水耦合关键部门识别

从上述分析中可以看出，不同收入居民的完全能源消耗和水消耗的差异是很大的，但考虑到能源与水资源之间存在着一定的相互作用与联系，我们进一步探究不同收入居民能源与水耦合关键部门，对不同收入居民的能源消耗、水消耗的总量和人均量进行了分析(图 4-24，图 4-25)。图中区域按中位数划分为 4 个象限，将右上区域的居民定义为识别到的"关键居民群体"，即其无论是能源消耗还是水消耗的人均量和总量都是所有居民群体中最大的。从图 4-24 中可以看出，城镇最高收入户和城镇较高收入户是我们识别到的能源消耗关键居民群体，而城镇最高收入户、城镇较高收入户和城镇中等偏上收入户是我们识别到的水消耗关键居民群体(图 4-25)，因此综合来看，我们可以确定城镇最高收入户和城镇较高收

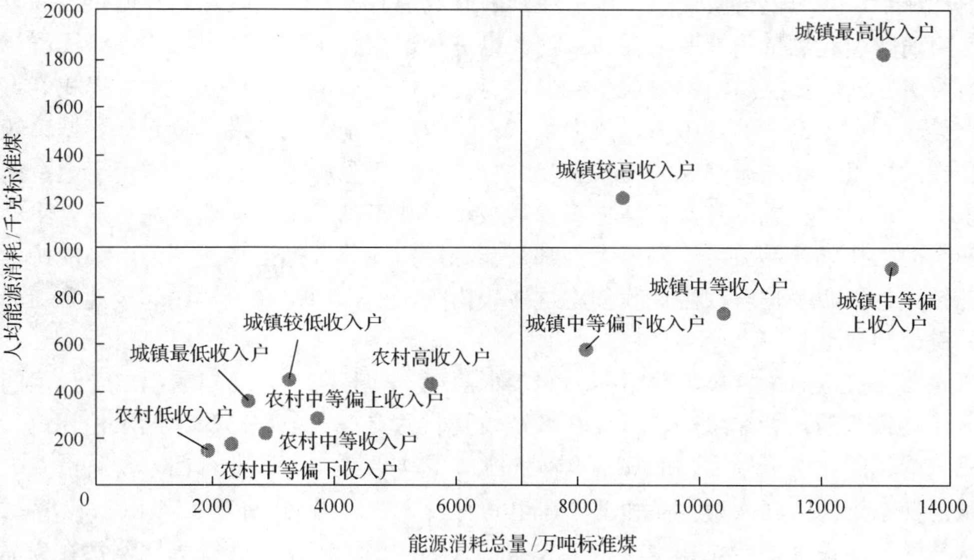

图 4-24　不同收入居民的能源消耗总量与人均量

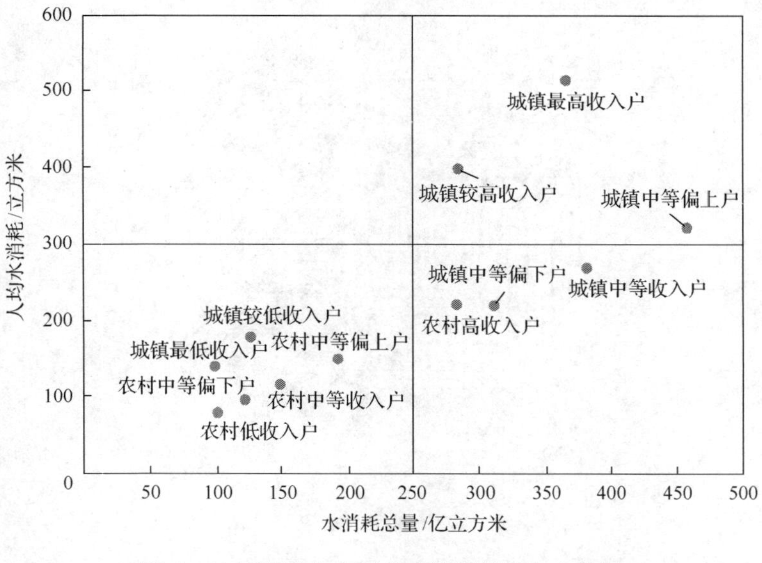

图 4-25　不同收入居民的水消耗总量与人均量

入户是能源与水耦合中的关键居民群体，这两个群体也是我们需要重点关注的居民群体。这两个居民群体的消费活动引起了居民整体大量的能源消耗及水消耗，研究它们的能源消耗和水消耗的关系在整个经济活动中具有重要意义。这可以为政府在未来制定政策时提供参考，以及在推行节能节水政策时应首先考虑这两类居民部门。

而针对识别出的关键居民群体，他们在各个产业部门的消费拉动的间接能源消耗和水消耗也值得我们进一步关注。因此我们对城镇最高收入户和城镇较高收入户消费引起的部门能源消耗和水消耗也进行了探究。可以看出在关键居民群体消费引起的间接能源消耗中(图 4-26)，有几个部门的能源消耗偏大，值得我们重点关注。占比最大的是电力、热力生产和供应，分别占城镇最高收入户和城镇较高收入户总间接能源消耗的 30.95%和 31.55%，可见电力在人们日常生活中占据了十分重要的位置。其次为精炼石油和核燃料加工品、煤炭采选产品、燃气生产和供应、化学产品。可以发现它们都是能源部门或能源加工转换部门，其能源消耗较大也很容易理解。因此我们将这些较为突出的部门定义为居民间接能源消耗关键部门。

而在关键居民群体消费引起的间接水消耗中(图 4-27)，可以看出农业部门的占比是最高的，城镇最高收入户和城镇较高收入户在农业部门引起的水消耗占其总水消耗的比例分别为 79.80%和 81.54%，这主要是由于农业部门本身就需要大量消耗水资源。其次为食品和烟草，也具有较大的占比(分别为 6.54%和 6.77%)，这与我国居民的消费结构也有很大关系，人们的消费支出中有很大比例都在食品

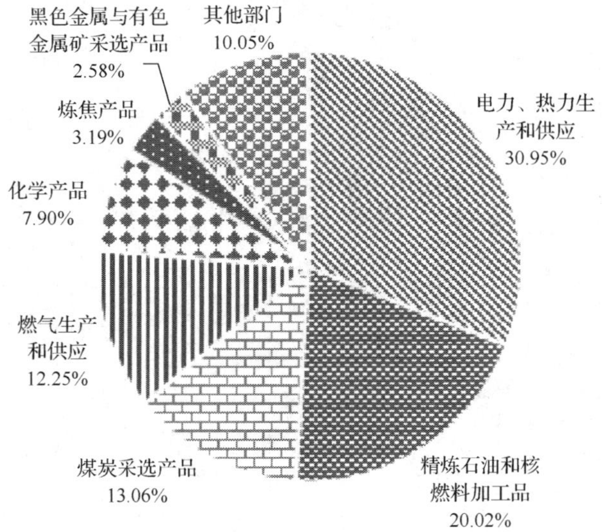

(a) 城镇最高收入户

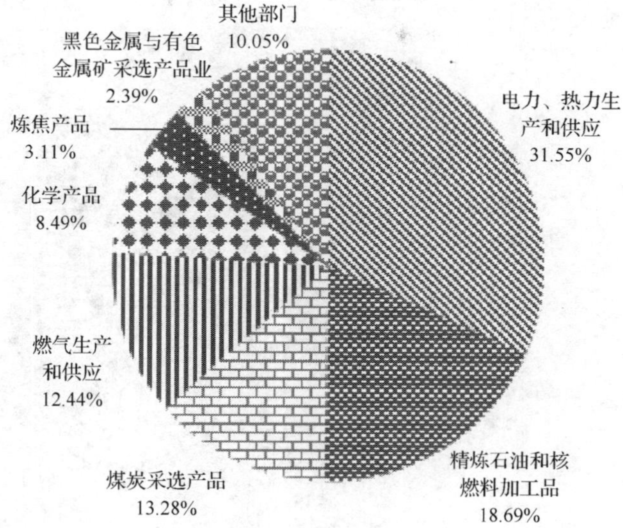

(b) 城镇较高收入户

图 4-26 关键居民群体的分部门人均间接能源消耗

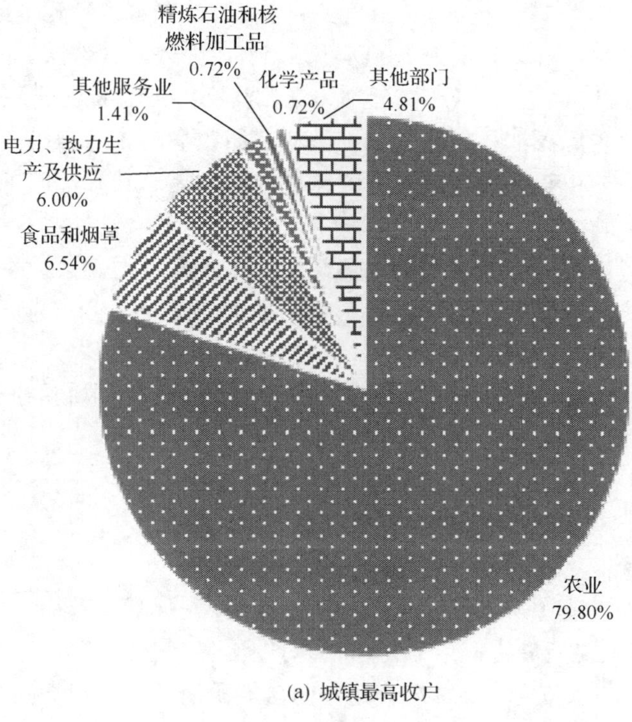

(a) 城镇最高收户

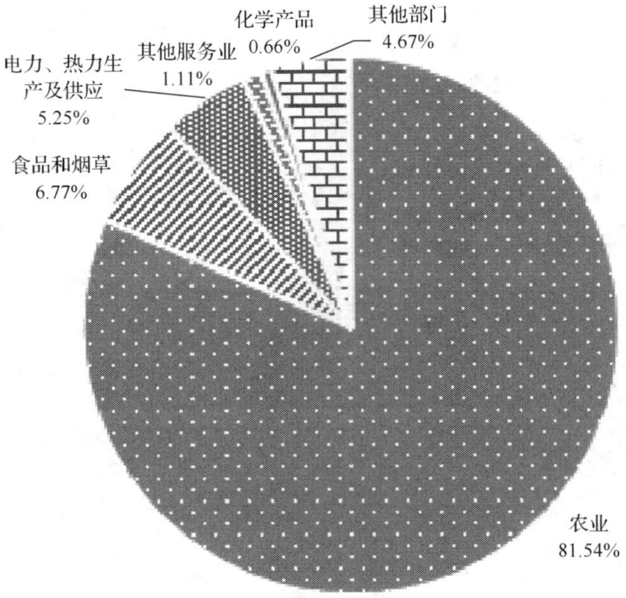

(b) 城镇较高收入户

图 4-27　城镇最高收入居民的分部门人均间接水消耗

支出，而食品在生产过程中也需要相当多的水。另一个水消耗较多的部门是电力、热力生产和供应业，占比分别为 6.00%和 5.25%。另外，其他服务业(占比分别为 1.41%和 1.11%)、化学产品业(占比分别为 0.72%和 0.66%)的水消耗也较其他部门占比大一些。而精炼石油和核燃料加工品业在城镇最高收入居民中的间接水消耗占比较多，但在城镇较高收入居民中的占比并不明显。其余部门则被认为产生相对较低的水消耗。

通过上述分部门的能源消耗与水消耗结构来看，电力、热力生产和供应业及化学产品业作为对能源消耗与水消耗影响都很大的部门，将作为居民群体能源与水耦合关键部门。对于这两个关键部门来说，政府应进行重点关注，通过提升设备的用能和用水性能或鼓励居民减少对电力和化学产品需求高的产品的使用等方面实现居民的间接节能和节水效果。

4.4　本 章 小 结

本章主要探究能源与水的相互作用对中国各产业部门的影响。主要包括经济产出变化(这里主要指最终使用变化)将会对中国各产业部门碳排放及水消耗产生影响；中国能源与水耦合关系中，直接与间接能源消耗及水消耗的关键部门识别；以及探究不同收入阶层居民能水耦合关键部门。基于以上几点考虑，本章主要得出以下结论。

(1) 在探究经济产出变动对中国碳足迹和水足迹的影响时，我们发现，农业(1)，食品和烟草(7)，服装业(9)，化学产品(14)，通用及专用设备制造业(18)，交通运输设备制造业(19)，电气机械及器材制造业(20)，计算机、通信和其他电子设备制造业(21)，建筑业(27)，交通运输、仓储和邮政业(29)，卫生(33)和其他服务业(34)这 12 个部门无论在碳排放与经济结构的关联中，还是在水消耗和经济结构的关联中，都为值得关注的重点部门。因此，在碳水耦合政策制定时，应当重点关注这些部门，尤其要注意经济结构的变化会对其碳排放与水消耗产生较大影响，并且其最终产品的产出量变动也会影响整个经济系统中碳排放与水消耗的巨大改变。

(2) 从各自的影响来看，在对经济结构与碳排放关联的分析中，我们发现关键部门并不是碳排放量和碳排放强度高的部门，而是如建筑业(27)等 12 个部门。无论是在自身的碳排放拉动经济结构产出发展方面还是经济结构产出的变化影响这些关键部门的碳排放方面，这些关键部门都发挥着重要作用。而对于电力、热力生产和供应业(24)部门，经济系统对其的拉动作用占到了 5.02%，节能减排政策会影响其他部门对其产品需求，从而影响其发展。在对经济结构与水消耗关联的分析中发现，部门分布都集中在了 B、C 两个区域，说明各部门的水资源消耗特点相对比较集中，部门耗水结构较为一致。比较突出的有农业(1)及食品和烟草(7)两个部门，这两个部门的经济活动对整个经济系统的影响占到了 36.92%，经济活动对这两个部门的拉动作用占到了总拉动效果的 57.79%。因此在制定节水政策时，应当重点关注这两个部门，考虑节约其他部门的水消耗可能效果并不明显。例如，大力发展农业新型节水设备，采用农业新技术、滴水灌溉等新措施或建设农业节水量化综合优化管理模式和提供农业用水转移等政策。

(3) 考虑能源与水的耦合关系，对于那些具有高能源与水耦合关系的部门，节能节水之间也存在协同效益。从直接角度来看，包括煤炭采选产品(2)，化学产品(14)，非金属矿物制品(15)，金属冶炼和压延加工品(16)及电力、热力生产和供应(24)在内的 5 个部门被认为是关键部门，因为它们具有较高的直接能源消耗量和取水量。从间接的角度来看，包括化学产品(14)、电气机械及器材制造业(20)和建筑业(27)在内的 3 个部门被定性为关键部门，因为它们具有较高的间接能源消耗和取水量。从两个角度都应特别注意化学产品部门。不同部门的节能和节水潜力可能差别很大，因此政府在制定节能和节水政策时，应更加重视上述确定的关键部门。对于从直接角度识别的关键部门，政府应该从生产端积极鼓励引进先进的生产技术，以减少这些部门在生产过程中巨大的用能和用水需求；对于从间接角度识别的部门来看，这些部门应当强调的是最终需求变化对整个经济体系能源和水资源利用的影响，以期通过引导人们进行合理的绿色消费，实现节能和节水的显著协同效应。

(4) 不同收入居民的完全能源消耗和水消耗也有很大差异。在居民消费拉动的一次能源消费中，农村低收入户的人均间接能源消耗最少，而城镇最高收入户的人均间接能源消耗最多，约是农村低收入户的 12.7 倍，随着收入的增高，居民消费引起的能源消耗也在逐渐上升。而不同收入居民的取水量和耗水量也有所区别，收入和居民的取水量与耗水量呈正相关，收入越高的居民人均取水量和耗水量越高。其中最高的是城镇最高收入户，最低的是农村低收入户。但是其边际取水量和耗水量则大不相同，农村居民消费可能比城镇居民更依赖于水，而城镇最高收入户对水的依赖程度并不高。

(5) 由于不同收入居民的节能和节水潜力差别较大，政府在制定节能和节水政策时，应更加重视关键居民部门，如城镇最高收入居民，政府应当对其进行正确引导，控制其对产品的需求，鼓励其进行合理的绿色消费，或者通过建立适当的税收机制，包括能源或水的税收和补贴机制，减少资源密集型商品的消费，实现节能和节水的协同效应。对其他收入居民也要采取有针对性的措施，减少不必要的消费支出。另外，政府可以鼓励引进先进的生产技术，以减少居民在农业部门、交通运输、仓储和邮政业、电力、热力生产和供应、化学产品业及其他服务业等部门在生产过程中巨大的用能和用水需求。

第 5 章　能源与水资源政策的协同效应模拟研究

对于能源与水资源部门来说，一个部门的发展战略很可能会对另一个部门产生重大的影响。这种影响可能是正面的，也可能是负面的，也就意味着两种资源在未来的发展路径中会存在协同效益与权衡效应。因此，实现两种资源的协同管理与协调规划，避免不同部门之间决策制定时可能存在的冲突而导致的意外后果，对保障未来能源与水资源的供给安全具有重要意义。基于此，本节将从能源政策、水资源政策及气候政策的角度出发，对各个领域的政策对能源与水耦合关系带来的溢出效应进行探讨，为我国能源与水资源相关政策的制定提供参考。

5.1　化石燃料补贴改革对中国能源与水的影响

5.1.1　中国化石燃料补贴改革政策

长期以来，将大量财政资金投入能源补贴中一直被世界各国政府作为改善能源服务水平和居民生活用能条件的一种重要手段。据国际能源署的测算，2014 年全球化石能源补贴已达到4930亿美元(IEA, 2015)。2009 年 9 月，二十国集团(G20)领导人匹兹堡峰会上提出，“在中期内逐步取消并理顺低效化石能源补贴，同时有针对性地为贫困人群提供支持”。自此以后，一部分国家消除能源补贴的政策和计划增多，但总体进程缓慢。

为推动保障低收入群体获取现代能源，维持能源价格稳定，提升出口产品竞争力，中国的能源行业也存在大规模的化石能源补贴。2012 年中国化石能源补贴达到 307 亿美元(IEA, 2015)。巨额的化石能源补贴会增加政府的财政负担，对其他公共领域的支出及私人投资产生溢出效应。而补贴机制本身存在的针对性欠佳、不符合市场规则的问题也使得补贴效果并未达到预期效果，导致从补贴政策中得到较大收益的并非是最需要补贴的低收入阶层，加剧了社会的不公平现象。消除化石能源补贴对中国能源系统的可持续发展具有重要意义。2013 年与 2016 年，中国和美国相继共同发布了《关于加强中美经济关系的联合情况说明》及《G20框架下中美关于鼓励浪费的低效化石燃料补贴自愿性同行审议》(简称《同行审议》)，承诺在 G20 框架下参与化石燃料补贴同行审议，在中期内规范和逐步取消鼓励浪费的低效化石燃料补贴。

实施化石能源补贴改革将会对中国的能源环境等各个方面带来一定的冲击。此外，考虑到能源与水资源之间复杂紧密的耦合关系，能源政策的实施无疑也会对中国水资源系统带来影响。因此有必要研究中国取消化石能源补贴对能源及水资源系统的影响，探究其内在作用机理，为中国未来化石能源补贴改革政策的设计提供科学依据和决策参考。

5.1.2　水-能源经济环境动态可计算一般均衡模型

本节通过建立递归动态可计算一般均衡(computable general equilibrium, CGE)模型模拟不同补贴返还机制下，化石能源补贴政策对中国经济层面的影响。模型的建立参考已有研究(Löfgren et al., 2001;Fan et al., 2015),“经济数据库”是根据国家 2012 年公布的 135 部门投入产出表构建的社会核算矩阵。模型包括 37 个产业部门和 3 种投入要素(劳动力、资本、自然资源)。

模型中，总产出采用多层嵌套结构来描述，一般部门的生产结构图如图 5-1 所示。图中 σ 代表各层投入要素之间的替代弹性，在最顶层，各中间投入与增加值合成品采用 Leontief 生产函数得到部门的最终产出。模型假设企业在一定的技术约束条件下，选择合适的投入品组合进行生产，使其生产成本最小化。商品需求分为居民消费、政府消费、投资、存货变动及出口。其中，模型划分两种居民，即城镇居民和农村居民。居民在预算约束下，通过扩展线性支出系统(ELES)用于

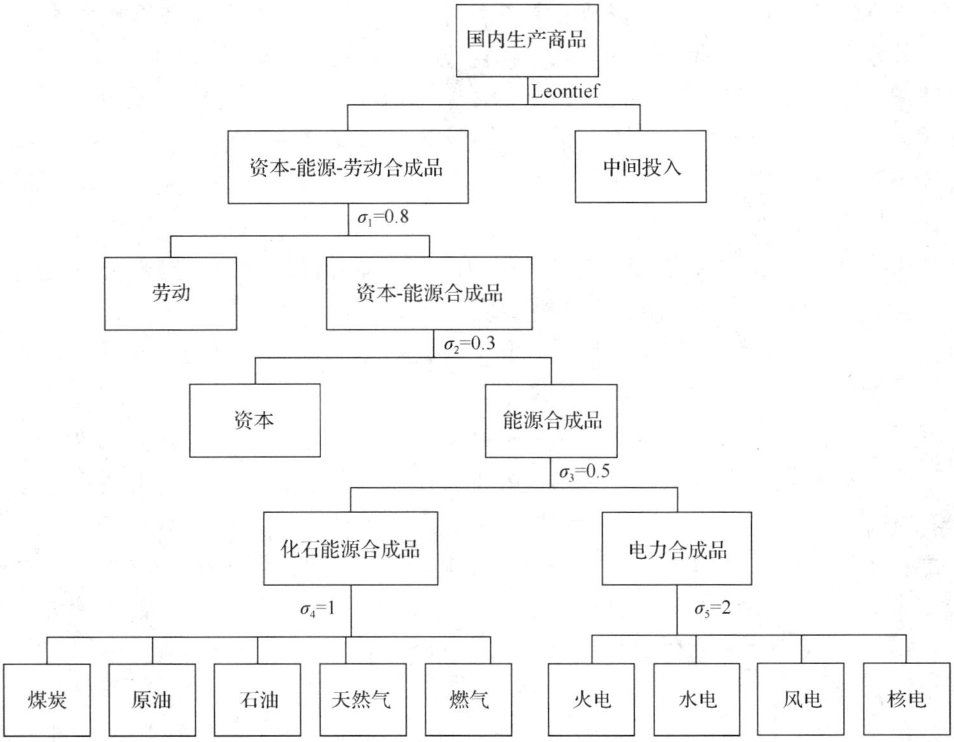

图 5-1　一般部门的生产结构图

对各种商品和服务的消费，最大化自身的效用。政府消费由基期数据外生确定，各部门投资由当年总投资乘以基年各部门的投资占比确定，各部门货存则根据基年货存占总产出的比例进一步得到。模型中采用 Armington 假设(Armington，1969)，来描述国内商品和进口商品之间存在的不完全的替代关系，即国内市场总需求由国内生产国内销售的商品和进口商品通过 CES 函数来决定。此外，模型采用常转换弹性(CET)函数来确定国内生产商品用于国内销售和出口的数量。在对外贸易中，模型采用小国假设，即进口商品的价格由国际市场外生决定，不受国内市场供求状况的影响。

模型的动态方式采用递归动态的形式。模型的动态化通过劳动力增长、要素技术进步、资本积累 3 个因素进行驱动。其中，劳动力增长通过外生确定，要素技术进步通过全要素生产率的提高来体现。当期的资本存量加上新增资本减去折旧等于下一期的资本存量，新增资本根据上期各部门的相对资本回报率在部门之间进行分配。

1. 模型闭合的设定

本节采用的 CGE 模型考虑 3 个宏观闭合规则：政府平衡预算、国际贸易平衡及储蓄投资平衡。对于政府平衡预算，政府消费作为外生变量，而政府储蓄则由内生决定。对于国际贸易平衡，我们假设汇率是内生变量，而国外储蓄是外生变量。对于储蓄投资平衡，采用新古典闭合原则，投资由储蓄决定，满足社会总投资等于社会总储蓄。

模型中，市场出清包括商品市场和要素市场两类市场，其中要素市场又包括劳动市场和资本市场。在商品市场的一般均衡中，每种商品的总需求与总供给相等。在劳动市场中，基于劳动力不完全就业的约翰森闭合更适用于中国现状(严斌剑和范金, 2009)，因而在模型中并不出清劳动力市场，而是假设工资保持刚性，劳动力市场存在非自愿失业。在资本市场中，资本供给由外生给定，通过相对资本回报率调整资本在不同部门间的分配。

2. 碳排放与水资源模块的引入

碳排放模块描述了由于企业及居民对化石能源的最终消费所引起的二氧化碳排放，核算方法参考政府间气候变化专门委员会(IPCC)温室气体排放清单(IPCC, 2006)。碳排放核算方程如下：

$$\mathrm{EM}_i = \sum_f \mathrm{FF}_{i,f} \cdot \mathrm{cf}_f \cdot \mathrm{ef}_f \cdot \mathrm{of}_f \tag{5-1}$$

式中，EM_i 为 i 部门碳排放量；$\mathrm{FF}_{i,f}$ 为 i 部门 f 种类能源消费量；cf_f、ef_f、of_f 分别为 f 种类能源的转化系数、碳排放系数及氧化率。水资源模块刻画了能源相关部门在其生产过程中的取水量，核算方式为部门产出乘以相应的取水系数，具体核算方程如下：

$$\mathrm{WW}_i = Z_i \cdot \mathrm{wf}_i \tag{5-2}$$

式中，WW_i 为 i 部门的取水量；Z_i 为 i 部门的产出；wf_i 为 i 部门的取水系数。

3. 数据来源

本节模型的数据基础是基于中国最新的 2012 年全国投入产出表（国家统计局国民经济核算司，2015）和各类年鉴（国家统计局, 2013a, 2013b, 2013c；中国财政部，2013）编制而成的 2012 年中国社会核算矩阵（social accounting matrix, SAM）。其中包含了 7 个能源部门及 27 个非能源部门（部门名称见附录 4）。模型中的参数包括外生参数和内生参数，内生参数通过校准得到；外生参数包括不同投入产品和要素之间的替代弹性、进口替代弹性、出口转换弹性、居民对不同商品的收入弹性等，这部分参数的设定参照相关研究并结合作者的研究进行了相应调整（Hertel and Zhai, 2006; Hertel et al., 2008；Fan et al., 2015）。碳排放的核算参考《2006 年 IPCC 国家温室气体清单指南》（IPCC, 2006）。能源生产过程中的取水系数与耗水系数参考其他相关研究（Zhang and Anadon, 2013; Zhou et al., 2016）。此外，本书根据现有文献的预测（Dai et al., 2011; Qi et al., 2014），确定了 GDP 年均增速、人口年均增速和城镇化率等基准情景（BAU）下的发展路径，见表 5-1。

表 5-1　基准情景的主要假设　　（单位：%）

基准情景	时期	假设
GDP 年均增速①	2016～2020 年	6.8
	2020～2030 年	4.8
人口年均增速	2015～2020 年	0.39
	2020～2025 年	0.17
	2025～2030 年	0.01
城镇化率	2016～2020 年	60.99
	2020～2025 年	65.35
	2025～2030 年	68.74

注：①2012～2015 年中国 GDP 年均增速、人口年均增速及城镇化率根据中国国家统计局公布的真实数据设定。

4. 模拟冲击的设置

《同行审议》中提及的能源补贴大部分为能源行业生产端的补贴，因此本节参考 Li 等（2017）的处理方式，采用对受到补贴的能源部门生产过程征税的方式来模拟减少化石能源补贴对中国的影响，如式（5-3）所示：

$$\mathrm{PP}_i \cdot (1 + \mathrm{itax}_i) = \mathrm{PX}_i \cdot (1 - \mathrm{subsidy}_i) \tag{5-3}$$

式中，PP_i 为 i 部门的生产者价格；PX_i 为 i 部门的消费者价格；$itax_i$ 为部门 i 的间接税税率；$subsidy_i$ 为 i 能源部门补贴率。

我们假设基准情景(BAU)下，$subsidy_i$ 取 0，表明政府保留现有能源补贴的规模。根据 IEA 的测算，2012 年中国煤炭行业已经不存在补贴，其余的化石能源部门包括天然气、原油及电力部门，其补贴规模分别为 1.2 亿美元、16.5 亿美元、13.1 亿美元(IEA, 2015)，据此我们计算出中国 2012 年天然气、原油及电力部门的平均补贴率分别为 9%、1.64%和 5.6%。

本节假设到 2017 年，中国取消现有的化石能源补贴。进一步，根据不同的补贴收入返还机制，我们设置了以下 4 种政策情景。

情景 1(S1)：取消全部化石能源补贴，将减少的政府开支全部转化为财政收入。此情景不考虑补贴收入返回机制。

情景 2(S2)：在此情景中引入企业补偿机制，将取消全部化石能源补贴后政府减少的支出按照各行业产出比例，通过减少企业间接税收的方式对全部行业进行二次补偿。取消全部化石能源补贴会增加各行业的用能成本，从而对各行业产出造成负面影响，因而此情景对所有行业进行补贴返还。

情景 3(S3)：在此情景中引入清洁能源行业(包括水电、风电和核电)及第三产业的补偿机制，将取消全部化石能源补贴后政府减少的支出按照行业产出比例，通过减少间接税收的方式对清洁能源行业(包括水电、风电和核电)及第三产业进行二次补偿。

情景 4(S4)：在此情景中引入高耗能企业的补偿机制，将取消全部化石能源补贴后政府减少的支出按照行业产出比例，通过减少间接税收的方式对高耗能企业进行二次补偿。模型中的高耗能行业包括炼焦产品，电力、热力生产和供应，造纸印刷和文教体育用品，纺织业，金属冶炼和压延加工品及化学产品。取消化石能源补贴将给高耗能行业带来尤为沉重的负担，因而此情景重点对这部分行业进行补贴返还。

5.1.3　化石燃料补贴改革对宏观经济的影响

4 种政策情景下，对中国宏观经济影响的模拟结果见表 5-2。在 S1 情景下，没有采取任何补贴返还机制，到 2030 年中国的 GDP 同基准情景相比，将分别下降 1.372%。因此，从整体上看消除化石能源补贴将对中国的宏观经济产生一定程度的负面影响，但影响程度并不大。进一步，通过对比分析 4 种情景的结果可以看出，不同的补贴收入返还政策对中国宏观经济的影响差异显著。到 2030 年，同基准情景相比，S2 和 S4 情景的 GDP 均出现负增长。但是，从下降程度来看，S2 情景对 GDP 的负面影响同 S1 情景相比明显减弱；而在 S4 情景下，这种负面影响则进一步增大；在 S3 情景下，尽管 GDP 涨幅较小，但实现了 GDP 的正增长。

表 5-2　2030 年不同情景下主要宏观指标较基准情景变化百分比　（单位：%）

情景	GDP	总投资	农村居民的福利水平	城镇居民的福利水平
S1	–1.372	–1.954	–1.134	–1.241
S2	–0.010	–0.105	0.021	0.038
S3	0.211	0.233	0.218	0.245
S4	–2.267	–3.629	–1.067	–1.776

表 5-2 还反映了取消化石能源补贴对中国居民福利的影响。可以看出，S1 情景下中国城镇居民及农村居民的福利水平均出现减弱的趋势，并且城镇居民福利损失大于农村居民。S2 和 S3 情景下，中国城镇居民及农村居民的福利水平则出现了不同程度的上升，并且城镇居民的福利上升水平高于农村居民。值得注意的是，在 S4 情景，政府将取消化石能源补贴减少的支出用于对居民的补偿，在短期确实能够提升农村居民的福利水平，但到 2030 年在 S4 情景下不论是城镇居民还是农村居民的福利损失在 4 种情景中都是最大的。主要是由于 S4 情景下，各行业生产成本都有所增加，从而不断加大居民的福利损失。也就是说，从长期来看，通过转移支付的形式对居民进行补贴并不是合适的二次补贴方式。

5.1.4　化石燃料补贴改革对能源系统的影响

图 5-2 展示了不同情景对中国能源系统的影响。首先，可以看出取消化石能源补贴，不管是对中国的能源总生产还是能源总消费都会带来一定程度的冲击。但是由于在不同能源补贴返还机制的影响下，不同情景所受的影响程度表现出较大的差异。可以看出，在 S1 情景下，即取消化石能源补贴而不采取任何补贴返还机制，能源系统受到的冲击最大。该情景下能源总生产和能源总消费较基准情景分别降低了 3.4%和 2.7%。相比较之下，将补贴用于对高耗能的重点行业进行间接税收抵免的 S4 情景下，能源系统所受的影响最小。该情景下能源总生产和能源总消费较基准情景分别降低了 1.7%和 0.4%。此外，总体来看，取消能源行业生产端的补贴，对能源生产端的影响要大于对能源消费端的影响。

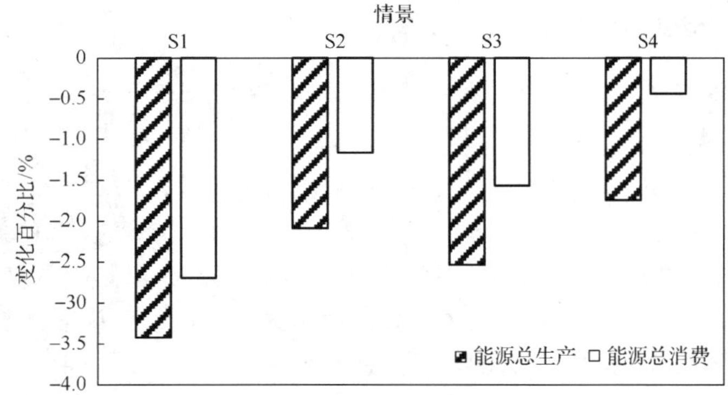

图 5-2　不同情景对中国能源系统的影响

此外，取消化石能源补贴对中国能源结构也将产生一定程度的影响。图 5-3 展示了 S3 情景下，2012～2030 年中国一次能源的生产结构与消费结构的变化。可以看出，不论是生产端还是消费端，煤炭、原油、天然气等化石能源的比重在逐渐缩小，而清洁能源(包括水电、风电、核电)的比重在不断增加。其中煤炭生产占比从 2012 年的 74%下降到 2030 年的 66%，煤炭消费占比从 2012 年的 65%下降到 2030 年的 60%。而清洁能源生产占比从 2012 年的 12%上升了 2030 年的 14%，清洁能源消费占比从 2012 年的 9.8%上升到 2030 年的 12.4%。因此，取消化石能源补贴能够促进中国能源结构的转型和升级，但仍需要其他节能减排措施来帮助实现中国自主减排贡献中提出的 2030 年可再生能源消费达到 20%的目标。

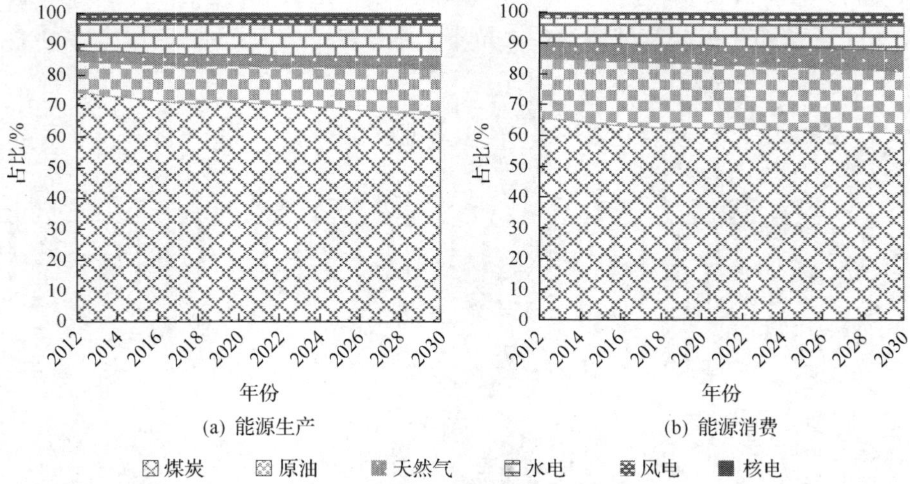

图 5-3　S3 情景下能源生产结构与消费结构变化

5.1.5　化石能源补贴改革对水资源系统的影响

表 5-3 展示了 4 种不同情景下的模拟结果。可以观察到，如果不采取补贴返还机制，取消化石能源补贴能够减少工业部门的用水量，即在 S1 情景下，2030 年中国工业用水总量将较基准情景下降 1.97%。但是，当我们采取针对不同工业部门的返还机制时，不同情景对工业用水的影响差异显著。S3 情景下，新能源及第三产业作为主要二次补贴对象，同样能够减少工业用水量总量。而 S2 和 S4 情景下，中国工业用水总量较基准情景都出现了增长。

从工业用水强度来看，不管哪种情景，其用水强度较 2012 年均出现了不同程度的下降。S1 情景仍然是用水强度最低的情景，其用水强度较 2012 年下降了 23.9%。但是，根据中国的“三条红线”目标，4 种情景都未能实现万元工业增加值用水控制在 40 立方米的目标。

表 5-3 不同情景对工业用水的影响

情景	工业用水总量变化/%	用水强度/(米^3/万元)	同 2012 相比/%
S1	−1.97	43.1	−23.9
S2	0.474	43.5	−23.3
S3	−0.942	43.3	−23.6
S4	0.241	43.8	−22.7

5.1.6 化石能源补贴改革对非能源行业的影响

取消化石能源补贴对非能源行业产生的影响如图 5-4 所示。从总体上来看，在 S1 情景和 S4 情景下，各部门产出和基准情景相比都出现了不同程度的下降；S3 情景下各部门产出和基准情景相比基本上都出现了上升。而在 S2 情景下，不同行业受到的影响差异巨大。

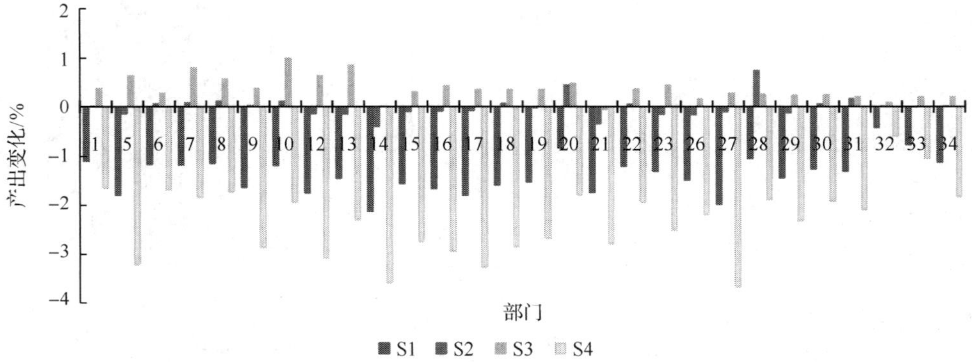

图 5-4 2030 年不同情景下非能源行业产出变化

1. S1 与 S4 情景对比

对比 S1 和 S4 情景，可以看出通过转移支付的形式对居民进行补贴返还同不采取任何补贴返还机制相比，对各个部门的产出将造成更大的负面影响。但是两种政策情景下，部门产出变化的整体趋势大致相同，因而我们选取 S1 情景来分析各部门能源密集程度与其产出变化百分比之间的关系，如图 5-5 所示。

从实心点的分布可以看出，各部门产出所受到的影响与该部门的能源密集程度呈现一定的正相关关系。位于图 5-5 右下角的农业部门(1)，计算机、通信和其他电子设备制造业(21)及第三产业的大部分部门批发和零售(28)、教育(32)、卫生(33)、其他服务业(34)等非能源密集型部门，其所受到的负面影响较小。而像非金属矿物制品(15)、黑色金属与有色金属矿采选产品(5)、精炼石油和核燃料加工品(12)、化学产品(14)等行业均是能源密集型产业，受到的负面影响相对较大。

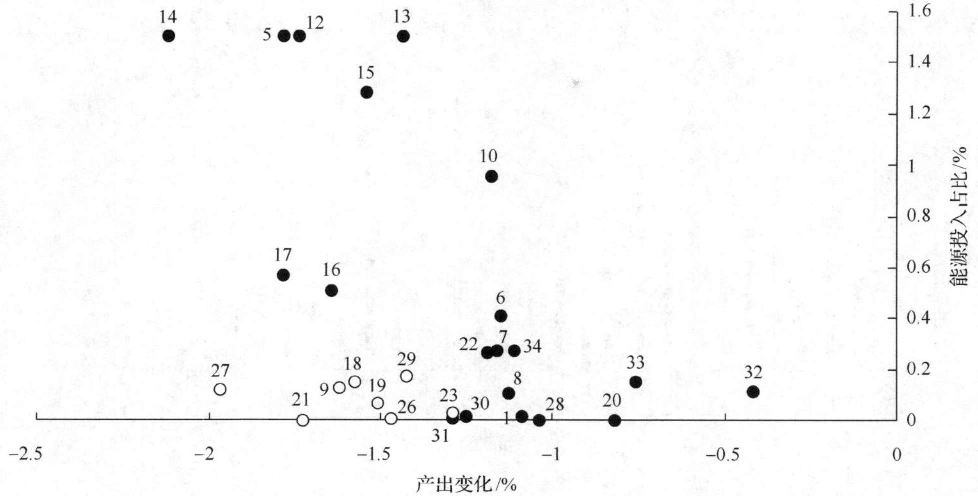

图 5-5　2030 年 S1 情景下非能源行业能源投入占比与产出变化

此外，从图 5-5 可以看出，位于左下方的几个部门(空心点标记)，其能源消费比重较小，但是其产出依然受到了较大程度的冲击。一方面，如建筑业(27)和各种制造业部门(18,19,21)，这些部门的产出往往用作其他部门的固定资产投资，因而受能源密集型同样也是资本密集型行业产出降低的影响，这些部门的产出也受到了负面影响。而另一方面，如木材加工业(10)、水的生产和供应(26)作为产业链的上游部门，受下游产业链产出减少的影响，同样受到了较大影响。以水资源部门为例，电力行业用水占到整个工业用水的 66%，因而取消电力生产补贴后电力产出的下降势必会引起其上游部门水资源部门产出的降低。

2. S2 与 S3 情景比较

从图 5-6 可以看出，对企业采取二次补偿机制的 S2 和 S3 情景同不采取任何补偿机制的 S1 情景相比，各部门产出大部分有所提高，因而对企业进行补偿返还机制有助于缓解企业所受到的负面影响，但是不同的补偿机制效果有一定的差异。S2 情景下，我们对所有行业均进行了补贴返还，一些部门的产出同基准情景相比增加了，但是，受到较大冲击的行业，如黑色金属与有色金属矿采选产品(5)、炼焦业产品(13)、化学产品(14)、非金属矿物制品业(15)及金属冶炼和压延加工品(16)等都是能源密集型产业，建筑业(27)和一些制造业部门(17,19,21)等产出作为固定资产投资的行业同基准情景相比，产出仍然有所下降。

相比之下，在 S3 情景下，我们选择对能源密集型行业进行补贴返还，同基准情景相比，被补贴的重点行业产出均实现增长，而这些行业对于厂房、设备的大量需求，也拉动了各种制造业及建筑业产出的增长，使得几乎所有非能源行业的产出都有不同程度的增加。最终实现了中国经济增长与节能减排的“双重红利”。

因此，从经济效益来看，S3 情景要优于对全部企业进行补偿的 S2 情景。

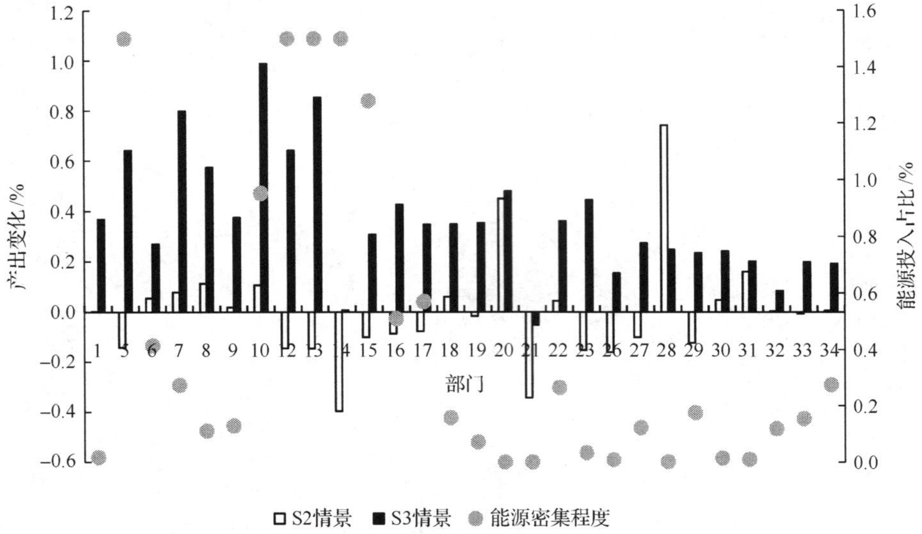

图 5-6　S2 和 S3 情景下非能源行业能源投入占比与产出变化

5.2　水资源政策对中国能源与水耦合关系的影响

5.2.1　中国的水资源政策

在中国，水资源短缺问题极为严峻，2014 年中国人均水资源量仅为 2061.91 立方米，约为全球平均水平(5924.30 立方米)的三分之一(World Bank, 2015)。近年来，面对越来越严峻的水资源短缺形势，中国政府也在通过不断制定相关的政策和措施等积极寻求对策。例如，在 2011 年，中国政府提出了最严格的水资源管理制度，即《国务院关于实行最严格水资源管理制度的意见》中提出的“三条红线”制度。该制度针对 2030 年的水资源开发利用、用水效率和水功能区限制纳污提出了目标，具体为：确立水资源开发利用控制红线，到 2030 年全国用水总量控制在 7000 亿立方米以内；确立用水效率控制红线，到 2030 年用水效率达到或接近世界先进水平，万元工业增加值用水量(以 2000 年不变价计，下同)降低到 40 立方米以下，农田灌溉水有效利用系数提高到 0.6 以上；确立水功能区限制纳污红线，到 2030 年主要污染物入河湖总量控制在水功能区纳污能力范围之内，水功能区水质达标率提高到 95%以上。

为了推动“三条红线”制度的实现，国家发展和改革委员会联合国家财政部，提出到 2015 年将对水资源的利用征收水费(国家发展和改革委员会, 2013)。2015 年底中国部分省份应达到的工业部门水资源费率见表 5-4。那么，水资源费的征收对中国水资源利用的影响怎样？进一步从能源与水耦合关系的角度考虑，水费政策是否会产生溢出效应，影响中国能源、碳排放及相应目标的实现，对全面认识中国能源与水耦合关系具有重要意义。

表 5-4　2015 年底中国不同省份应达到的工业部门水资源费率

省份	最低水资源费率/(元/米^3)	省份	最低水资源费率/(元/米^3)
北京	1.6	山东	0.4
天津	1.6	河南	0.4
河北	0.4	湖北	0.1
山西	0.5	湖南	0.1
内蒙古	0.5	广东	0.2
辽宁	0.3	广西	0.1
吉林	0.3	海南	0.1
黑龙江	0.3	重庆	0.1
上海	0.1	贵州	0.1
江苏	0.2	陕西	0.3
浙江	0.2	甘肃	0.2
安徽	0.1	青海	0.1
福建	0.1	宁夏	0.3
江西	0.1	新疆	0.2

资料来源：Zhang 等(2016)。

注：缺少四川、云南、西藏及港澳台数据。

5.2.2　水资源与能源政策情景设置

为了全面评估水政策的影响，本节设置了 3 种情景。

(1) 低水资源费政策情景(W1)。根据表 5-3 中各省份的水资源费率，以及统计的各省份工业用水总需求，能够得到国家整体的平均水费率，即 0.2 元/米^3。据此，W1 情景下对水资源征收 0.2 元/米^3 的费率。

(2) 中水资源费政策情景(W2)。各省份征收的最高水资源费率为 1.6 元/米^3。据此，假设 W2 情景下对水资源征收 1.6 元/米^3 的费率。

(3) 高水资源费政策情景(W3)。在该情景中，对各省份工业征收 6.4 元/米^3 的水资源费率，因为根据我们的模拟结果，当水资源费率高于 6.4 元/米^3 时，才能够实现“三条红线”的工业用水强度目标。

5.2.3　水资源政策对工业用水的影响

表 5-5 展示了 3 种不同情景下的模拟结果。可以观察到，征收水费能够减少工业部门的用水量，同时较高的费率可以实现更大的节水效益。在高水资源费率情景(即 W3)下，相对于基准情景，2030 年的工业用水总量仅下降 12.90%。而从工业

用水强度来看，不论在哪种情景下，其在研究时间段内都呈现下降趋势。在 3 种水费情景下，2030 年工业增加值的水强度将分别达到 43.16 米^3/万元、42.36 米^3/万元和 39.90 米^3/万元，比 2012 年分别下降了 16.46%、18.00%和 29.60%。根据“三条红线”水资源管理计划，2030 年万元工业增加值用水量降低到 40 立方米以下。结果显示，在当前国家规定的水资源费率情况下(表 5-4)，仅通过征收水资源费很难实现工业用水目标。而 S3 情景下的结果表明，直到水费上涨到 6.4 元/米^3(几乎是目前最高水平的 4 倍)，才有可能实现“三条红线”的工业用水强度目标。这可能是目前中国工业部门水资源使用相关支出在工业生产总成本中仍然占比较小的原因。

表 5-5　2030 年不同情景下的工业用水

情景	工业用水总量变化/%	工业用水强度/(米^3/万元)	同 2012 年相比变化/%
W1	–0.45	43.16	–16.46
W2	–3.54	42.36	–18.00
W3	–12.90	39.90	–29.60

5.2.4　水资源政策对能源系统的影响

图 5-7 展示了不同水政策情景对中国能源系统的影响。首先，可以看出取消化石能源补贴，不管是对中国的能源总生产还是能源总消费都会带来一定程度的冲击。而且，随着水资源费的增加，对能源系统的负面影响呈现增大的趋势。在 W1 情景下，能源总生产和能源总消费较基准情景分别降低了 0.3%和 0.34%。而在 W3 情景下，能源总生产和能源总消费较基准情景分别降低了 9%和 10%。

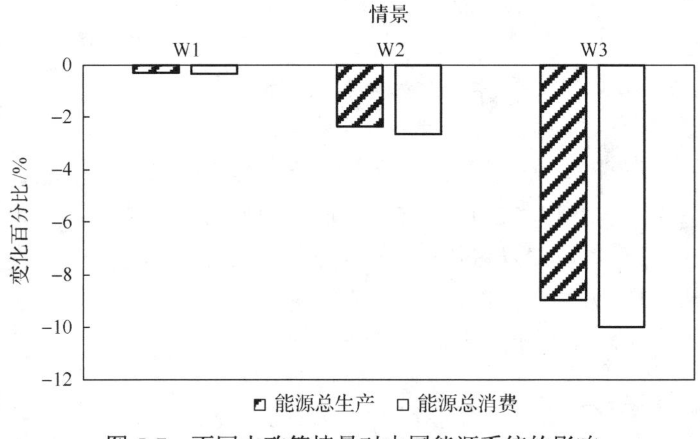

图 5-7　不同水政策情景对中国能源系统的影响

此外，水资源费的征收对中国能源结构也将产生一定程度的影响。图 5-8 展示了 W3 情景下，2012～2030 年中国一次能源生产结构与消费结构的变化。从图中可以看出，不论是生产端还是消费端，煤炭、原油、天然气等化石能源的比重都在逐渐缩小，而清洁能源(包括水电、风电、核电)的比重在不断增加。由于煤炭开采行业中巨大的水资源需求，在高水资源费情景下(W1)，煤炭生产占比从 2012 年的 73%下降到 2030 年的 62%，煤炭消费占比从 2012 年的 65%下降到 2030 年的 55%。而对于清洁能源来说，不同能源品种则出现了分化。水电和风电的生产占比分别从 2012 年的 9.6%和 1.2%增长到了 2030 年的 10.8%和 2.8%，消费占比分别从 2012 年的 8%和 1%增长到了 2030 年 10%和 2%。但是由于核电生产过程中的水资源消耗巨大，核电不论是生产端和还是消费端在 2012～2030 年都没有明显的变化。

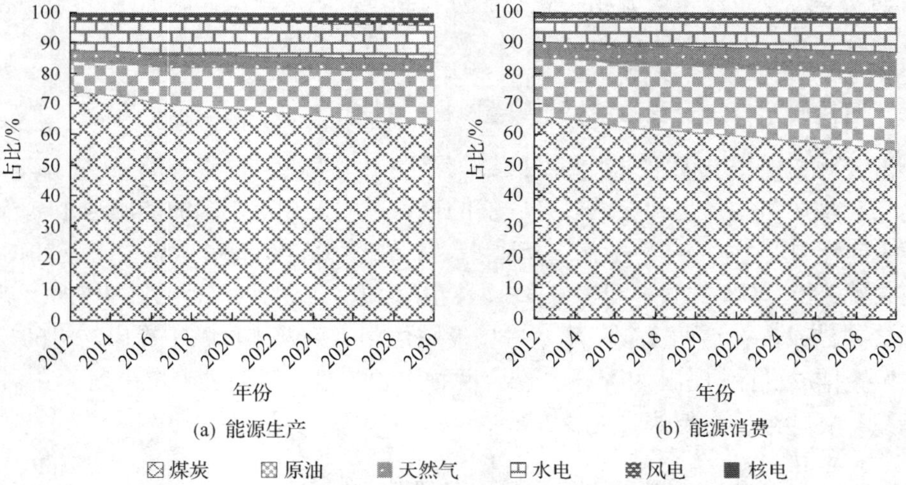

图 5-8　W3 情景下能源生产与消费结构的变化

5.3　中国气候政策与水资源政策的协同效益研究

5.3.1　中国的气候政策

事实上，在考虑能源和水之间的相互关系时，二氧化碳排放也是一个不容忽视的主题。2006 年中国已经超越美国，成为全球最大的能源相关二氧化碳排放国。据估计，2014 年中国与能源有关的二氧化碳排放量达到 86 亿吨，占全球总排放量的 28%(IEA, 2016a)。巨大的减排压力将促使中国能源体系的低碳绿色转型。而这种能源系统转型，不论是总量控制还是结构升级，都会对能源与水耦合关系产生重大影响。

为应对气候变化，中国提出了一系列的减排目标。根据中国的“国家自主贡献”(INDC)，承诺到 2030 年单位国内生产总值的二氧化碳排放比 2005 年下降

60%～65%(国家发展和改革委员会, 2015)。而推动减排目标的实现，最为可行的经济措施是采取碳定价政策，即通过碳税或碳交易市场对碳进行定价(Liu and Lu, 2015)。

然而，这些针对水资源、能源及碳排放的相关政策，如正在进行的水费政策和可能实施的碳定价政策，其政策制定过程通常由各有关部门单独进行。也就是说大多数水资源政策在设计与制定时往往没有考虑能源和碳排放的问题，同样能源和碳排放政策在设计与制定时没有考虑水资源问题。因此，考虑到能水政策的相互独立性，以及水、能源和碳排放之间的耦合关系，本小节将探究水费政策(或碳定价政策)的溢出效应会对能源、碳排放(或水)产生什么影响。并在此基础上，探讨如何实现水资源与能源相关政策的协同制定，对从政策制定的角度理解能源与水耦合关系，对应对水资源短缺及气候变化具有重要意义。

5.3.2 气候政策与水资源政策情景设置

混合政策情景考虑了未来两种政策共存的不同情况，这将有助于我们深入了解两个领域政策的溢出效应，以及它们的耦合过程可能对中国的能源与水耦合关系产生的影响。在本节中，我们选择通过碳税政策为碳定价，并假设中国在 2018 年实施碳税政策。具体来讲，我们将设置两档碳税税率，分别为 50 元/吨和 100 元/吨，根据模拟结果，在这两个碳税率下中国能够达到自主减排贡献中提出的“60%～65%”碳排放目标的上限和下限。结合两种水费方案，我们进一步得到了 4 种混合情景，各情景的主要假设见表 5-6。

表 5-6 不同政策情景的主要假设

情景	水资源费率/(元/米^3)	碳税税率/(元/吨)
C1	0.2	50
C2	1.6	50
C3	0.2	100
C4	1.6	100

5.3.3 气候与水资源政策对社会经济的影响

4 种政策情景下，对中国宏观经济影响的模拟结果见表 5-7。可以看出，4 种政策情景下，都会对中国的宏观社会经济造成负面影响。由于在本节没有考虑税收返还制度，其影响程度同水资源费率和碳税税率成正比。在 C1 情景下，对国家宏观社会经济指标的影响最小，该情景下到 2030 年 GDP 较基准情景下降了 3.23%。此外，其他经济指标中，全国总投资、进口和出口受到的负面影响都大于 GDP，而消费受到的影响则小于 GDP。考虑对居民部门的影响，C1 情景下，2030 年城镇居民福利较基准情景损失了 3.03%，高于农村居民福利的损失。相比之下，

C4 情景下，各个社会经济指标受到的影响最大，到 2030 年 GDP 较基准情景下降了 7.39%，农村居民福利减少了 6.24%，城镇居民福利减少了 6.89%。

表 5-7　2030 年不同政策情景对社会经济的影响　（单位：%）

情景	GDP	全国总投资	消费	进口	出口	农村居民福利	城镇居民福利
C1	–3.23	–4.31	–2.55	–4.04	–3.77	–2.75	–3.03
C2	–4.52	–6.07	–3.57	–5.61	–5.24	–3.86	–4.25
C3	–6.12	–8.25	–4.8	–7.56	–7.06	–5.17	–5.72
C4	–7.39	–9.98	–5.79	–9.07	–8.47	–6.24	–6.89

5.3.4　气候与水资源政策对工业用水的影响

表 5-8 展示了 4 种不同情景下的模拟结果。可以观察到，在 4 种混合情景下，工业用水强度较对应的水资源政策情景进一步下降。C4 情景显示出最大的工业节水潜力，该情景下工业用水强度可降至 40 立方米以下，也是唯一能够满足工业用水强度目标的情景。这表明，如果水资源费率仍然维持在中国目前的水平，碳定价政策可以作为一种互补措施，帮助实现“三条红线”水资源管理目标。

表 5-8　2030 年不同情景下的模拟结果

	C1	C2	C3	C4
工业用水总量变化/%	–6.15	–8.99	–11.27	–13.92
工业用水强度/(米^3/万元)	41.76	41.02	40.50	39.81
工业用水强度同 2012 年相比变化/%	–19.17	–20.61	–21.60	–22.94

5.3.5　气候与水资源政策对碳排放的影响

表 5-9 展示了不同情景对碳排放的影响。当在情景模拟中引入碳税后，4 种混合政策情景都显示出更好的减排效果。在 C1 情景中，与基准情景相比，2030 年的二氧化碳排放总量将减少 11.11%。此外，二氧化碳强度也将比 2005 年的水平下降 61.63%，表明在这种情景下，中国可以实现排放量目标。此外，较高的碳税和水资源费率可以带来可观的减排效益。C4 情景具有最高的碳减排潜力，其中二氧化碳排放总量相对于基准情景将下降 1.90%，而 2030 年的二氧化碳强度将比 2005 年的水平下降 64.70%。这也意味着更高的水费可能有助于中国实现减排目标。

表 5-9　不同混合政策情景对我国碳排放的影响

	C1	C2	C3	C4
二氧化碳排放总量变化/%	–11.11	–13.33	–19.91	–1.90
二氧化碳强度/(吨/万元)	0.96	0.94	0.89	0.88
同 2005 年相比变化/%	–61.63	–62.14	–64.19	–64.70

5.3.6　气候与水资源政策对能源系统的影响

能源行业属于水资源密集型行业，随着中国能源行业的发展，其所需的水资源也将大幅增长。根据模拟结果，如果中国政府未采取水资源管理和保护措施，基准情景下到 2030 年能源生产的总取水量较 2012 年将增加 78%。图 5-9（a）和（b）展示了不同情景下能源系统的产出及用水需求变化，可以看出所有政策情景都可以缓解能源部门的水压力。具有最大节水效益的 C4 情景可以减少 13.6%的一次能源部门取水量，而对电力部门的影响更为显著，可减少 19.5%的取水量。这可能是由于电力部门仍然由燃煤电站主导，燃煤电站需要大量的冷却水。

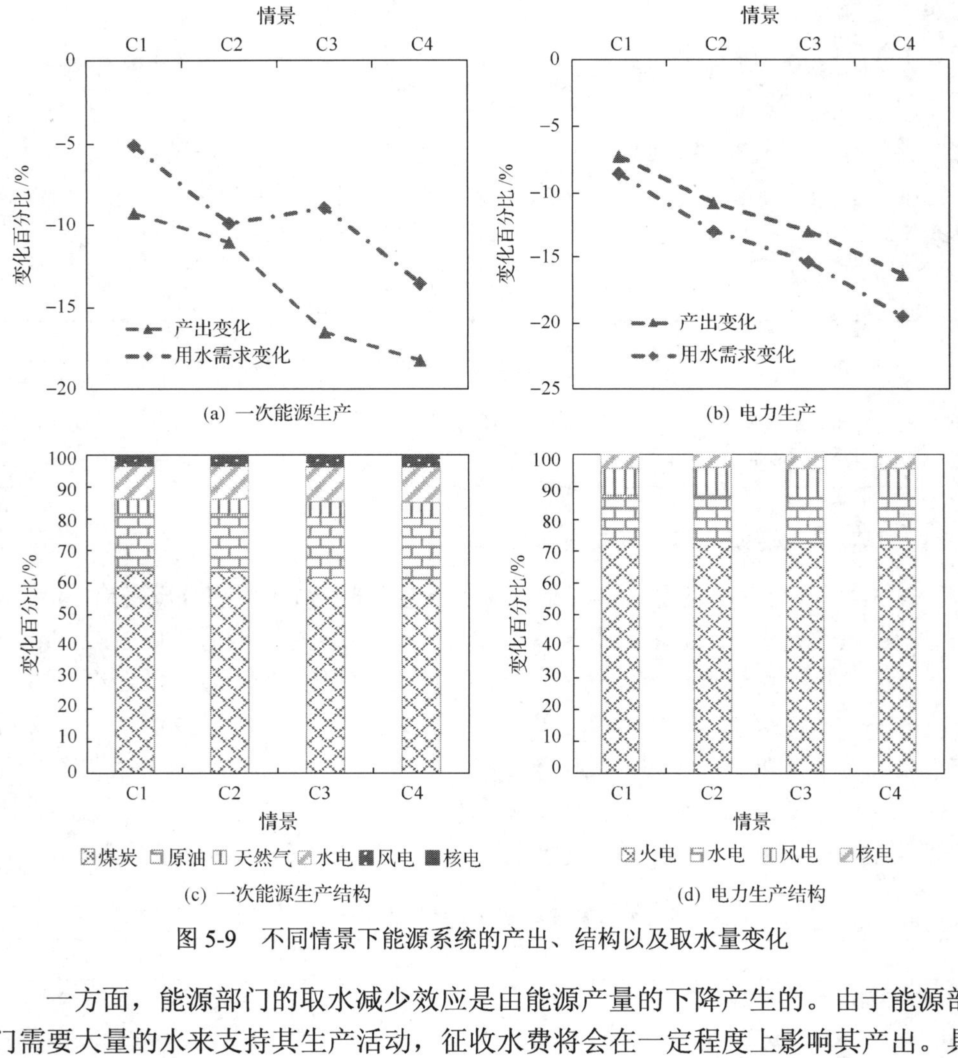

图 5-9　不同情景下能源系统的产出、结构以及取水量变化

一方面，能源部门的取水减少效应是由能源产量的下降产生的。由于能源部门需要大量的水来支持其生产活动，征收水费将会在一定程度上影响其产出。具体而言，在 C4 情景下，一次能源和电力总生产量将分别下降 18.3%和 16.3%。然

而，另一方面，图 5-9(a)和(b)中产出变化曲线和用水需求变化曲线之间的差异也表明在政策冲击下其存在结构性变化。煤炭产量在基准情景下占 75.2%，在 C4 情景下占 61.1%。至于其他两种化石燃料石油和天然气，它们在一次能源总产量中的份额也在增加。此外，清洁能源生产结构也得到加强，可再生能源生产的份额从基准情景下的 11.9%增加到了 C4 情景下的 13.5%。此外，征收碳税会对能源开发产生相当大的影响，尤其是与水费相比的发电燃料组合。在征收碳税情景下，中国的电力部门将实现低碳发展道路，水资源密集型火电将减少，而水电和风电将增加，这两者在其发电过程中几乎不需要水。因此征收碳税可以减少电力部门的用水量。

5.3.7　能源与水政策的协同与权衡分析

能源和水是进行生产活动的两种基本投入要素。在中国，水资源密集型产业与能源密集型产业之间存在一致性。那些拥有大量能源投入的产业通常需要大量的水。事实上，在中国，电力、热力生产和供应，金属冶炼和压延加工品，化学产品，精炼石油和核燃料加工品，造纸印刷和文教体育用品及纺织业这 6 个行业的水和能源需求分别占工业用水和能源总使用量的 80%和 60%左右(Gu et al., 2014)。因此工业在向低碳路径发展的同时也能够实现可观的节水效益。如图 5-10 所示，横轴和纵轴分别代表工业能源节约百分比和水资源节约百分比，可以从图中各点的位置直接观察到节能与节水之间的正相关关系。特别是在 C1 情景下，与基准情景相比，工业能源总需求减少了 9.8%，相应的取水量可节省 6.2%。而在 C4 情景下，当工业能源总需求节约 19.6%时，工业用水需求下降了 13.9%。

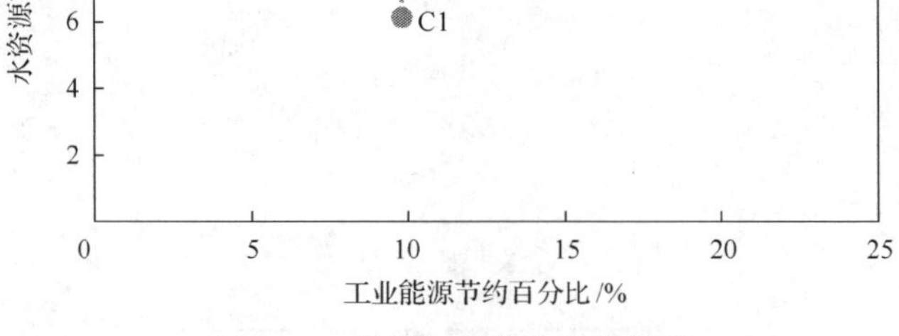

图 5-10　节能与节水的相关关系

此外，对于这些识别出来的水资源密集型产业和能源密集型产业，它们可以被视为关键工业部门，改善能源和水保护技术实现节水和节能的共同效益可以进一步在该关键领域得到提升。这种推动可以通过一些融资支持来加强。例如，通过适当的水费或碳税税收收入的返还机制设计来加强。

在气候变化和水资源短缺的背景下，中国能源系统将在“低碳”和“低水”路径中发展。因此，两条路径中的协同效益和权衡取舍的有效管理对能源系统的稳健性和可持续性至关重要。图 5-11 (a) 反映了征收 0.2 元/米^3 的水资源费率和 100 元/吨的碳税税率，即在 C3 情景下单位发电量的二氧化碳排放和取水量的变化趋势。它表明，电力部门的二氧化碳排放和取水量都呈下降趋势。事实上，2030 年每千瓦·时电力的二氧化碳排放和取水量较 2019 年分别减少 23%和 3%。这主要是因为低碳发电技术在几乎不需要水资源的情况下，将在风力发电、太阳能发电和水力发电等总发电中占据越来越大的份额。因此，图 5-11 (b) 中点的分布显示出减少二氧化碳排放与电力部门节水之间呈显著的正相关关系。也就是说，发展可再生能源的电力低碳路径能够最大限度地发挥“低碳化”和“低水化”发展途径之间的共同利益，因为它能够同时降低二氧化碳排放和取水量。

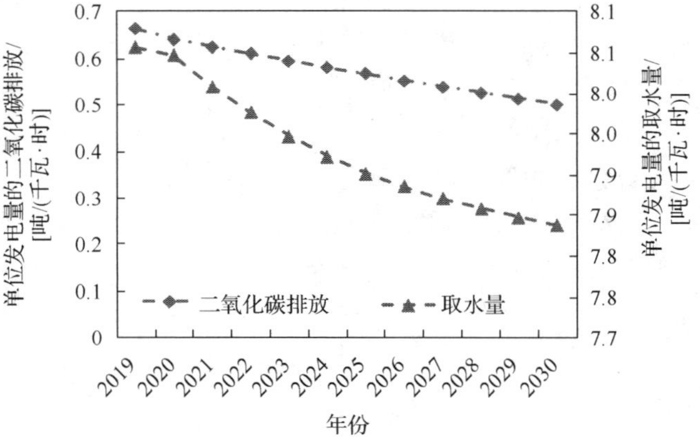

(a)

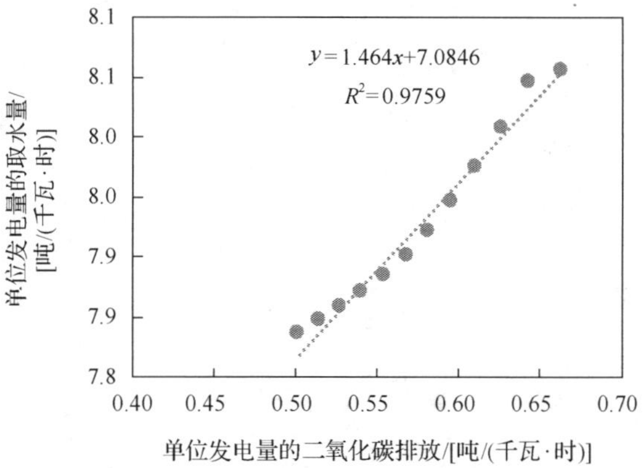

(b)

图 5-11　C3 情景下单位发电量的二氧化碳排放与取水量

但是，如果我们对每千瓦·时发电量的二氧化碳排放和取水量的减少率进行比较，可以发现二氧化碳排放减少率远远大于取水量减少率。这可能是由于核电。事实上，核电厂的高冷却水需求在高水成本下并不具有成本效益。在这种情况下，与核电技术相比，可再生技术更适合在水资源费率变高时实现减缓目标。而低水资源费率下碳减排的节水效益比高水资源费率下更显著，也表明水和碳定价政策之间需要权衡。

5.4　本 章 小 结

本节从政策制定的角度探讨了中国能源与水资源之间的协同关系。具体从化石能源补贴改革政策、征收水资源费政策及碳税政策的角度，对政策实施对能源与水耦合关系带来的溢出效应进行了量化和分析。结果如下。

(1) 取消化石能源补贴会存在一定程度的能源节约效益，同时能够优化中国的能源生产和消费结构，减少碳排放。与此同时，取消化石能源补贴也能够减少工业用水总量，降低工业用水强度。但是将补贴用于对全部企业及对高耗能的重点行业间接税收抵免的 S2 和 S4 情景则会增加工业用水。能源密集程度是影响非能源行业受取消化石能源补贴政策冲击的重要因素，对于大部分行业，能源密集程度与其所受负面影响的程度呈正相关关系。此外，不同行业之间的产业链关系同样对行业产出具有重大影响。一些行业尽管能源强度较低，但是由于其产出作为投资品，受宏观经济衰退的影响，这些行业的产出也将受到较大程度的负面影响。

(2) 征收水资源费能够带来一定程度的工业节水效益，但是按照目前的水资源费率，节水效益并不显著。即使在按照规定的最高的水资源费率 1.6 元/米 ^{3} 进行征收，工业用水总量仅减少 3.54%。此时工业用水强度为 42.3 米 ^{3}/万元，无法实现“三条红线”制度规定的目标。而当将水资源费率提升至 6.4 元/米 ^{3} 时，模拟结果显示，工业用水强度将能够控制在 40 米 ^{3}/万元以下。

(3) 一般而言，水和能源政策之间存在的协同性主要在于水密集型产业和能源密集型产业具有一致性，即能源密集型产业通常也是水密集型产业。因此，当工业整体朝着低碳路径发展的同时，也能够实现可观的节水效益。模拟结果表明，碳税政策的溢出效应总是大于水费政策，这主要是由于当前水资源费率过低。而当水资源费率未能调整到更高水平时，碳定价政策可能成为增强“三条红线”目标的补充措施。

(4) 对于能源部门来说，气候变化及水资源短缺问题要求其在将来要同时实现“低碳化”和“低水化”的发展路径。而实现这两个途径协调发展的关键在于向可再生能源发电的转变，因为其可以同时降低单位发电量的二氧化碳排放和取水量。

第 6 章　消费视角下中国能源-水-食物耦合的影响研究

6.1　能源-水-食物耦合关系研究现状

随着研究的深入，能源-水-食物耦合关系的内涵也在不断丰富。2011 年德国在波恩组织召开“能源-水-食物安全耦合——绿色经济方案”会议，讨论了应对全球气候变化等一系列社会变化背景下的能源、水资源及粮食安全问题。能源-水-食物耦合关系已经引起了广泛关注(Endo et al., 2017)，为了对能源-水-食物纽带关系形成统一清晰的认识，不少专家学者从能源-水-食物纽带关系拟解决的关键问题入手来阐述其中的内涵。

现有部分研究侧重于风险性和安全性，认为缺失对各个资源之间联系的统筹考虑，可能会加剧资源短缺现象的发生并引发冲突。例如，第一代生物燃料生产可能会对粮食安全带来风险(Rulli et al., 2016)。为降低这种资源之间的关联引发的安全风险，可采取的措施包括：改进相关领域数据收集体系和方法，设计激励措施及隔离该部门与其他部门的影响(Gain et al., 2015)。

此外还有部分以经济原理为依据的研究，认为资源之间的关联性能够提高政策成本效益和资源利用效率，优化部门间的资源分配方法(Al-Saidi and Elagib, 2017)。为了能够创造新的商业机会和绿色的经济增长，需要强调加强跨部门合作，通过对话平台或其他机构间的机制和经济手段，加强沟通和包容性需求管理(Ringler et al., 2013)。

从以上两个角度来看，能源-水-食物纽带关系仍然是一个技术或管理方面的问题，通过更好地实施跨部门信息共享，可以根据安全性或经济性指标优化能源-水-食物资源系统。然而，单靠信息共享并不一定能促进政策变革，一些研究认为解决资源权衡问题，提升各部门之间的政策整合是政治过程，需要考虑不同的利益相关者，强调了该领域政策对其他领域可能产生意想不到的负面影响(Rees, 2013; Allouche et al., 2015)。

因此，能源-水-食物纽带关系的定义包括代表自然科学的资源系统和代表社会科学的行动方案两个维度，既要强调资源系统内部复杂的关联关系，也要关注针对资源系统所采取的行动方案，如管理行为、资源可获取性、公平性等(李桂君等，2016)。

6.1.1　协同决策研究

实现“纽带关系”理论目标的关键在于加强部门间的协调，特别是决策过程中的跨部门协调。迄今为止，世界上大多数国家和地区对水、能源、粮食实行分部门管理，各部门在制定实施行业法规政策、编制行业发展规划、制定投融资计划等行动时，与其他部门间综合协调考虑程度不够，距“纽带关系”提出的目标尚有一定距离。因而不少文献针对如何提高水、能源、粮食等相关行业在各项决策过程中的协调性进行了研究。Larcom 和 Gevelt(2017)借鉴经济学和社会法律文献的观点，结合英格兰达特穆尔国家公园的微型水力发电案例研究，指出一些现有的监管框架已经具备了处理能源-水-食物纽带关系的能力。Pahl-Wostl(2019)指出为实现关联资源之间的科学管理，应开发一个水、能源、粮食关系研究范式。当其中一种资源安全概念被提出和落实，这种范式将以该资源为核心，来解决水、能源和粮食安全问题。而 Weitz 等(2017)根据已有相关文献的综述，认为现有文献并没有解释什么条件能够促进或阻碍部门、机构和行动者之间的协调，对于水、能源和粮食部门界限之外的动态如何影响到关联性几乎没有结论。在此基础上该综述进一步分析了跨部门协调与协作的条件和超越跨部门互动的动力，并且将政治和认知因素作为变化的决定因素。

6.1.2　实证研究与应对策略

随着人们对能源-水-食物纽带关系关注度的提高，其被广泛应用于实现区域可持续发展目标。相关研究人员已经针对能源-水-食物纽带关系展开了大量实证研究，通过构建模型获得能够支持决策的可靠数据，设置情景分析用于探讨评估政策和投资决策。目前，针对能源-水-食物纽带关系的实证研究具体可以分为核心和外围关联关系研究。其中，核心关联关系是指能源-水-食物资源系统内部 3 种资源间的关联关系，即水、能源和粮食间复杂的关联关系；而外围关联关系是指包括社会系统、经济系统和环境系统在内的外部系统与整个能源-水-食物系统的关联关系。

1. 核心关联关系研究

对于核心关联关系研究，目前主要基于安全性视角(Lawford et al., 2013)，即通过确保资源系统的安全，以实现既能应对外界冲击、满足自身发展条件，还能确保区域内资源有效供给的目标。

一方面，从单一资源的安全性视角来看，现有能源-水-食物纽带关系的文献大多选择能源、水资源、粮食 3 个要素中的一个作为切入点(Bazilian et al., 2011; Chang et al., 2016)。如果从水资源角度来看，那么能源和粮食就作为水资源的使用者；如果从粮食角度来说，那么能源和水资源作为粮食生产链的投入要素；如果从能源的角度来看，那么水资源和粮食既是能源的消费者，又是能源生产过程中需要投入的要素。在粮食危机与水资源危机日益严峻的背景下，已有文献通常将粮食和水视为能源-水-食物纽带关系的核心。

从粮食的角度来看，研究对象主要是粮食生产中灌溉系统的水资源与能源消耗问题，以及二者对作物产量、应对干旱的影响(Khan et al., 2009; Ozturk, 2017; Zhang et al., 2017b)。Mushtaq 等(2009)从能源、水资源、经济 3 个效益方面分析了亚太地区 8 个国家水稻种植产业不同灌溉系统的能源与水的权衡问题。Zhang 等(2017b)以内布拉斯加州的一个主要玉米地区为案例，研究干旱条件下能源、水、食物的管理体系。结果表明，减少干旱对粮食的负面影响需要对水和能源相关设施进行大量投资。此外，最优化作物产量不一定对应最大产量，从而潜在节约了水和能源。Ozturk(2017)使用面板混合回归、面板固定效应回归和面板随机效应回归模型，发现农业增加值、谷物产量和森林面积显著影响了能源-水-食物的贫困关联性，导致以环境恶化为代价的经济增长和作物价格水平的变化。此外，粮食与生物燃料的相互转化及其中的水资源消耗问题也受到不少关注(Yang et al., 2009; Martín and Grossmann, 2015; Pacetti et al., 2015)。Yang 等(2009)根据中国政府 2010 年和 2020 年的《生物燃料发展规划》，对生物燃料的土地和水足迹进行了测算。结果表明，目前生物乙醇生产水平占全国玉米总产量的 3.5%～4%，中国总耕地的 5%～10%需要用于 2020 年实现 1200 万吨生物燃料的生产目标，相关用水量将达到每年 320～720 立方米，研究认为目前的生物燃料发展路径可能对中国的粮食供应、贸易和环境产生重大影响。

从水的角度来看，研究人员主要关注的是粮食生产及能源行业用水需求的变化(Bindra et al., 2014; Damerau et al., 2016; Vanham et al., 2016a; Karatayev et al., 2017)。Vanham 等(2016a)指出一般水资源管理和综合研究只考虑了农业、工业和家庭用水。然而，一些其他的用水量包括水产养殖、野生食品、生物燃料、水电冷却、水电、娱乐/旅游、林业用水等通常未考虑。Damerau 等(2016)研究了在气候变化减缓目标的影响下，食物偏好变化，以及电力和运输燃料消费结构变化所导致的未来相关用水需求的影响，结果表明粮食和能源用水需求的总体增长是可以避免的，尽管人口数量上升，但食品和能源偏好的变化确实可以缓解水资源的消耗。

另一方面，从资源系统整体的安全性视角，将生态服务、自然基础设施和土地等要素融入能源-水-食物纽带关系系统，通过合理分配资源、加强系统内部循环、缓解潜在冲突等措施，以适应外界因素的变化，增强系统弹性，提高应对外界冲击的能力，确保地区资源系统安全(Müller et al., 2015; Rasul and Sharma, 2015)。Martinez-Hernandez 等(2017)开发了一个新的模拟和分析框架，用以优化当地粮食、能源、水资源的配置，并用该系统评估英国生态城镇设计，改善了当地的资源平衡，满足了100%的电力需求，同时实现了更高的碳捕集、生物质供应、水回用和粮食生产。

2. 外围关联关系研究

外围关联关系将粮食、能源、水看作一个整体的资源系统，考虑包括社会系统与环境系统在内的外界系统对该资源系统的影响。社会系统主要考虑居民的消费行为，研究居民不同的消费行为引起的粮食、能源、水的潜在变化。Hussien 等(2017)通过对伊拉克杜胡克省 419 户家庭进行问卷调查，建立了自下而上的系统动力学模型，用以估计居民对粮食、能源、水的需求及生成的有机废物和废水量，并分析了居民饮食结构、收入水平、家庭规模和气候变化对该耦合关系的影响。此外，该研究还涉及了不同的生产活动，关注了不同地区、不同部门之间商品贸易隐含的粮食、能源、水的流动。Owen 等(2017)计算了英国 1997～2013 年不同产品在全生命周期过程中能源、水和食品消费量，最终确定了在生产中使用的总能源，以及对水和食品方面影响很大的 20 个最重要的产品。并进一步使用结构路径分析来计算 20 个最重要的供应链，可以通过其制造过程中提升资源效率政策来节约 3 种资源的使用。White 等(2017)应用多区域投入产出表分析了跨国区域贸易中隐含的水、能源和食物的流动。结果表明中国是日本和韩国的核心资源净虚拟出口国。中国优先发展低附加值和污染密集型行业的贸易，在其领土内消耗大量资源，以满足日本和韩国消费者的需求。日本的关东和近畿地区是主要的受益者，而中国则是与出口生产有关的环境负担者。Taniguchi 等(2017)从自给率及资源获取多样性的角度评估了环太平洋 31 个国家粮食、能源、水资源 3 种资源的供给安全。发现对于水资源和能源，自给率与多样性之间存在着正相关关系，而食物则不存在这种相关性。

从环境系统来看，主要关注了全球气候变化对能源-水-食物系统的影响，包括对粮食、能源、水资源 3 种资源供给与需求的影响(Mouratiadou et al., 2016)，以及未来加强 3 种资源的安全需要采取的措施，主要包括维护土地资源和节约用水，减少粮食系统的能源足迹，开发和采用气候适应品种，实现灌溉基础设施现代化，扶持国内粮食供应，改革国际粮食贸易等(Hanjra and Qureshi, 2010)。

6.1.3 已有文献评述

目前，对于能源-水-食物纽带关系的研究可以分为 3 个方向：①围绕政治、社会、环境背景识别能源-水-食物纽带关系的内涵；②加强机制建设，完善不同决策机构的协同决策能力；③开发模型工具，进行实证研究用以支持决策(Bazilian et al., 2011; Al-Saidi and Elagib, 2017)。前两个方向侧重定性描述，这些研究对充分认识能源-水-食物纽带关系间的复杂关联关系、制定具有地方特色的可行政策具有重要意义。第三个方向为定量的实证研究，尽管水、能源和粮食间的两两关系已实现合理的描述与量化，但是对于这三者之间存在多元反馈回路的关系而言，在关系量化上依旧存在方法论层面的障碍(Chang et al., 2016)。

之前的部分研究依旧延续了两两关系量化的研究方法，将其拆分成能源与水关系、水与食物关系、能源与食物关系、能源-水-食物关系 4 个方面分别进行阐述(Chang et al., 2016)。已有部分学者开始借助系统科学领域的研究工具进行量化分析，如系统动力学、复杂网络分析等，主要针对全球、区域或国家层面等大空间尺度(Karatayev et al., 2017)。其中区域维度主要是指跨国区域，既包括以资源为核心的跨国流域，如阿姆河盆地(Jalilov et al., 2015)，又包括以经济发展为核心的跨国地区，如南部非洲发展共同体(Conway et al., 2015)、东亚地区(White et al., 2017)。但是大部分研究往往从生产端关注能源-水-食物之间相互依存的关系，而从消费端，特别是从人的消费行为的角度探究能源-水-食物耦合关系的研究还较少。

6.2 居民饮食结构变化对水资源与碳排放的影响

食物的生产需要大量的自然资源，如土地，淡水和能源等，并向生物圈排放污染物。因而，除了食物生产和消费对居民健康的影响外，其相关的环境问题也受到了广泛关注。事实上，食物消费的增长和结构的转变已经逐渐成为环境压力重要的驱动因素，因此，对于未来粮食的发展，除了从安全性的角度保障粮食的供给安全外，还可以从可持续性的角度，探究如何大幅度缩小食物的水足迹与碳足迹，这对我们认识能源-水-食物耦合关系具有重要意义。结合目前相关领域的研究需求，本节将重点对居民饮食结构变化引起的潜在水资源与碳排放的差异进行研究。

6.2.1 资源环境约束下的最优饮食结构模型

随着社会经济的发展与人口的扩张，在全球粮食消费总量快速增长的同时，居民饮食结构也发生了巨大的改变。为了更加细致全面地量化居民消费行为与环境之间的关系，我们将居民的饮食细分为 28 个组，包括大米、小麦、玉米、薯类、饼干、面包、糖果、其他谷物、带馅食物、豆类、牛肉、羊肉、猪肉、家禽、其他肉类、鸡蛋、牛奶、乳制品、酸奶、鱼类和贝类、蔬菜、水果、植物油、干果、饮料、酒、糖类和其他食物，相关消费数据来自 2011 年“中国健康与营养调查”。

基于《中国食物与营养发展纲要 2014—2020》制定的食物消费目标，本书将 28 种食物中的 23 种划分为口粮、植物油、豆类、肉类、蛋类、奶制品、水产品、蔬菜和水果，见表 6-1，而另外 5 种干果、饮料、酒、糖类和其他食物作为常数，不带入优化模型中。

表 6-1　不同种类食物消费目标

种类	消费量/(千克/年)	分类
口粮	135	大米、小麦、玉米、薯类、饼干、面包、糖类、其他谷物、带馅食物
豆类	13	豆类
肉类	29	牛肉、羊肉、猪肉、家禽、其他肉类
蛋类	16	鸡蛋
奶制品	36	牛奶、乳制品、酸奶
水产品	18	鱼类和贝类
蔬菜	140	蔬菜
水果	60	水果
植物油	12	植物油

为了定量核算人类对自然资源的占用与地球承载力之间的关系，生态足迹的概念应运而生。随着全球水资源危机及气候变暖问题受到越来越多的关注，水足迹与碳足迹相继被提出。目标函数是追求整个居民饮食最小的碳足迹与水足迹，如式(6-1)和式(6-2)所示：

$$E = \sum_{i=1}^{28} \mathrm{ef}_i \times \mathrm{FD}_i \tag{6-1}$$

$$W = \sum_{i=1}^{28} \mathrm{wf}_i \times \mathrm{FD}_i \tag{6-2}$$

式中，E 为饮食中包含的所有总的二氧化碳排放；i 为 28 种食物分组；ef_i 为 i 组的碳排放系数；FD_i 为每天 i 种食物的消费量；W 为饮食中包含的所有总的水资源消耗；wf_i 为 i 组的水资源消耗系数。第 i 种食物的消费量取值范围如式(6-3)所示：

$$\mathrm{Low}_i \leqslant \mathrm{FD}_i \leqslant \mathrm{High}_i \tag{6-3}$$

式中，Low_i 和 High_i 分别为 i 种食物现有食物摄取量变化的上限和下限，分别取当前水平的 50%和 350%。

$$\mathrm{Nu}_j \leqslant \mathrm{FD}_i \times \mathrm{int}_{i,j} \leqslant \mathrm{Ub}_j \tag{6-4}$$

式中，Nu_j 为为满足健康所要摄取的 j 种营养物质；$\mathrm{int}_{i,j}$ 为 i 组中的 j 种营养物

质的含量；Ub_j 为避免营养过剩而设定的上限。

$$T_{\min} \leqslant TD_m \leqslant T_{\max} \tag{6-5}$$

式中，m 为大的食物品种；$T_{\min}$ 和 $T_{\max}$ 分别为设定的大的食物品种的上限和下限；TD_m 为大的食物品种消费量。据此，我们设置了不同的情景：

$$\begin{aligned}
&M_{\text{口粮}} \leqslant FD_1 + FD_2 + FD_3 + FD_4 + FD_5 + FD_6 + FD_7 + FD_8 + FD_9 \\
&M_{\text{豆类}} \leqslant FD_{10} \\
&M_{\text{肉类}} \leqslant FD_{11} + FD_{12} + FD_{13} + FD_{14} + FD_{15} \\
&M_{\text{蛋类}} \leqslant FD_{16} \\
&M_{\text{奶制品}} \leqslant FD_{17} + FD_{18} + FD_{19} \\
&M_{\text{水产品}} \leqslant FD_{20} \\
&M_{\text{蔬菜}} \leqslant FD_{21} \\
&M_{\text{水果}} \leqslant FD_{22} \\
&M_{\text{植物油}} \leqslant FD_{23}
\end{aligned} \tag{6-6}$$

水足迹指的是产品在生产或者消费服务过程中消耗的水资源和为了稀释污染水达到排放标准所需要的水资源量的总和。主要包括蓝水、绿水和灰水。本节选取蓝水的概念，即储存在河流、湖泊、湿地及浅层地下水层中的水资源，目前已被广泛用于食物消费的水足迹的测算(Damerau et al., 2016; Vanham et al., 2016b)。对于不同种类食物水足迹的相关数据来自水足迹研究网络(Mekonnen and Hoekstra, 2011)。关于饼干、面包、糖类、带馅食物 4 种食物，我们统一选取 Yuan 等(2017)对食品加工行业水足迹的测算。碳足迹指的是产品全生命周期的碳排放量，对于不同种类食物相关碳排放系数参考 Song 等(2017)的研究。不同食物的水足迹与碳足迹见表 6-2。

表 6-2　不同食物的水足迹与碳足迹

种类	水足迹/(千克/吨)	碳足迹/(吨/吨)
大米	387	2.47
小麦	455	0.97
玉米	74	0.53
薯类	42	0.19
饼干	672	1.57
面包	672	1.02
糖类	672	2.44
其他谷类	24	1.14

续表

种类	水足迹/(千克/吨)	碳足迹/(吨/吨)
带馅食物	672	1.29
豆类	129	21.3
牛肉	495	13.36
羊肉	328	4.22
猪肉	286	3.92
家禽	281	10.7
其他肉类	851	4.57
鸡蛋	217	3.26
牛奶	145	1.45
乳制品	789	8.99
酸奶	169	1.55
鱼类和贝类	0	4.84
蔬菜	5	0.87
水果	47	0.88
植物油	253	2.82
干果	91	1.86
饮料	4	0.67
酒	4	1.78
糖类	110	0.59
其他食物	0	0

对于营养物质指标，本节主要选取了能量、蛋白质、脂肪、钙、钾、镁、铁、锌、硒、维生素 A、维生素 E、维生素 C。各营养成分推荐的日摄取量数据参考《中国居民膳食营养素参考摄入量》（中国营养学会，2006），各个种类食物的营养含量数据参考《中国食物成分表》（中国疾病预防控制中心，2009）。

6.2.2　中国居民的饮食结构变化

整体上来看，居民饮食种类趋向多样化，粮食等低价值食物消费量趋于减少，肉类、奶制品、水果等高价值食物消费量则趋于增加。图 6-1 展示了 1990～2010 年中国居民饮食总量和结构变化。从居民部门的食物消费总量来看，1990～2010 年，居民人均食物消费量从 341.1 千克增长到了 682.7 千克。从食物消费种类来看，除粮食消费整体呈现缓慢下降的趋势外，其他像蔬菜、水果、肉类等均出现不同程度的增长。表现在食物消费结构上，粮食消费占比从 1990 年的 51%下降到 2010 年的 22%，而蔬菜消费从 1990 年的 30%增长到了 2010 年的 47%，从而成为占比最大的一类食物。

据估计，全球 70%左右的取水量用于农业系统的灌溉，与此同时，全球 30%～

35%的温室气体排放由农业系统产生。因此，对于未来粮食的发展，除了从安全性的角度保障粮食供给外，还需要从可持续发展的角度，大幅度减少农业的环境足迹。

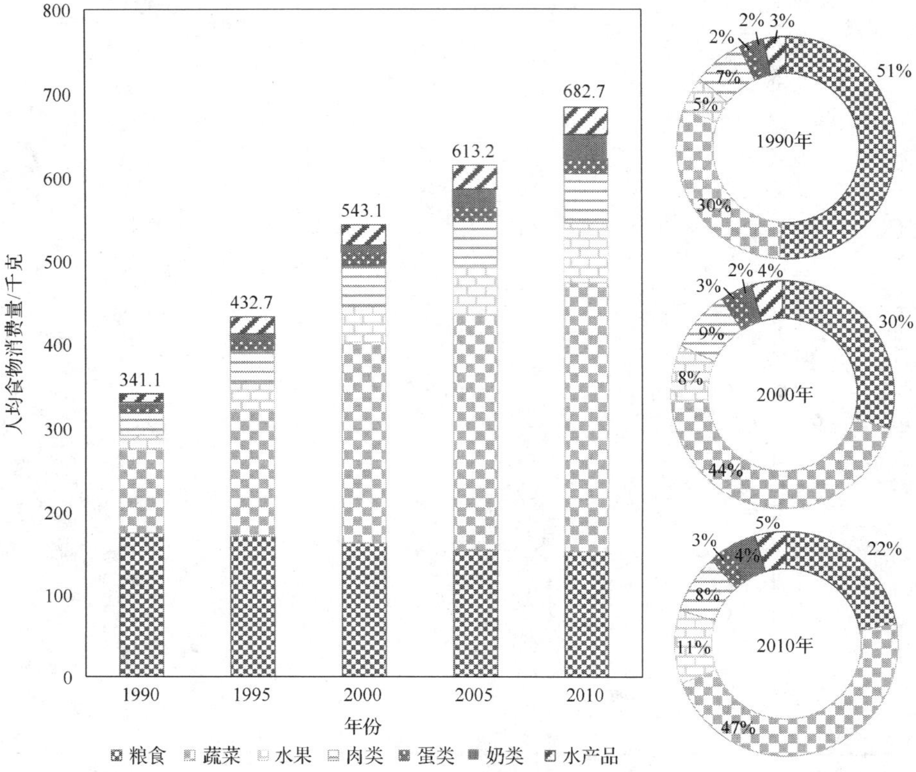

图 6-1　1990～2010 年中国居民饮食总量和结构变化

资料来源：王晓和齐晔(2013)

目前，已经有不少学者将居民的农业系统与环境问题联系起来。Foley 等(2011)研究表明，停止农业用地扩张、提升农业产量、提升农业生产资源利用效率、调整饮食结构及减少浪费能够在保证粮食生产翻番的同时，降低对环境的影响。

随着研究的深入，为了能够更加全面地定量核算人类对自然资源的占用与地球承载力之间的关系，出现了环境足迹的概念。也有越来越多的学者从居民消费的角度，对饮食结构改变所带来的巨大的环境足迹降低的潜力进行分析和研究(Tilman and Clark, 2014; Lu et al., 2015)。从碳足迹的角度，Tilman 和 Clark(2014)指出，随着饮食的变化，全球农业温室气体排放量可以减少 30%～60%。Arrieta 和 González(2018)根据阿根廷家庭收入和支出调查收集的数据估算出了当地的饮食构成，发现目前阿根廷饮食相关的碳排放非常高，生产牛肉排放占排放总量的份额最大(71%)。而如果肉类每日总摄入量减少 50%，碳足迹将降低 28%。此外，从水足迹的角度，也有学者通过研究指出居民饮食消费结构变化能够实现巨大的水资源节约(Vanham et al., 2016b; Bosire et al., 2017; Yuan et al., 2017)。Vanham 等

(2016b) 指出地中海地区城市居民食物消费的水足迹是日常直接用水的 3 倍左右，同时根据情景分析的结果表明，素食为主的情景能够降低 30%～53%的相关水足迹。Vanham 等 (2017) 通过研究北欧地区 9 个城市的居民食物消费水足迹，发现当地居民的总能量和蛋白质摄入量过高。按照推荐的能量和蛋白质摄入量向健康饮食转变，能够减少 9%～24%的与食物消费相关的城市水足迹。

对于中国来说，粮食安全问题一直受到广泛关注，而且近几年来，其相关的碳足迹 (Lei and Shimokawa, 2017; Song et al., 2017)、水资源消耗 (Stehfest, 2014) 等环境问题也得到了广泛的关注。Yuan 等 (2017) 应用 von Bertalanffy 生长模型计算了中国 22 种常见鱼类在养殖期间与饲料相关的水足迹，结果表明，饮食政策制定者在促进中国鱼类消费以获取环境效益时应该谨慎，因为并非所有养殖鱼类在水资源消耗方面都优于其他陆生动物食品。

事实上，已经有学者对居民饮食结构变化所引起的环境问题进行了探究，将饮食与人类健康和气候变化联系起来。但是，现有文献往往只是从温室气体排放或者水资源中的一个角度进行研究，这显然不能满足中国目前的环境现状。一方面，作为最大的温室气体排放国，中国面临巨大的减排压力。中国已承诺在 2030 年之前达到碳排放量的峰值。另一方面，中国同样面临着严重的水资源短缺问题。因此，这就需要我们在考虑粮食发展的安全性与可持续性的同时，统筹考虑温室气体排放与水资源问题。

除此以外，和大部分发展中国家一样，中国居民饮食目前仍存在着营养不良的现象，如图 6-2 所示。从营养物质摄取种类来看，中国居民对脂肪的摄入量过高，而一些微量元素及维生素的摄入量则尚未达标；从食物消费量来看，口粮、豆类及肉类的消费达标，其他种类食物仍未达到目标。因此，在考虑达到食物消费量及营养物质摄入量目标的基础上，从可持续性的角度考虑饮食结构变化对环境的潜在影响具有重要的意义。

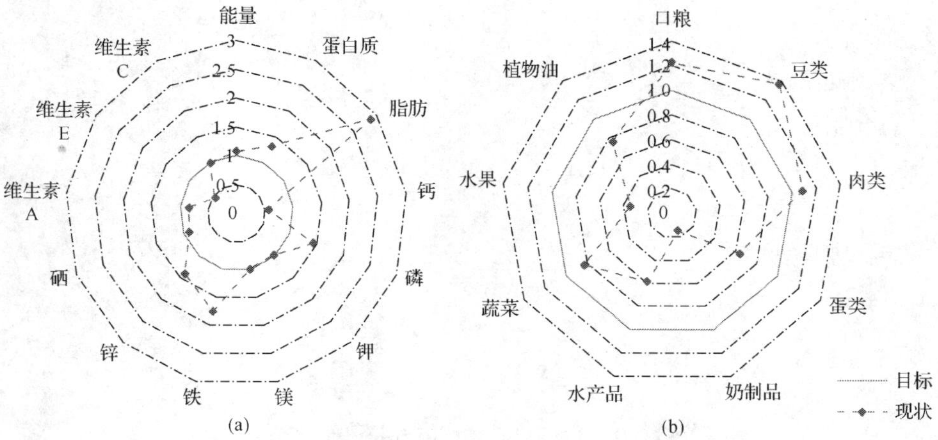

图 6-2　当前中国居民饮食现状

资料来源：Song 等 (2017)

6.2.3　水资源约束下中国最优饮食结构

从图 6-3 中可以看出，在满足营养目标与食物摄取目标的双重约束，且尽量减少食物消费的水足迹的条件下，在居民的食物消费结构中，蔬菜、水果、鱼类和贝类的消费出现了较大幅度的上涨。此外，口粮、肉类及奶制品中细分品种的变化同样值得关注。对于口粮来说，减少大米、小麦，增加玉米、薯类消费量能够有助于降低相关的水足迹。此外，经过加工的食品，如饼干、面包和糖类等，都应适当地减少消费。对于肉类来说，考虑对水足迹的影响，家禽及羊肉是更为推荐的种类，而应当适当减少猪肉及牛肉的消费。在大力提倡奶制品摄入的同时，获取不同种类的食物同样影响环境足迹，相比较而言，为减少食物消费的水足迹，牛奶和乳制品的摄入应增加，而适当减少酸奶的消费。

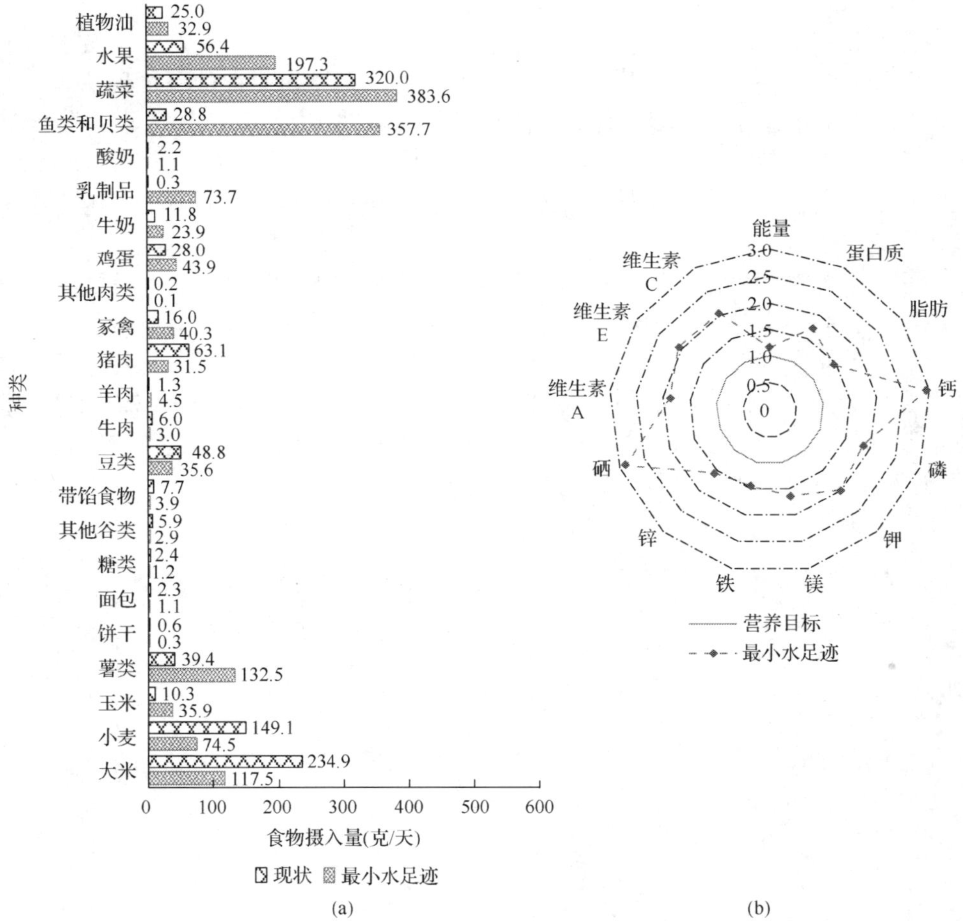

图 6-3　水资源约束下食物消费与营养摄取变化

在该饮食结构下，居民的营养摄取有了较大的改善。整体上，各个营养指标均达到了标准，同时相比基年饮食结构中居民对脂肪的摄取显著降低，而钙、硒及各种维生素的摄取得到了较大提升。

图 6-4 进一步反映了不同种类食物对减排与节水的贡献。首先，从整体情况来看，最低水足迹饮食结构下，每人每天能够降低 107 千克的水足迹，但是会增加 2.006 千克的二氧化碳排放。具体分食物种类来看，对乳制品消费的增长会在很大程度上增加整个食物消费的水足迹，其贡献占比为 70%，而大米和小麦消费的减少则是该饮食结构水足迹减少的主要贡献者。而从碳足迹的变化来看，鱼类和贝类及乳制品摄入量的增加分别贡献了增加碳足迹的 63%和 26%，而大米和豆类的减少能够在一定程度上减少碳足迹，但是减少程度远远不及增加的幅度。

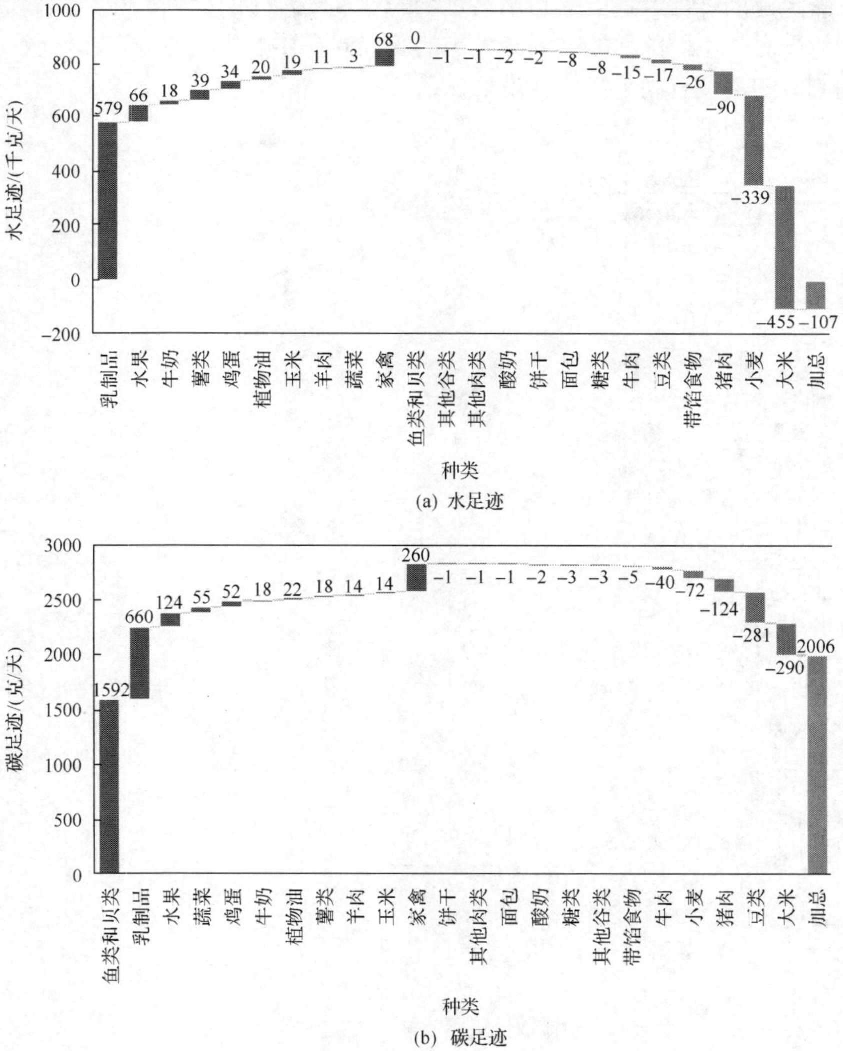

(a) 水足迹

(b) 碳足迹

图 6-4　不同种类食物的减排与节水贡献

6.2.4　碳排放约束下中国最优饮食结构

从图 6-5 中可以看出，在满足营养目标与食物摄取目标的双重约束，且尽量减少食物消费的碳足迹的条件下，在居民的食物消费结构中，蔬菜、水果、鱼类和贝类的消费同样也出现了较大幅度的上涨。而经过加工的食品，如饼干、面包和糖类等，都应适当地减少消费。此外，口粮、肉类及奶制品中细分品种的变化，同样值得关注。对于口粮来说，为减少食物消费的碳足迹需要减少大米的消费，这与水足迹约束下的结果类似，但是不同的是需要增加小麦消费，减少玉米、薯类的消费。对于肉类来说，增加猪肉的摄取，减少包括牛肉、羊肉及家禽的消费有利于碳足迹的降低，这同样与水足迹下的饮食结构有所差别。在大力提倡奶制品摄入的同时，不同的奶制品细分种类的获取同样影响环境足迹，相比较而言，增加乳制品的消费有利于降低碳足迹。

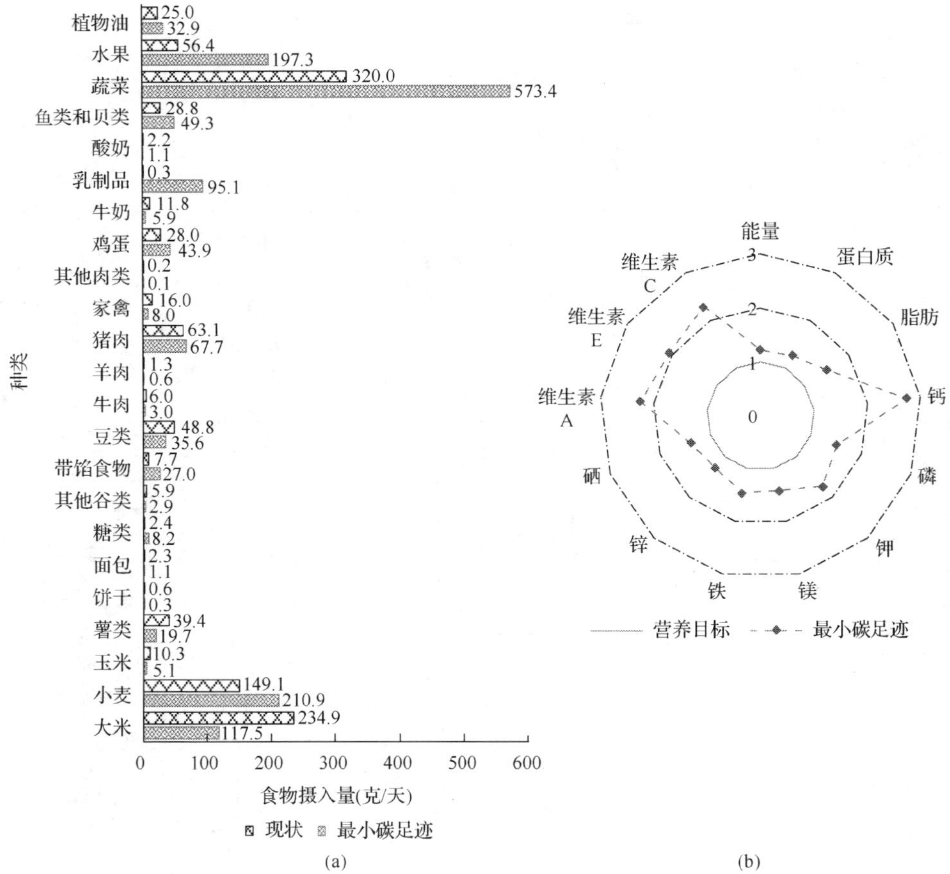

图 6-5　碳排放约束下食物消费与营养摄取变化

在该饮食结构下，居民的营养摄取同样有了较大的改善。整体上，各项营养指标均达到了标准，同时相比基年饮食结构中居民对脂肪的摄取显著降低，而维生素 A、维生素 E、维生素 C 的摄取得到了较大的提升。

图 6-6 进一步反映了不同种类食物碳足迹与水足迹减少的贡献。首先，从整体情况来看，最低碳足迹的饮食结构下，每人每天仍会增加 0.763 千克的二氧化碳排放，同时会增加 796 千克的水足迹。从具体分食物种类来看，对乳制品消费的增长会在很大程度上增加整个食物消费的水足迹，其贡献占比为 57%，而大米消费的减少则是该饮食结构水足迹减少的主要贡献者。而从碳足迹来看，乳制品摄入量的增加贡献了碳足迹增加量的 60%，而大米和豆类消费量的降低能够在一定程度上减少碳足迹，但是减少程度远远不及增加的幅度。

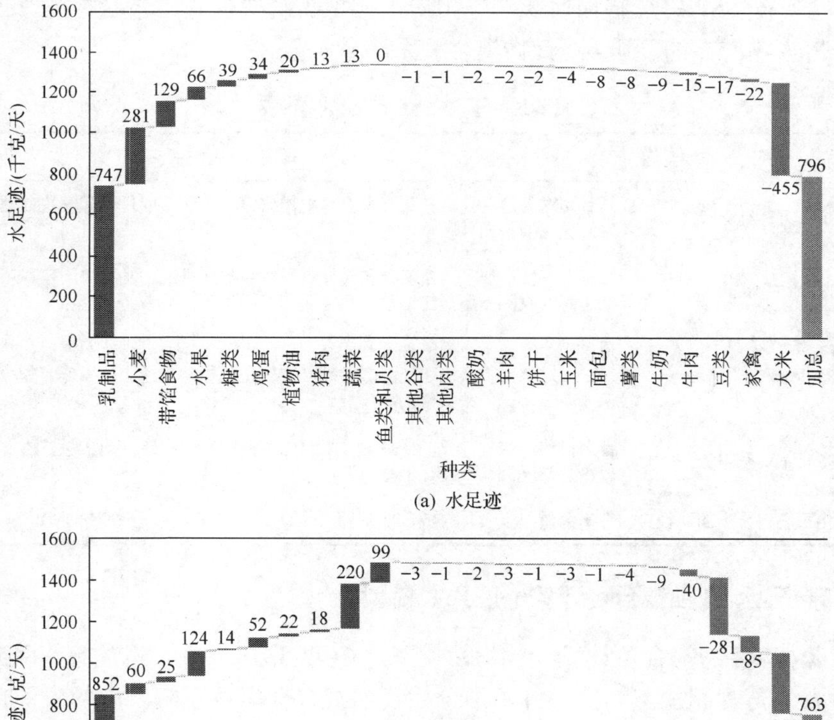

(a) 水足迹

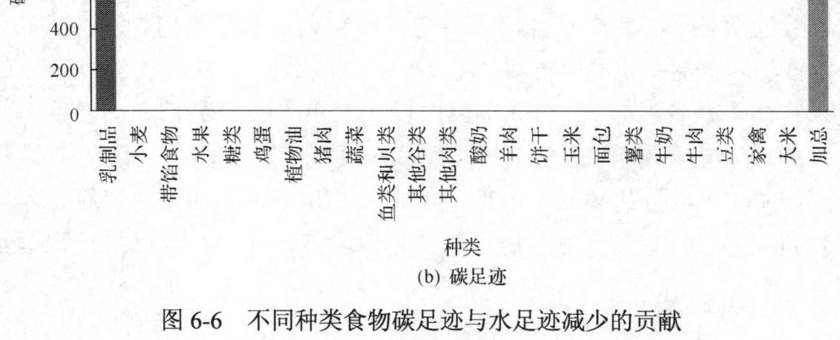

(b) 碳足迹

图 6-6　不同种类食物碳足迹与水足迹减少的贡献

6.3 居民消费结构变化对中国能源-水-食物耦合的影响研究

现有关于能源-水-食物耦合关系这一主题的研究通常是讨论由人口扩张和经济发展导致的资源日益稀缺，但是缺乏气候变化对能源-水-食物耦合关系影响方面的研究(Damerau et al., 2016)。最近，共享社会经济途径(SSPs)被设计用于评估气候变化的适应和减缓。每个SSP路径都包含一种特定的未来社会经济环境，这使我们能够在不依赖明确的气候信息的情况下研究气候变化的影响(O'Neill et al., 2014; van Vuuren et al., 2014)(表6-3)。因此，本节从消费端的角度探讨以下两个问题：①不同SSP路径将如何影响中国居民的粮食消费模式；②这种消费模式的变化如何影响潜在的能源-水-食物耦合关系。

表 6-3　不同 SSP 路径的描述

路径	说明
SSP1(可持续路径)	具有相对高速的技术转化，政府和机构致力于实现发展目标和解决问题，减少气候变化的脆弱性因素
SSP2(中间路径)	维持现有发展速度，在能源和科技方面取得一些进展，发展中国家和工业化国家之间的收入差距慢慢缩小
SSP3(区域竞争路径)	每个国家专注于自身的能源和粮食安全，国际合作弱，对技术发展和教育的投入减少，使大量人口和经济容易受到气候变化影响且适应能力低，能源领域技术变革缓慢，带来大量的碳排放
SSP4(不均衡路径)	富裕群体产生大部分的排放量，工业化国家和发展中国家的大量贫困群体排放较少且易受到气候变化的影响
SSP5(化石燃料为主的路径)	带来大量温室气体排放，面临较大减缓挑战，社会环境适应挑战较低

6.3.1　能源-水-食物耦合可计算一般均衡模型

能源-水-食物耦合可计算一般均衡模型是在第 5 章介绍的模型的基础上，进一步对农业与食品加工部门进行了细分。我们把社会核算矩阵表中的农业部门拆分为 7 个部门，分别为水稻、小麦、蔬果、其他谷类和农产品、畜牧产品、渔产品和农林牧渔服务业。将食品部门拆分为 4 个部门，分别为植物油加工品、乳制品、其他食品和饮品。其中植物油加工品、乳制品数据直接来自 2012 年 139 个部门的投入产出表，饮品包括 139 个部门投入产出表中的酒精和酒及饮料和精制茶加工品两个部门，剩下的 10 个部门划分在其他食品部门中。数据来源于 2012 年 GTAP 数据库、2012 年 139 个部门的投入产出表、《2013 中国统计年鉴》及《中国物价年鉴 2013》(《中国物价年鉴》编辑部，2013；国家统计局国民经济核算司，2015)。

此外，SSP 数据库给出了不同 SSP 路径下中国的 GDP 增速、人口增速及城镇化率的数据（IIASA, 2018），据此我们得到了 5 种 SSP 情景，见表 6-4。

表 6-4　不同共享社会经济途径情景的主要假设　（单位：%）

情景	指标	2020 年	2030 年	2040 年	2050 年	趋势
SSP1	GDP 增速	10.133	4.762	2.107	1.005	高
	人口增速	0.223	–0.081	–0.372	–0.657	低
	城镇化率	58.840	68.221	75.435	80.886	高
SSP2	GDP 增速	10.074	4.547	2.002	0.924	中
	人口增速	0.282	0.015	–0.295	–0.578	中
	城镇化率	54.938	61.176	66.142	70.086	中
SSP3	GDP 增速	10.022	4.053	1.831	0.760	低
	人口增速	0.328	0.097	–0.217	–0.452	高
	城镇化率	51.360	54.462	56.796	58.557	低
SSP4	GDP 增速	9.857	3.614	1.294	0.097	最低
	人口增速	0.206	–0.134	–0.479	–0.819	最低
	城镇化率	58.839	68.221	75.435	80.886	高
SSP5	GDP 增速	10.223	5.134	2.664	1.677	最高
	人口增速	0.223	–0.079	–0.368	–0.652	低
	城镇化率	58.844	68.233	75.452	80.906	高

6.3.2　中国食物消费的需求与结构的变化

SSP1 情景被认为是可持续发展路径，因此，我们将其作为基准情景，分析对比其与其他 4 种路径的结果。图 6-7 反映了其他 4 种情景食物消费量同 SSP1 情景相比的变化百分比，可以看出 SSP2 情景同 SSP1 情景相比，有着较低的 GDP 增速和城镇化率，但是有着更快的人口增速，因此相较于 SSP1 情景，大量的农村居民会增加对于大米、小麦及其他谷类等粮食作物的需要，而较少的城镇居民会减少对于肉类、水产品及奶制品的消费。具体来看，SSP2 情景下，大米、小麦及其他谷类的消费量较 SSP1 情景分别增加了 7.2%、5.6%和 6.8%，而肉类、水产品及奶制品则相对减少了 4.1%、5.2%和 3.9%。而对 SSP3 情景来说，较 SSP2 情景相比，有着更高的人口增速，但是与 SSP1 情景相比，依然有着较低的 GDP 增速和城镇化率。因此，其与 SSP2 情景的结果类似，但是整体上变化程度较 SSP2 情景更大，而且由于人口数量的扩张，总的食物消费量较 SSP1 情景增加了 4%。

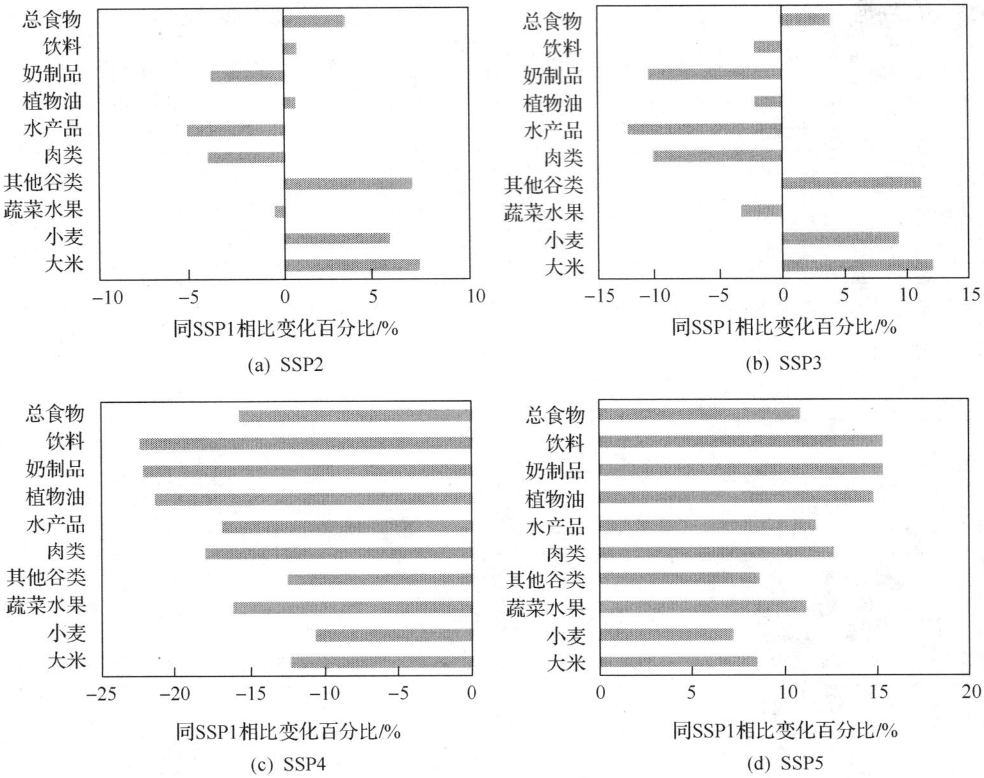

图 6-7　不同情景食物消费量同 SSP1 情景相比的变化百分比

SSP4 情景同 SSP1 情景相比，有着较低的 GDP 增速，这会间接降低居民的收入，因此居民对于价格较高的饮料、奶制品、肉类等食物的消费会大幅减少，而对小麦、大米等生活必需品的需求减少幅度较小。SSP5 情景同 SSP1 情景相比，有着高 GDP 增速和高城镇化率，因此，食物消费总量较 SSP1 情景出现了 10.9% 的增长，而且收入水平的提升及城镇居民的增加，对饮料、奶制品、肉类等食物的消费会大幅增加，而对于大米、小麦的需求增加幅度则增加得较少。

不用种类食物消费量的变化也反映出食物消费结构的变化，如图 6-8 所示。为获得更好的展示效果，我们将大米、小麦及其他谷物归类于粮食，可以看出，对于 SSP1 情景和 SSP5 情景来说，这两种情景都是高 GDP 增速和高城镇化率，因此，对于粮食的消费占比较小，而对于饮料、奶制品的需求占比相对较高。而在 SSP2 情景和 SSP3 情景的低 GDP 增速和低城镇化率情景中，对于粮食的需求占比则高于其他情景。

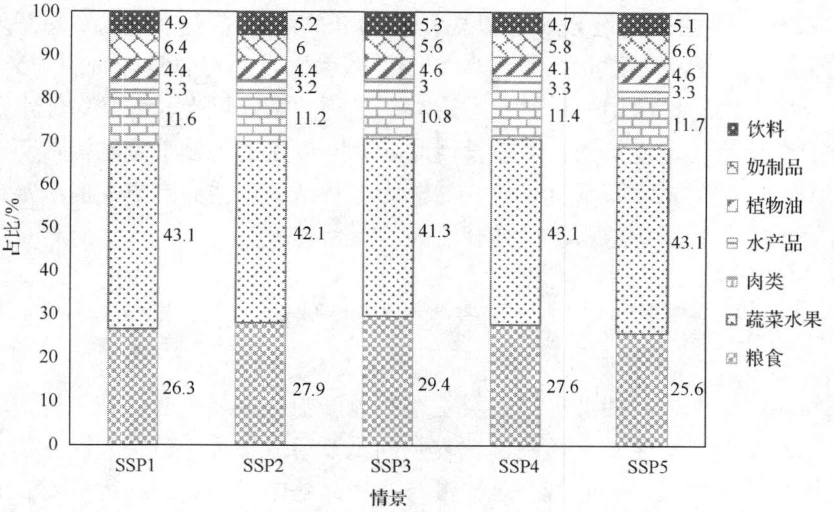

图 6-8　不同情景下居民食物消费结构

6.3.3　共享社会经济路径下中国食物消费的水足迹与碳足迹的变化

我们将在本小节对不同情境下居民食物消费的水足迹与碳足迹变化进行探讨。同样，我们将 SSP1 情景作为基准情景，计算了其他情景较该情景的相对变化量，如图 6-9 所示。可以看出，在 SSP4 情景和 SSP5 情景下，水足迹、碳足迹与食物消费总量这三者的变化幅度基本保持一致，即在这两种情景下，水足迹与碳足迹的变化主要是由食物消费总量的变化引起的，消费结构的轻微转变在一定程度上会减少水足迹而增加碳足迹。

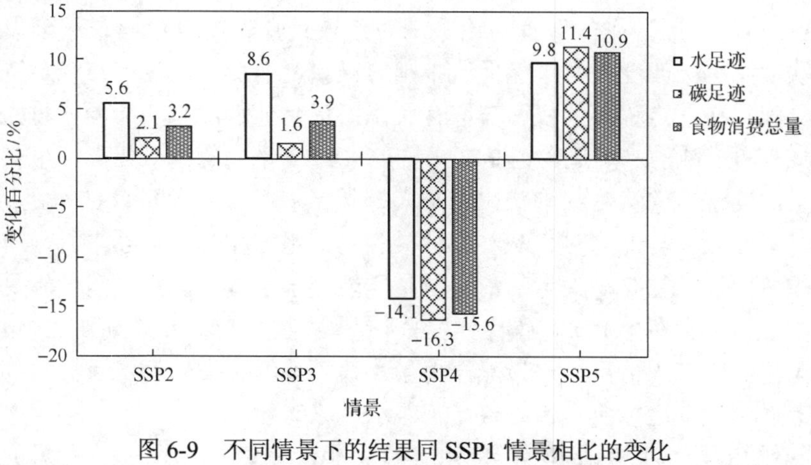

图 6-9　不同情景下的结果同 SSP1 情景相比的变化

但是反观 SSP2 情景和 SSP3 情景，水足迹、碳足迹与食物消费总量这三者的变化幅度差异较大。尽管食物消费总量在 SSP2 情景与 SSP3 情景下分别增加了

3.2%和 3.9%，但是水足迹分别增加了 5.6%和 8.6%，几乎是食物消费总量增量的 2 倍，而碳足迹则分别增加了 2.1%和 1.6%，仅为食物消费总量增量的一半左右，这也反映出食物消费结构变化对水足迹与碳足迹的影响巨大。但是对比水足迹与碳足迹的变化趋势，我们同样可以发现对于不同情景的食物消费结构，两者处于一种此消彼长的关系，即水足迹较小的食物消费结构往往会有更大的碳足迹，而碳足迹较小的食物消费结构往往具有较大的水足迹。

6.4 本 章 小 结

同能源、水一样，粮食也是人类生存和经济社会发展重要的基础性资源。粮食安全、水安全和能源安全，是国家安全的重要组成部分，事关人民生活质量的提高和国家的长治久安。随着全球资源与环境问题的日益突出，人们对粮食、能源和水之间的密切联系和相互制约关系的重视程度越来越高，能源-水-食物耦合关系就是在能源与水耦合关系的基础上，进一步考虑了三者之间彼此关联、相互依存的关系。本节对能源-水-食物耦合关系领域的研究进行了综述，并从两个方面展开实证研究，以期量化三者之间的关系，寻找共赢的解决方案，实现能源、水和粮食的可持续发展。主要结论如下。

(1) 对于存在多元反馈回路关系的能源、水、食物三者而言，在关系量化上依旧在方法论上存在障碍。现有研究通常是对水、能源和粮食间的两两关系进行合理的描述与量化，而且大多数文献均是从生产端来进行研究，包括粮食生产过程中的能源与水资源投入，能源行业中的用水需求及粮食作物与生物质能投入原料之间的转化等。在考虑居民行为视角下从消费端探讨能源-水-食物耦合关系的研究还较少。

(2) 目前，中国居民的饮食不论是消费量还是营养摄取量均未达到设定的目标，而饮食结构的改变很有可能促进中国居民饮食消费的碳足迹与水足迹。减排与节水之间存在一定程度的权衡与取舍关系：最具节水潜力的情景，每人每天能够大约减少 0.1 吨的水足迹，但是会多排放大约 2 千克的二氧化碳；最具减排潜力的情景，同现有的饮食结构相比，每人每天仍将增加的 0.8 吨的水足迹与 0.7 千克的二氧化碳。与此同时，从不同种类食物节水与减排的贡献来看，也存在一定程度的协同性，如减少大米的消费，是既能使水足迹减少，又能使碳足迹减少的主要贡献者。此外，针对中国提出的《中国食物与营养发展纲要(2014—2020年)》，无论是最节水情景还是最减排情景，适当降低肉类的消费目标，都能在一定程度上遏制饮食达标所引起的碳足迹与水足迹的增长。

(3) 不同情景下粮食消费引起的水资源需求总量变化差别较大，一方面由于不同情景下粮食总量的作用，另一方面由于不同社会发展路径带来不同收入的变化，会对居民的食物消费结构产生影响，从而使其碳足迹和水足迹发生巨大变化。

第 7 章　中国能源与水耦合的研究需求调研分析

7.1　调 研 概 述

为考察中国能源与水资源的研究需求，我们设计了调查问卷，开展了多轮交叉滚动式问卷调查，包括邮件和纸质版问卷填报两种形式。问卷共发放 820 份，回收 234 份，回复率 26.34%。对于回收的问卷，尽管是匿名填报，但根据来源可以判断大致来自 16 个研究机构，10 余所高校及中国神华能源股份有限公司(简称神华)等 30 余家能源相关企业的 224 位相关专家学者。

如附录 5 所示，每份问卷设置了 5 个需要填写的问题，但由于不同专家的填写数量不同，共提出了 1009 个能源与水资源的问题清单。其中 124 份来自研究机构，22 份来自高校，88 份来自多家能源相关企业。对于这些问题清单，分别按照能源与水耦合相关问题、水资源相关问题、能源相关问题进行了归纳分析，如图 7-1 所示，此外还有 27 个问题清单属于其他领域相关问题，暂不分析。

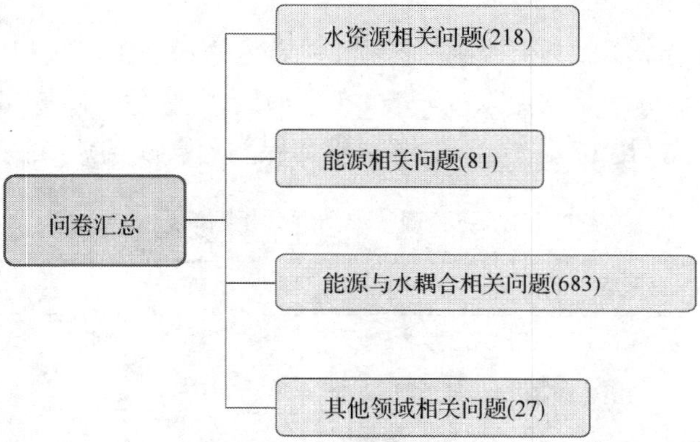

图 7-1　各类问题分类及条目

7.2　调 研 结 果

7.2.1　水资源相关问题清单

从调研结果来看，一部分专家只提出了水资源相关问题，不涉及能源领域，如图 7-2 所示，主要关注了中国水资源现状和问题分析、水资源利用与污水处理技术及水资源政策与公众意识相关问题。

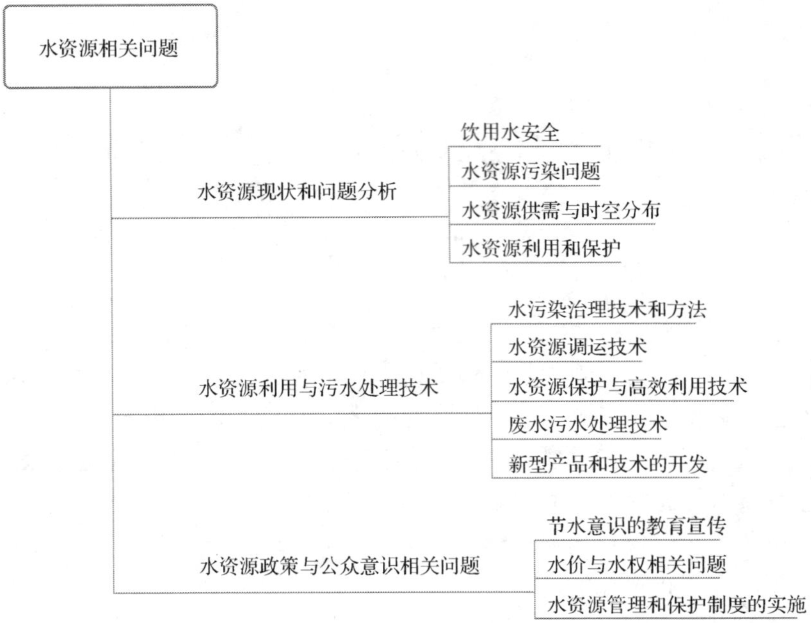

图 7-2　水资源相关问题分类

1. 水资源现状和问题分析

从专家回收意见看，共有 53 条问题可归类为“水资源现状和问题分析”，具体包括 4 个方面，分别是饮用水安全(共 5 条)、水资源污染问题(共 12 条)、水资源供需与时空分布(共 17 条)及水资源利用和保护(共 19 条)，见表 7-1。

表 7-1　水资源现状和问题分析的问题清单

分类	数量/条	问题清单
饮用水安全	5	1.饮用水的安全性问题
		2.饮用水安全的问题
		3.水资源的可饮用率如何
		4.各地饮用水的水质如何
		5.不同地区水资源等级如何
水资源污染问题	12	1.高浓度盐水对于地表水和地下水资源的影响
		2.现有水处理技术能否解决水资源污染问题
		3.水体污染问题
		4.大型水利工程对水资源的影响
		5.地下水中污染物的全生命周期评价

续表

分类	数量/条	问题清单
水资源污染问题	12	6.水污染问题 7.环境变化对水能资源的影响 8.水污染的防治 9.水资源污染的主要途径有哪些 10.工业生产对水资源的影响 11.垃圾填埋对地下水水质的影响 12.热污染对水体的影响
水资源供需与时空分布	17	1.西部资源富集地区水资源持续减少问题 2.未来是否会出现水资源短缺，节水技术能否解决问题 3.解决水资源分布不均衡能否解决当前水资源短缺问题 4.能源金三角地区水资源保障问题 5.我国区域水资源风险分析 6.我国水资源区域供需现状与预测 7.我国人口增长与对水资源的需求量的评估 8.水本身就是一种能源，应当首先评估水的量和水的质 9.水资源分布不均的问题 10.水资源环境容量评估 11.水的时空分布规律 12.水资源时空分布不均衡 13.我国人口的分布与水资源分布研究 14.工业用水量增加造成的周边民用水紧缺问题 15.工业开发为什么导致河流水资源减少 16.每年制造饮料、酒消耗水的统计 17.南水北调对北方水资源使用的帮助有多大
水资源利用和保护	19	1.水资源的可持续利用问题 2.重大引水工程利弊 3.农村用水问题，农村目前几乎没有任何水处理设施 4.家庭用水在小区或者街区直接进行水处理的问题 5.工业废水对耕地土质影响 6.用水效率的核实问题 7.我国区域水资源承载力研究 8.水资源论证的作用与意义 9.二氧化碳地质利用技术的水足迹分析评价

续表

分类	数量/条	问题清单
水资源利用和保护	19	10.陆地咸水淡化与海水淡化的技术对比清单 11.水资源利用与经济投入与产出问题？从经济上对水资源加以管理 12.产权管理导致的用水成本增加问题 13.节水活动的碳减排效应 14.农村农业用水和工业用水的实际情况 15.地下水取用节制的问题 16.面对有限且不可再生的水资源，一系列保护水资源的目标是否应放在优化配置能源的首位 17.保护水资源怎么才能更有效 18.地下水使用到极限怎么办 19.在生产过程中水资源综合利用问题的研究

2. 水资源利用与污水处理技术

回收的问题清单中，共有 114 条问题可归类为“水资源利用与污水处理技术”，具体包括 4 个方面，分别是水污染治理技术和方法(共 10 条)、水资源调运技术(共 7 条)、水资源保护与高效利用技术(共 57 条)及废水污水处理技术(共 28 条)，以及该领域新型产品和技术的开发问题(共 12 条)，见表 7-2。

表 7-2　水资源利用与污水处理技术的问题清单

分类	数量/条	问题清单
水污染治理技术和方法	10	1.强化节水、污染治理等方面技术，研发前瞻性技术 2.面对日益严峻的水污染现状，有什么应对措施 3.加强水资源污染、防护和治理 4.应该发展和引进新技术，减少对水的污染 5.生态环境保护，如何根治水资源的污染源 6.水污染的治理问题 7.水污染的防治措施有什么 8.加大水污染的治理力度，包括地表水和地下水。应当以制度为引导，增加投入和补贴力度；以技术为核心，降低水污染程度 9.水污染治理技术有什么 10.地下水污染的防治措施有什么
水资源调运技术	7	1.大规模、跨区域且经济高效的水资源调运技术 2.地表水和地下水联合调控的水资源配置 3.水资源的分配问题

续表

分类	数量/条	问题清单
水资源调运技术	7	4.确定合理的地表水或地下水调配方案 5.水资源的运输及分布划分相关提议 6.水环境、生态的保护和科学的人工改造问题 7.建立水库，蓄水备用的相关研究
水资源保护与高效利用技术	57	1.水源地保护与水土保持问题 2.地表水资源的开发利用和保护问题 3.地下水资源的开发利用和保护问题 4.加大对地下水的保护问题 5.生态保护与水资源保护研究 6.地下淡水资源的开发保护问题 7.如何利用水资源、化解用水矛盾 8.水的合理分级利用问题 9.大江大河流域水资源利用问题 10.如何合理的开发利用地下水 11.水的无污染利用问题 12.如何提高水资源利用效率 13.提高水资源开发利用效率，增加可持续供给 14.水资源的循环利用理念与技术 15.资源与环境双重约束下如何提升工业用水效率 16.干式冷却技术应用对淡水需求减少的研究 17.研究水循环课题，提高水资源利用率 18.对水循环利用系统的科技研发 19.提高污水处理能力，节约新鲜地表水和地下水 20.水的循环再利用技术创新 21.如何减少电力和交通运输燃料的淡水用量 22.开发更易于使用非传统水资源的技术 23.保护环境、节约资源、节约用水的具体措施 24.开发更易于使用非传统水资源的材料和水处理技术 25.节水技术、海水淡化的研究 26.强化提升水资源的循环利用科学技术 27.如何做到真正的节约用水 28.农艺节水技术开发研究 29.典型行业面向节能/节水的系统综合集成技术问题

续表

分类	数量/条	问题清单
水资源保护与高效利用技术	57	30.如何加强水资源的循环使用 31.怎样做到区域性水资源的利用，增加水资源利用次数，培育水资源消费文化，以文化促进大家节约水资源 32.响应当下政府号召、海绵城市区域性用水，提高区域性用水自足、循环利用 33.生产能源需要大量的水，如何高效经济地获取所需水源 34.水资源的循环利用问题 35.结合经济社会发展，进行水资源的优化配置，提高水资源利用效率 36.采用高效率空冷塔部分代替需要水冷的场合 37.工业领域水耗分析与节水途径研究 38.水的循环利用问题 39.工业园区雨水收集系统的优化设计 40.中水等非饮用水在工业生产中的综合利用率 41.提高水资源的利用率，节水从各生产细节做起 42.如何净化地表水加以利用，保护地下水 43.寻找催化剂，提高咸水淡化、污水净化效率 44.在工程实施过程中水的保护和综合利用 45.地下水资源的合理利用研究 46.发展地下水处理技术，实现工业用水的循环利用 47.地下水资源的循环利用问题 48.在材料的重复利用、水的重复利用问题上做文章 49.企业内部净化循环水的多次利用技术 50.在工程实施过程中保护水资源问题 51.水资源循环利用的实现 52.合理设置水量，提高水资源循环利用率 53.化工企业加强污水处理，提高循环使用能力，避免水资源浪费和污染 54.水的循环使用问题 55.提高水资源的利用率，改善用水设施 56.城市水资源综合循环利用（海绵城市）相关问题 57.水资源的治理应考虑从源头着手
废水污水处理技术	28	1.工业废水的处理与回收利用 2.企业外排污水的处理和清洁水源的保护 3.废水处理相关能耗问题 4.纳米技术在化工废水处理回收中的应用 5.污水资源化问题研究

续表

分类	数量/条	问题清单
废水污水处理技术	28	6.工业废水的高效处理技术 7.污水的过滤清洁，二次回收再利用技术 8.工业废水中有机物质的提炼再利用技术 9.加强建设乡镇及农村的生活污水处理设施 10.解决工业废水的处理、回收和排放问题 11.矿井煤岩层夹水转化为清洁饮用水关键技术研究 12.废水污水的再利用技术 13.如何实现低能耗排污 14.水质的保护、污水处理、废水利用相关问题 15.工业废水的处理相关问题 16.污水处理技术、污水对人体健康的影响 17.如何对水资源分类利用，相关的技术如何发展 18.农村供水污水处理一体化自治模式的探索 19.如何考虑污水处理厂的效益，实现持续经营 20.工业用污水再回收问题 21.工业污水处理与回注、排放 22.如何对水资源分类利用，集中式污水净化处理技术如何发展 23.如何高效地进行污水处理，减少资源的浪费 24.加大污染源治理、净化，减少对水资源污染 25.重视中水利用，严控地下水污染 26.水处理技术与水处理装备的发展研究 27.污水处理相关问题 28.水资源不可再生，注意水资源的污染问题
新型产品和技术的开发	12	1.覆盖整个过滤图谱的膜产品对非常规水源的再生回用 2.改进水资源的利用和消耗数据收集 3.如何建立水信息统计平台、加强水信息公开 4.水资源优化管理技术开发 5.开源节流，如淡化海水、寻找水的替代资源 6.饮用水的净化相关问题 7.清洁水的提取问题 8.水金融产品创新相关问题 9.水资源保障相关问题 10.工业用水与农业用水的解决方法(净水) 11.如何开发新的水源 12.神华地下水库技术推广与应用

3. 水资源政策与社会意识相关问题

回收的问题清单中，共有51条问题可归类为“水资源政策与社会意识相关问题”，具体包括3个方面，分别是节水意识的教育宣传(共7条)、水价与水权相关问题(共15条)及水资源管理和保护制度的实施相关问题(共29条)，见表7-3。

表7-3　水资源政策与社会意识相关问题的问题清单

分类	数量/条	问题清单
节水意识的教育宣传	7	1.大众的环保及节约意识 2.继续大力宣传节约能源、节约用水、保护水资源 3.倡导南方社会节约用水 4.让人们明白当代人是在透支后代人的资源，增强节约意识 5.调整生活用水收费结构，加大节能节水文化建设 6.政府研究相关政策提高公民节水的自觉性 7.如何鼓励农民和企业使用高效节水技术，如何制定相应政策助力技术推广
水价与水权相关问题	15	1.水权置换的实施现状及政策建议 2.水权立法相关问题 3.是否应该鼓励引导行业间用水指标的市场交易 4.水资源价值的市场化开发，建立保护市场，探索交易模式 5.水价与水权相关问题 6.如何保证交易平等、信息对等及保护卖水方利益 7.如何落实以水定量 8.水权(区域)分配相关问题 9.水资源定价方法的改革，考虑区域差异与城乡差异 10.水价制定相关问题 11.水权市场有效性研究 12.国际水权交易研究 13.如何通过有效的灌溉水价政策提高农业用水的效率 14.水资源定价方法的改革 15.提高电价、水价，增加的收入用来补贴新技术开发、示范工程等
水资源管理和保护制度的实施	29	1.水资源的保护不能仅体现在法律层面，更应着重体现在实打实的监管和落实中 2.全面建设小康社会，使被破坏的山川成为绿水青山 3.如何界定及管理涉水部门

续表

分类	数量/条	问题清单
水资源管理和保护制度的实施	29	4.我国能源开采水资源保护政策 5.加强对水资源的保护，加快和加强污水处理厂的建设，并采取一些强制性措施，政府职能部门对其进行实时监督 6.制定相应的奖惩政策，以提高水资源的利用率 7.如何对水资源进行精准的管理 8.我国水资源的开发和应用及应用水标准的制定 9.如何实现水生产、供应企业完全市场化 10.如何实现通过市场化的水价调整农业、工业用水效率 11.别国对水资源的保护行动对我国有什么启示 12.科学合理规划水资源的开发利用与保护 13.目前乌鲁木齐市对水资源及环境政策 14.政策方面，应该对破坏水资源较大的项目不予立项，减少环境污染 15.污水排放控制政策制定的相关问题 16.鼓励企业与科研院所开展节水、水处理等合作并推广 17.提高违法排污惩罚力度，鼓励全民监督 18.提高环保部门的执法权，多管齐下治理违规排放等 19.我国污水排放的监管体系研究 20.深化水资源污染执法力度，坚决打击恶意排放行为 21.污水排放标准的制定及污水控制技术的发展 22.如何严格执行水污染防治法 23.污水的处罚应提升到一定高度 24.污水的排放、净化工艺的发展及环保相关部门的管理职能 25.使对水的研究逐渐得到更多关注 26.如何加大废水处理力度 27.企业排放处理污水的质量等级提高 28.南水北调的相关问题 29.从政策方向减少水资源浪费与污染

7.2.2　能源相关问题清单

从调研结果来看，一部分专家只提出了能源相关问题，不涉及水资源领域，共计 81 条，主要聚焦于能源现状和问题分析(共 12 条)、能源生产和利用技术的创新(共 16 条)、清洁能源的开发(共 30 条)、能源政策相关问题(共 17 条)及能源利用效率问题(共 6 条)。具体问题清单见表 7-4。

表 7-4　能源相关问题清单

分类	数量/条	问题清单
能源现状和问题分析	12	1.地下开采对地表工业或者农业生产的影响 2.我国人口增长与对能源需求增长的关系研究 3.煤炭产业发展对当地的就业、经济增长的贡献 4.科学合理开采使用煤炭，解决环境问题 5.能源的供给相关问题 6.偏远地区的能源是否需要投入更多的研究与开发精力以应对能源及高新技术产业分布不均的问题 7.能源开采、工业生产要提高相应的环保系统技术水平 8.能源企业污染物减排动力不足的问题 9.化石能源总量控制 10.中国新能源的产业发展问题研究 11.政府对资源不合理开采 12.如何将淡水以较低成本运至西部干旱缺水地区
能源生产和利用技术的创新	16	1.探索新的发电模式 2.发展新的冷却技术 3.新能源发电技术相关问题 4.陕西富平煤基多联供相关问题 5.西部干旱缺水地区的矿物(煤)干法分选方法的研发 6.应研究利用更节能的可持续方法 7.西部光能资源生态化开发利用(非光伏) 8.能源的洁净化利用相关问题 9.资源的循环利用相关问题 10.如何提高利用率，降低能耗 11.能源生产的主要技术革新有哪些 12.节能减排技术或设备的研发相关问题 13.能源的可持续利用问题 14.资源的可持续发展相关问题 15.能源转化相关问题 16.能源环保相关问题
清洁能源的开发	30	1.农村可再生资源利用，如生物质能等 2.可再生能源开发技术相关问题 3.新能源的研究与发展相关问题 4.开发新能源，提高绿色能源的适用度 5.加大太阳能、风能、核能的利用与研究 6.探索太空领域的资源 7.探索未知能源相关问题 8.开发新能源替代传统能源存在哪些政策相关问题 9.开发新能源取代传统能源的技术壁垒有什么 10.新能源开发利用研究

续表

分类	数量/条	问题清单
清洁能源的开发	30	11.加大对新能源的研究投入，减少对传统能源的依赖 12.新能源开发的空间布局问题 13.内陆核电的环境风险 14.新能源利用过程中废旧材料如何处理 15.清洁能源的开发 16.太阳能利用相关问题 17.地下水热能与家庭取暖相关问题 18.化石能源如何制成清洁能源 19.新能源开发相关问题 20.社区新能源自助模式的发展 21.替代能源的利用，也就是清洁能源的利用 22.可否优化能源结构，提高清洁能源占比，扩宽清洁能源种类 23.新能源利用过程中，废旧材料的循环利用问题 24.发展清洁能源，如何节约成本 25.调整能源结构，加大风能、太阳能的利用 26.发展清洁能源，如何减少环境的外部性 27.增加清洁能源在整体能源中的比重 28.如何发展绿色能源、清洁能源 29.地源热泵的推广应用相关问题 30.开发新技术、新工艺，实现能源集体化生产
能源政策相关问题	17	1.能否应对国家能源进行整理，以达到能源储备及合理使用目标 2.中国应该依赖什么能源 3.国家采取严格的监管措施限制产能，防治产能过剩 4.国家与地方对能源问题的方针、政策梳理 5.天然气发电中，政府给予的政策支持能否长期支撑企业发展 6.国家层面减少温室气体排放，淘汰低产能、高污染企业 7.全国一盘棋，避免淘汰产能、高污染、高能耗企业向后发地区，特别是上游的内陆地区转移 8.如何实现能源生产企业完全市场化 9.碳捕集与封存发电中，政府给予的政策支持能否长期支撑企业发展 10.制定能源开发计划，降低开采速度和开采数量 11.加大能源进口比重，淘汰落后产能 12.应以规划为契机，合理规划煤炭开采 13.目前乌鲁木齐市的能源产业政策 14.进口储备必需能源相关问题 15.提高天然气利用率，进口俄罗斯天然气 16.能源结构、消费习惯、节约理念、重复利用等关键点 17.统筹规划，科学开发，避免能源开采盲目无序

续表

分类	数量/条	问题清单
能源利用效率问题	6	1.能源利用效率相关问题 2.研究提高其他一次清洁能源的利用效率 3.如何提高绿色可再生能源的利用率 4.能源效率相关问题 5.工业部门能源利用效率提升主要方法 6.提高能源利用率的技术方法研究

7.2.3　能源与水耦合相关问题清单

通过问卷调研我们共收到 683 条能源与水耦合关系的问题清单。经过分析整理，我们发现，大多数专家往往关注的是整个能源部门发展与水资源之间的关联，此外，还有一些专家进一步关注了具体细分的能源部门，包括煤炭、油气、电力、新能源等不同部门与水资源之间的联系，如图 7-3 所示。

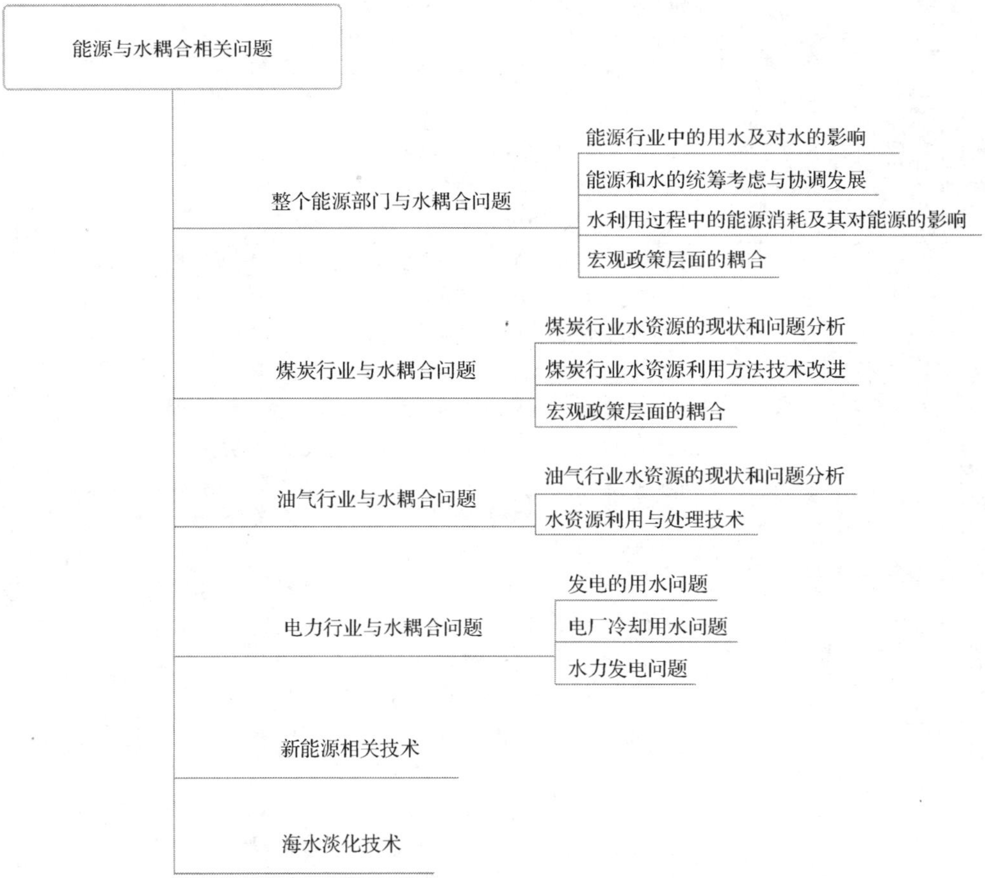

图 7-3　能源与水耦合相关问题分类

1. 整个能源部门与水耦合问题

1) 能源行业中的用水及对水的影响

能源与水耦合关系问题清单中，共有 188 条问题可归类为“能源行业中的用水及对水的影响相关问题”，具体包括 5 个方面：能源行业中的耗水问题(共 20 条)、能源行业中的污水处理(共 77 条)、能源行业中节水和合理用水(共 64 条)、能源区域的水资源承载力和合理配置(共 19 条)及其他领域能源中水的问题(共 8 条)，见表 7-5。

表 7-5　能源行业中的用水及对水的影响的问题清单

分类	数量/条	问题清单
能源行业中的耗水问题	20	1.能源生产与水资源消耗间关系研究
		2.能源生产的水资源损耗问题
		3.能源开发过程中水的消耗
		4.能源耗水总量核算
		5.未来能源行业发展趋势和用水总量变化趋势
		6.随着环保意识的增强，能源结构转型过程中，新的能源结构是否伴随着对水资源更大的需求
		7.能源利用过程中水的耗费
		8.不同级别水资源在能源产业中的分类应用
		9.单位能源生产量与耗水量分析
		10.生态需求与能源开采用水问题
		11.能源开采利用技术的耗水量及这些技术存在的合理性
		12.能源金三角地区能源用水量的天花板大约是多少
		13.能源结构调整及水资源消耗相关问题
		14.能源开采加工用水经济性分析，包括优化可行性研究
		15.能源开采时，尽可能减少水资源的消耗
		16.采出单位量的能源所消耗的水(各个环节)
		17.能否用能源生产中的用水量和用水率衡量能源清洁度
		18.能源开采时水资源的消耗减少问题
		19.能源消耗与水资源消耗呈正相关
		20.能源开采时，能否尽量减少水资源的消耗
能源行业中的污水处理	77	1.矿产开发利用转化过程中，废水污水处理利用的高效技术
		2.发展能源开发中经济可行的污水净化处理技术，以达到废水再利用标准
		3.能源生产产生的污水的排放与治理
		4.加快能源开发地的污水处理进程
		5.能源化工行业的高盐高难降解有机物废水的净化处理技术问题

续表

分类	数量/条	问题清单
能源行业中的污水处理	77	6.能源开发与利用过程中，废水的回收处理与再利用 7.生产能源可能会污染水，如何处理工业生产过程中产生的污水废水 8.能源行业如何减少污水排放 9.能源行业的节水和减排技术还有多大潜力；是否能够真正实现零排放；企业在不同决策下的经济边际成本大约是多少，经济手段和行政手段如何结合才能使企业更倾向于节水和治污 10.能源污水的处理问题 11.在水资源和能源都相对匮乏的今天，如何将废水更有效地用于能源发电 12.污水处理成本与能源开发价值比较 13.开采能源时，直接用相对来说是“废水”的水来开采 14.污水处理厂处理的水资源可用于厂矿企业 15.关于能源开采对水污染的处理问题 16.能源开发区水环境变化情况研究 17.能源开发利用区域水环境问题研究 18.能源开发利用区域水环境问题治理研究 19.能源加工转换对环境的污染影响及防治的成本投入问题 20.能源开发对地表水、地下水潜在的影响问题 21.如何防止和解决能源开发用水对当地及区域范围内水的生态循环的不利影响 22.能源开采过程对地下水系的破坏程度的量化评估和修复技术研究 23.能源开发利用对水资源的影响问题 24.能源生产、工业生产对水质的影响，包括范围、形式、程度 25.能源开发利用对水资源空间调配的影响问题 26.能源开发利用布局对水资源开发利用的影响 27.能源开采、加工生产、运输过程中的水资源污染风险问题 28.能源开发对地下水污染相关问题 29.能源开发与利用对区域水资源的压力 30.能源开发与利用对地表水、河流的污染 31.调整能源开采模式，减少能源开采对地下水资源的破坏 32.进行能源绿色开采研究，减少对水资源环境的污染 33.如何进行能源绿色开采，减少开采过程中的水体污染和水资源浪费 34.研究新能源代替传统能源以应对水资源短缺的问题 35.能源开发对地下水系统的破坏 36.能源系统低碳化的水污染改善协同效益 37.常规能源生产中的水污染问题 38.研究能源开采对水的影响更有意义

续表

分类	数量/条	问题清单
能源行业中的污水处理	77	39.能源的开采过程中如何最大限度地降低对水环境的影响 40.能源行业发展是否会影响其他行业用水 41.能源企业的生产活动对地表及地下水质的影响 42.农业用水转移到能源工业用水带来的环境问题 43.如何在保证水资源供给的同时减少对自然水环境的破坏 44.能源用水是否会污染地下水资源 45.能源发展与水资源污染问题 46.如何使能源发展避免污染水质 47.煤炭、火电等能源行业对水体污染的问题 48.能源的产生对水质的影响 49.能源加工利用过程中水的污染与综合利用 50.能源资源开发导致水污染问题研究(水十条) 51.能源开发利用对区域水资源和环境的影响 52.能源开采与地下水开采对水质的影响 53.能源开采对地下水的污染 54.能源开发对水资源的破坏 55.能源矿产开发对区域水资源的污染破坏 56.能源行业造成的水污染问题 57.能源开采造成的水污染相关问题 58.能源开采加工过程中的水污染问题，以及区域内用水量分配问题 59.就能源利用对于水资源使用的影响做一些分析 60.能源开发对水资源的污染问题 61.能源开采中的水、土污染相关问题 62.能源开采过程中的水资源破坏相关问题 63.能源开采对地质结构的影响又反过来影响水资源的资源属性和循环模式 64.在能源开采、加工及转化过程中，尽量降低对(地下)水资源的污染 65.研究能源开采、加工及转化过程中，对已经污染的水资源的修复手段和机制 66.能源利用过程中水资源的污染与防治 67.能源开采对地下水资源的影响与控制 68.能源排放的水污染相关问题 69.地下开采对地表水的破坏相关问题 70.基于能源水资源怎样更合理地利用 71.如何保证兼顾能源开采成本与水土流失和环保问题 72.能源开采对地下水及地表水系的破坏 73.能源开采时减少对水资源的污染问题

续表

分类	数量/条	问题清单
能源行业中的污水处理	77	74.关注能源开发与水污染之间的问题 75.能源与水的防污治理 76.关于能源开采中对水灾害的防患问题 77.能源开发减少对水体的破坏并节约用水
能源行业中节水和合理用水	64	1.能源转化低耗水、无水处理方法 2.能源开采中水资源的循环利用 3.能源开发节水技术及前景 4.提高能源企业新技术应用比率，增加节能降耗设备 5.能源行业节水技术对于降低耗水量是否为杯水车薪 6.能源开采加工中的循环用水问题 7.工业和能源结构转型，对减少水资源消耗的影响 8.能源开发过程中水的损失和浪费途径及相应的水资源保护技术 9.能源开采后的环境与水土保持相关问题 10.采用新技术，降低能源开采、加工及转化过程中水资源的消耗 11.在能源开采、加工及转化过程中，尽量实现水资源的循环利用 12.能源开采、加工过程中水资源的循环机制新探索 13.能源开发与利用过程中水资源的高效可循环利用 14.能源开发与利用过程中的节水工程 15.研究更加省水的发电或者能源开采技术 16.关注能源开采、加工及转化过程中水的复用、循环 17.寻找能源转化中对水环节的替代 18.能源持续开发利用与水环境保护技术研究 19.能源开采过程中对水源的保护措施 20.能源开采完毕后对水源的恢复 21.鉴于生产能源需要大量水资源，应努力研制和开发新的能源来取代传统能源 22.研发和实施能源发展领域创新的低水密集型技术或方法 23.能源行业应该通过技术更新减少生产过程中对水的消耗 24.化石能源生产过程中的节水问题 25.能源行业节水技术与措施研究 26.高效节水的能源开采问题 27.不同能源开发利用过程中的节水技术 28.能源开采中的水资源保护技术 29.资源的开采要采取保水措施 30.能源需实现绿色开采、保水开采

续表

分类	数量/条	问题清单
能源行业中节水和合理用水	64	31.能源开采过程中，地下水资源的有效提取及就近利用 32.从能源与水耦合度较高的工业生产过程中，寻找水资源的替代物 33.对能源开采中已破坏的水资源进行循环利用最大化研究 34.能源与水资源的利用率相关问题 35.降低能源开发用水强度 36.能源开发过程中的水资源保护 37.能源行业如何节水 38.能源开采过程中的水资源保护问题 39.能源可持续发展的水资源利用问题 40.在能源开发过程中水的重复利用 41.生产几乎所有类型的能源都需要消耗水，水实际上是能源生产的一种限制性因素，如何平衡和满足不断增长的能源需求 42.我国能源生产过程中所消耗的水资源占总耗水量的比例，以及如何减少能源开采过程中的水资源浪费 43.提高能源开采的技术水平，减少水资源的投入 44.能源开采中，如何做到水资源的重复利用 45.寻找能源开采过程中水的替代品 46.低能耗的节水工程在现实中的应用和开发 47.节约资源与用水相关问题 48.如何合理制定能源与水之间的比例 49.是否可以介入第三种介质来解决能源与水的关系 50.怎样在能源行业实现节约用水、循环用水 51.怎样充分利用水来开采能源 52.能源的高效利用与水的重复利用 53.节约能源、水源、材料 54.能否不再用水辅助能源开采与冷却 55.水的循环利用技术革新，以及能源的消耗优化 56.能否最大限度地优化水和能源的相互损耗限制 57.能源行业节约使用水资源的相关问题 58.能源开发利用中有、无用水的问题 59.提高能源行业工作人员保护水资源的意识 60.能源与水的安全治理相关问题 61.能源与水的高效利用相关问题 62.能源与水开采利用的科学创新

续表

分类	数量/条	问题清单
能源行业中节水和合理用水	64	63.技术层面需要进步，如煤制油技术的进步 64.提高能源转化率，优化生产工艺和环节，减少水资源消耗
能源区域的水资源承载力和合理配置	19	1.能源开发利用过程中水资源技术经济分析与评价 2.西北地区能源发展的水资源保障问题 3.新疆能源开发过程中水资源的合理配置 4.西部能源开发强度与水资源的匹配问题 5.能源开发与其他产业等水资源的保障问题 6.不同区域对能源与水资源的需求 7.矿区水资源承载力评价问题 8.能源型区域水容量控制方案设计与优化 9.定量分析重点能源基地水资源承载力 10.如何将水资源节约技术运用于能源领域 11.水资源可持续发展与能源再生问题相结合的研究 12.结合地区实际情况，因地制宜 13.国内能源与水资源分布不均衡 14.国家水资源与能源合理化分配与资源稀缺地区的人口转移 15.能源与水的供需利用相关问题 16.根据实际地理位置进行能源产业分布优化 17.考虑进口能源，减少能源资源的地下开采，保护地下水 18.能源的开发应考虑水资源的承载力 19.能源开发的同时考虑保护水资源或共同开发
其他领域能源中水的问题	8	1.能源开发利用与水资源均衡分配问题的研究 2.国际能源贸易中的能源隐含水流动问题 3.建立我国不同类型和不同区域能源生产的水资源成本评价体系 4.我国能源基地水资源管理制度研究 5.能源价格中的水资源成本分析与体现机制研究 6.各种能源技术的水收支、水污染物收支数据 7.动静组合载荷下能源开采工程中水岩耦合稳定性分析及安全控制技术体系 8.能源贸易中虚拟水的流动相关问题

2) 能源和水的统筹考虑与协调发展

能源与水耦合关系问题清单中，共有 116 条问题可归类为“能源和水的统筹考虑与协调发展”，具体包括两个方面，分别为能源和水的统筹考虑(共 53 条)及能源与水之间的关系研究和协调发展(共 63 条)，见表 7-6。

表 7-6　能源和水的统筹考虑与协调发展的问题清单

分类	数量/条	问题清单
能源和水的统筹考虑	53	1.我国主要耗能及耗水产业现状 2.信息化监控平台对高污染、高耗水能源行业的监控 3.将能源和水基础设施予以整合或设在同一位置并实施综合规划 4.节能节水技术的研究和应用问题 5.能源与水资源对国家安全的影响 6.能源开采与水资源保护研究，以及生态保护水资源循环利用与海水淡化技术 7.能源与水资源的高效利用技术开发 8.城市水/能系统综合集成问题 9.流域/区域水/能系统集成管理问题 10.提高能源开发与水处理的技术水平 11.对能源资源和水资源总量的摸底 12.能源和水如何与别的方面平衡、补偿、替代 13.能源与水资源的合理利用 14.工业废水热回收利用对于节水与节能的影响效应 15.变化环境下水与能源问题的应对机制 16.能源与水资源的综合评价体系 17.我国产业发展及布局对水与能源需求拉动作用分析 18.气候变化对水资源、能源系统的影响 19.水资源与能源高效利用技术集成问题 20.寻求解决能源与水问题的根本出路 21.针对重点问题，研究能源与水的节约问题 22.加强能源资源和水资源循环利用的研究 23.我国环境治理与能源规划及各种能源选择的研究 24.如何在满足经济增速的需求下，降低高废能源的消耗和水资源利用 25.我国各地区对能源和水的需求及供应预测 26.国家制定能源生产计划和水资源分配方案 27.从能源和水的分布状况优化工业体系布局 28.从能源和水的分布状况考虑城市建设规划、人口规划 29.粮食安全、能源安全与用水安全问题 30.能源资源与水资源逆向分布对我国能源产业布局的影响 31.能源与水的集群合作解决方案

续表

分类	数量/条	问题清单
能源和水的统筹考虑	53	32.能源与水资源保障如何解决 33.开展能源与水资源保障风险综合识别、评价、防范技术问题研究 34.我国主要能源赋存与水资源赋存格局 35.CCUS 典型示范技术的能源流与水足迹评价 36.各种能源与水的关系应该各有特点，可以分别进行分析 37.对能源和水，优先关注其中一种资源 38.将能源与水放在同一个框架下研究 39.当能源开采对水环境影响较大时如何取舍 40.节能节水措施及设备研究 41.将水资源的使用量和污水排放量与产能进行合理配比，并对超量部分进行量化收费 42.能源与水的安全治理 43.对能源与水的开采利用进行科学创新 44.加强科学技术的研究与研发，解决能源与水的瓶颈问题 45.能源与水资源共同开发利用 46.能源与水之间的关系如何能分开 47.能源开采与水资源利用的科学创新 48.能源开采与水的安全治理 49.能源与水如何协同利用相关问题 50.能源与水利用效率及回收问题 51.如何更好和更高效地利用水及能源 52.关于各种能源与水的高效利用问题 53.关于能源开采与水资源利用的科技创新问题
能源与水之间的关系研究和协调发展	63	1.对于能源资源和水资源可相互转化的量从技术层面分析其可行性 2.能源产业布局与水资源匹配问题 3.水足迹与碳足迹的关联性 4.我国西部能源开采与水资源稀缺的矛盾 5.如何对我国能源与水整体布局进行更合理的规划和调整 6.能源开发及水资源利用会引发一系列环境破坏及水土流失问题，是否需要在项目立项前有完善的规划 7.能源与水资源的综合优化配置及实时调控技术研究 8.基于一般均衡理论的水与能源耦合模拟模型的构建

续表

分类	数量/条	问题清单
能源与水之间的关系研究和协调发展	63	9.分析能源资源和水资源的时空分布格局的匹配特点，以及不同类型能源在全生命周期中对水的需求及影响因素 10.区域水资源与能源的协同管理 11.能源生产与水资源承载能力相协调的问题 12.农村水资源可持续利用与农村能源结构合理化问题 13.水资源供需与能源供需之间的空间分布及匹配问题 14.找出问题重点，理清楚高耗水的能源加工环节和高耗能的水处理环节 15.针对能源资源和水资源分布的不匹配，研究资源调配的可行方案 16.能源与水的协调发展 17.能源发展与水利用的协调统一 18.我国能源资源与水资源分布不匹配的情况有无解决的对策，如何改善这种现状 19.如何保障水资源和能源的供需平衡，使之适应社会经济发展需求 20.如何处理能源、水、环境、经济等相互耦合与矛盾的问题 21.水文状况与能源用水需求之间的关系 22.能源和水资源关系梳理 23.生态循环系统中的能源与水资源的系统规划问题 24.风光水互补的清洁能源示范基地建设 25.能源的发展应逐步为水资源保护让步 26.怎样做到既节约能源又节约水资源 27.能源与水资源联动机制问题研究 28.能源资源分布与水资源分布协调性问题研究 29.能源发展与水资源开发协调综合评价措施体系研究 30.如何协调各地各种能源类型开发(禀赋不同)与水资源的关系 31.水资源短缺与能源开发利用如何协调 32.能源生产与水资源供需矛盾 33.能源与水资源的生产、需求、关联、预测模型 34.能源与水利用的可持续发展之路 35.水资源与其他能源协调开采技术 36.过滤分离技术在能源与水协同发展中的应用 37.能源与水资源能否相融合 38.能源开发与地表水与地下水资源分布不协调及其之间的矛盾 39.能源与水生态的协调发展相关问题

续表

分类	数量/条	问题清单
能源与水之间的关系研究和协调发展	63	40.能源开发与生态环境可持续发展的协调性问题 41.其他国家是如何处理两者的关系的，有成功经验吗 42.如何利用市场化手段引导两者协调发展 43.哪些先进的技术可以极大地提高两者的协调性，我国可以引用吗 44.针对这个问题，相比其他国家，中国的特殊性在哪里，哪些可以借鉴而哪些不可以借鉴 45.对于我国来说，能源开发利用过程中对水资源的影响尤为突出，如何改善协调 46.在能源与水难以两全的情况下，现阶段应把谁放在优先位置 47.是否可以构想出在我国国情下，能源与水协调发展的最优化情景 48.能源与水资源的可持续发展 49.能源发展与水污染治理的关系 50.水资源供需与能源供需之间的空间分布及匹配问题 51.如何平衡能源开采及水环境影响 52.水资源-农业-能源耦合系统 53.水能开发与生态环境之间的交互关系 54.水与能源内在的相互作用关系 55.我国分区域能源、水与经济发展的协调性评估 56.水-能源-粮食之间的相互作用关系 57.节能与节水之间的联系 58.能源与水资源的时空演变规律及转换机制 59.水是生活的必需品，也是能源生产的必需品 60.能源开采与水资源利用之间的关系 61.能源与水的内在化学及物理联系 62.关于解决能源与水资源分布不匹配的问题 63.能源与水资源分布不均相关问题

3）水利用过程中的能源消耗及其对能源的影响

能源与水耦合关系问题清单中，共有 64 条问题可归类为“水利用过程中的能源消耗及其对能源的影响”，具体包括 3 个方面，分别为水利用过程中的节能技术（共 14 条）、水利用过程中的能源消耗与需求（共 22 条）及水资源分布对能源行业的影响（共 28 条），见表 7-7。

表 7-7　水利用过程中的能源消耗及其对能源的影响的问题清单

分类	数量/条	问题清单
水利用过程中的节能技术	14	1.研究更为节能的污水处理或者海水淡化技术 2.关注水运输中能源的节约 3.研发更环保、更节能的水生产模式 4.水量供应对能源生产的影响，以及降低单位用水量 5.城市给排水设施节能减碳问题 6.水资源开发利用过程中的节能技术 7.充分开发利用大自然的循环净化能力，减少能量供应的投入 8.污水处理方面是不是可以加大生物处理方法比重从而节约能源 9.水资源开采过程中的能耗核算方法及相关统计数据的完善 10.咸水淡化和污水处理过程中的能耗核算方法及相关统计数据的完善 11.通过节水能够实现节能的潜力研究 12.保护性耕作是适应气候变化的一种措施，可节约用水，但机械地使用是否减少了能源需求 13.水污染治理过程中能源的合理利用 14.研究低能耗咸水淡化、污水处理方法
水利用过程中的能源消耗与需求	22	1.国家水资源生态环境修复的能源消耗评价 2.城市水的净化运输处理等对能源的消耗 3.海水的淡化耗能问题 4.水资源开发利用全生命周期的能耗分析与管理 5.小尺度水资源与消耗、水污染及排放状况 6.污水处理过程中的能源供应 7.以水资源为主要投入的能源生产，如煤制油的环境经济学评价 8.中国供水系统能源消费状况分析 9.中国污水处理现状及能耗分析 10.单位立方米供水耗能核算 11.污水处理平均耗能情况调研 12.水资源处理的能源投入成本 13.咸水淡化和污水处理过程中的能耗核算方法及相关的统计数据完善 14.可利用水资源的逐渐减少，是否会增加在利用水资源过程中对能源的消耗 15.能否寻找到更为高效经济的污水处理方法或循环利用水的方式，降低污水处理的成本，更加合理地利用水资源 16.水资源开采对能源的需求分析 17.污水处理对能源的需求分析

续表

分类	数量/条	问题清单
水利用过程中的能源消耗与需求	22	18.水资源分布的不平衡性对能源需求的影响 19.城镇污水处理的能源消耗问题 20.污水处理的能耗是多少 21.水资源的利用也需要能量的投入 22.污水处理对能源消耗的增长趋势
水资源分布对能源行业的影响	28	1.水资源约束条件下的能源开发利用战略 2.国家能源产业地域布局优化（基于水资源分布） 3.水在能源领域的优化利用相关问题 4.水资源约束下的能源发展（规模、结构等） 5.水资源对能源开采的约束 6.水资源对我国能源开发的支撑能力 7.水资源问题会对未来能源利用方式与结构产生什么影响 8.水资源对能源开采布局的影响 9.水资源不足对当地能源产业规划和布局的影响预估 10.围绕水资源承载的西部能源发展规划 11.水资源约束下的地方能源产业结构优化问题 12.要解决水问题，首先要解决能源问题。从长远来看，应重视新技术的开发与推广 13.废水低能耗再处理利用技术对工业用水的反哺机制 14.减少可造成水污染的能源开采量 15.水资源对大型能源开发利用基地的制约问题 16.区域尺度上能源发展的预期及水约束 17.从水约束来看能源结构、技术、分布的优化 18.水资源对能源发展的制约 19.研究水的问题的时候，能源利用似乎是很少考虑的问题 20.分析在水资源约束下我国重点能源基地的能源开发利用方式及合理规模 21.分析区域水源类型及其空间分布问题对能源基地发展的影响 22.水环境质量要求对能源基地发展的约束 23.“三条红线”制度如何能够映射和约束能源相关的行业和企业，在此约束下能源行业应如何做 24.国家能源革命对区域水资源的影响有哪些；国家能源产业布局如何做到“以水定产”；全球形势、国家战略及区域策略各是什么 25.水资源的分布对能源布局的影响 26.水文条件复杂地区采矿过程中的安全问题 27.水资源是如何影响中国能源产业布局的 28.可用于企业生产的水过少导致能源利用率低

4）宏观政策层面的耦合

能源与水耦合关系问题清单中，共有 42 条问题从政策层面考虑能源与水耦合问题，具体包括两个方面，分别为能源和水的价格机制（共 7 条）及能源与水资源的政策引导和法律保护（共 35 条），见表 7-8。

表 7-8　宏观政策层面的耦合的问题清单

分类	数量/条	问题清单
能源和水的价格机制	7	1.能源工业用水科学定价机制研究
		2.水与能源的定价机制问题研究
		3.中国能源和水的定价体系是否合理，如何定价可以更好地促进两者协调
		4.水与能源的定价机制相关问题
		5.促进水与能源健康发展的价格及财政政策制定
		6.能源、水价格市场化对我国经济增长的综合效应
		7.如何核算水价以实现水和能源的优化利用
能源与水资源的政策引导和法律保护	35	1.能源工业节约用水奖励机制研究
		2.根据不同能源类型和水资源的关系图谱，制定针对性政策
		3.节能与节水立法及政策相关问题
		4.相应的财税金融政策引导能源与水资源相互促进发展
		5.能源资源开发中鼓励保护水资源的政策
		6.节能减排指标体系（能源与水）的构建与评价
		7.政策层面鼓励节水、节能项目，淘汰高水耗、高能耗项目
		8.尽快完善水资源、能源等保护的法律，并严格执法
		9.对应的相关政策的制定，包括对涉及的企业、政府监管等方面
		10.能源和水关联与耦合需不需要政府干预
		11.政府应如何实现能源与水资源政策协同
		12.在政府的干预过程中会出现的问题有哪些
		13.如果不需要政府干预，企业层面怎样自行实现能源和水的关联与耦合
		14.最严格水资源管理制度对能源开采、加工和转化过程的影响
		15.能源与水资源综合管理体制与制度研究
		16.水权交易能否真正解决区域高耗水工业的发展问题，特别是在能源产业链上，在内蒙古等地的试点有没有进行科学评估
		17.中国居民能源、水消费行为模式的变迁及其对需求的影响
		18.最严格水资源管理制度对能源开采、加工和转化过程的影响
		19.推行与加强节能节水的优惠政策
		20.政策应该向新能源、污水处理等方向倾斜
		21.注重产业政策的导向性，政策应该向清洁能源、污水处理等方向倾斜

续表

分类	数量/条	问题清单
能源与水资源的政策引导和法律保护	35	22.通过能源产业的税收和专项费，补贴清洁技术、污水处理技术等的开发与实践 23.如何设立开放、公正的能源与水风险管控机制，并处理相关责任事故 24.政策层面如何在能源供应和发展及水资源保护方面进行平衡 25.政策上加强能源与水资源开发利用监管力度 26.地方政府应加强对能源与水资源的重视程度 27.政府对能源与水资源的开发利用做好宏观调控 28.因地制宜，实现能源与水资源协同发展 29.能源与水的政策协同应加入国家、政府的大力举措之中 30.我国能源与水之间的协同效益还没有引起足够重视 31.国家出台有关政策及研发新产品 32.加强能源与水相关生产单位的监管 33.宣传节约理念，使节约能源与水资源观念深入人心 34.如何让更多人了解到我国能源资源与水资源的现状，让公众从意识到行动上都能珍惜能源资源与水资源 35.我国民众对这两者协调发展的意识不强，如何做好科普工作

2. 煤炭行业与水耦合问题

1) 煤炭行业水资源的现状和问题分析

能源与水耦合关系问题清单中，共有 77 条问题可以归类为“煤炭行业水资源的现状和问题分析 ”，具体包括 5 个方面，分别为煤炭开采对水的影响和破坏(共 42 条)、煤炭和水资源的协调发展(共 2 条)、煤炭利用过程中的用水(共 18 条)、煤炭污水废水的处理(共 7 条)及水资源对煤炭行业的约束(共 8 条)，见表 7-9。

表 7-9　煤炭行业水资源的现状和问题分析的问题清单

分类	数量/条	问题清单
煤炭开采对水的影响和破坏	42	1.煤矿开采对地下水资源的破坏影响 2.煤化工产业与水资源协调发展问题 3.基于循环经济的采煤沉陷区水、土地和煤炭资源的同步利用模式研究 4.煤炭企业整合对水资源的影响 5.新型煤化工企业水处理工艺方案设计优化问题 6.基于节水理念的煤化工产业水资源价格模式探析 7.能源如煤矿的洗选对水资源的粗放使用与破坏 8.能源产业的科学规划：我国煤炭等资源与水资源呈逆向分布 9.煤矿开采对区域地下水循环的影响

续表

分类	数量/条	问题清单
煤炭开采对水的影响和破坏	42	10.煤矿关闭后地下水循环及水质的恢复研究 11.煤炭固体废弃物对水资源的影响及应对措施 12.煤炭燃烧烟气沉积对水域的影响 13.地层深部矿产资源开采导致大量地下水资源破坏和损失，如何统筹兼顾、科学合理地开发利用 14.煤矿长壁开采对地下水层位的影响 15.煤矿充填材料对地下水水质的影响 16.煤矿开采与地下水动态流向的规律 17.煤化工造成的水污染 18.不同开采技术对水环境破坏的比较 19.煤炭、石油开采对水环境的影响 20.典型煤炭、石油开采区域对水资源的影响程度 21.煤炭加工过程中煤矸石渗滤废水对地表水、地下水的影响程度 22.煤制气等高耗能产业引起的耗水、水污染等 23.采矿业对地下水水质的影响 24.在水体下的煤矿开采过程中如何做到不破坏上面的水系 25.保护水资源、地表径流、地下水的污染浪费、保水开采 26.煤矿开采对河流、水库等的影响程度 27.煤矿开采对地下水位的影响程度 28.煤矿开采对当地降水的影响程度 29.开采过程中涌水抽出地面后的处理 30.煤炭开采过程中地下水的利用 31.煤炭开采后地下水怎么保存 32.过度开采对地下水资源系统的破坏性有多大 33.煤炭的开采会造成地下水资源被污染 34.如何减少煤炭开采过程对自然水体的损害 35.煤炭开采对地下水的影响问题 36.煤矿原煤洗选需要大量的水，而排出的尾水会造成河流污染 37.采矿会导致地表径流发生变化，地下水干枯，因此应研究如何更好地保护植被 38.加强煤矿供水开采，优化开采方式及开采顺序 39.煤炭开采对水资源的破坏影响 40.煤矿开采过程中对水的污染及水源的破坏 41.保证煤炭开采过程中不损坏或污染含水地层 42.矿产能源的开发对水资源产生的破坏与污染
煤炭和水资源的协调发展	2	1.煤化工、石油化工与水资源的相关性问题 2.西北内陆区煤炭和石油化工产业与水资源协调发展研究

续表

分类	数量/条	问题清单
煤炭利用过程中的用水	18	1.煤化工与水的相关问题 2.洗煤与水的相关问题 3.新型煤化工发展对水的需求问题 4.煤化工用水与生活用水相协调的相关问题 5.西北富煤地区煤化工用水问题 6.煤化工大量消耗水资源 7.当前我国煤炭开采所需水资源总量是多少 8.我国煤炭开采、加工及转化过程中的水资源利用效率是多少 9.典型煤炭、石油等能源资源的高效节水机制 10.生物质能、煤化工、清洁煤利用等技术应用中的节水技术开发 11.洗选煤必须用水吗？有无其他方法 12.充填材料中水的比例为多少时填充材料强度最大 13.工矿开采过程中的水用用于洗煤、电厂冷却、洒水降温 14.高压水射流钻孔技术在井下煤层气开采中的应用 15.煤层水力冲孔卸压抽采瓦斯 16.煤层注水降低煤体内部瓦斯含量 17.水文地质在煤矿开采中的作用 18.煤矿生产对地下水疏干作用的水化学证据
煤炭污水废水的处理	7	1.怎样将矿井废水用于能源开采及热力发电 2.变废为宝，做好矿井污水处理 3.煤炭洗选加工时如何处理废水 4.由于煤矿开采对地下水的污染，需要建立矿井水处理站 5.利用采空区转移储存渗水和井下开采污水 6.煤炭开采与污水处理问题 7.最大化利用煤矿的污水处理厂，珍惜水资源
水资源对煤炭行业的约束	8	1.水资源分布不对称限制了煤炭资源的开发利用及转化规模 2.取水许可或者水权对于煤炭企业发展的影响 3.水资源对煤化工发展的影响 4.水资源开发利用对煤炭开采及利用的约束 5.在水文地质复杂的矿井中，调配涌出水量与开采年限的关系 6.关停某些水煤矿，大力开发新能源，避免因煤矿开采大量浪费水资源 7.水环境保护力度的加大对煤炭行业的影响 8.水资源保护区附近的矿井生产如何进行

2）煤炭行业水资源利用方法技术改进

能源与水耦合关系问题清单中，共有 88 条问题可以归类为“煤炭行业水资源利用方法技术改进”，分为 3 个方面，分别为煤矿灾害防治与污染处理（共 26 条）、废水污水的处理（共 10 条）、煤炭生产的保水节水技术（共 52 条），见表 7-10。

表 7-10　煤炭行业水资源利用方法技术改进的问题清单

分类	数量/条	问题清单
煤矿灾害防治与污染处理	26	1.地下开采水灾防治相关问题 2.矿井防治水疏、排、供应合理结合研究 3.煤化工高效节水及水污染防治技术与装备研发问题 4.焦化废水的污染控制技术应用 5.《水污染防治行动计划》背景下的煤化工转型 6.矿井水害的超前探测与监测预警 7.矿坑水污染治理相关问题 8.尾矿水污染影响及治理 9.矿井水灾防治关键技术 10.矿坑水污染治理的现状 11.煤矿矿坑水污染处理系统 12.煤矿对水资源的破坏现状 13.如何降低或减小煤炭等化石燃料资源开发对地下水环境的影响问题 14.煤炭开采沉陷对水资源的影响与修复 15.如何解决煤矿开采过程中的地下水流失问题 16.煤炭开采造成生态环境问题 17.矿井水排到地面后怎么处理及重复利用 18.如何提高探测煤矿水害事故灾害发生的能力 19.矿井老窑水防治相关问题 20.煤矿开采过程中如何减少自然水体的威胁（透水） 21.研究矿区污水用于防火灭尘供给 22.煤矿开采沉降对地下水分布的影响 23.深部矿井水排至地面是否会污染饮用水源 24.煤矿使用循环水的意义探究 25.矿山水害的检测与防治 26.煤炭开采与防治水问题
废水污水的处理	10	1.防止采空区积水及如何利用、回收采空区积水 2.矿井排水的处理净化研究 3.煤化工废水处理与回收利用

续表

分类	数量/条	问题清单
废水污水的处理	10	4.西部煤化工对水资源的使用消耗和废水处理 5.煤化工废水的有效再利用 6.矿坑水排放标准规范 7.井下水矿物质及甲烷提取关键技术研究 8.洗煤工艺排放水资源回收利用关键技术研究 9.内蒙古、陕西地区煤矿排水与化工用水的综合利用研究 10.国内煤炭产业产能过剩，亟须转型，是否可以与水能源发电及污水处理项目相结合，实现双赢
煤炭生产的保水节水技术	52	1.大型煤田、能源化工基地水资源统筹调度利用 2.矿井水资源保护相关问题(我国年损失矿井水 60 亿吨) 3.煤炭转化过程中的节水及废水的大规模高效低成本处理 4.煤炭开采过程中水资源保护与利用问题 5.煤炭地下气化水资源保护问题 6.国外煤矿开采水资源管理研究 7.干旱半干旱地区与水资源保护协调的煤炭绿色开发 8.节水降耗的煤炭高效清洁利用与转化 9.煤矿开采过程中水资源的保护 10.煤化工、矿物加工过程中水的循环利用 11.矿物加工过程水资源的循环利用 12.开采煤炭时排放的水的重复利用问题 13.煤转化的新途径的科研成果(结构上没有水循环) 14.减少矿井水的流失与浪费 15.能源发电需水与矿井生产用水循环利用 16.降低矿井水净化利用的成本，增加矿井水的重复利用率 17.煤矿保水开采方法的应用与推广 18.矿井水循环利用技术的发展 19.炼化用水处理循环使用 20.煤矿井排水、二次循环水资源的利用问题 21.提高开采过程中疏干水的利用率 22.提高煤化过程中的水资源利用率 23.提高煤炭洗选过程中的水资源利用率 24.煤炭开采保水、节水、水处理是发展趋势 25.乌鲁木齐煤炭资源富裕，水资源严重缺乏

续表

分类	数量/条	问题清单
煤炭生产的保水节水技术	52	26.提高矿井水的回收利用率 27.煤化工项目蒸馏水的重复利用 28.规范矿区水资源的利用 29.开采过程中如何减少水资源的消耗 30.煤矿井地下水资源的循环利用 31.采矿过程中能否对井下水资源进行利用，就地取材 32.采矿后残留在井下的水的回收利用 33.煤矿开采过程中如何保护好水资源 34.矿井水资源利用相关问题 35.露天矿复填与蓄水利用综合研究 36.矿井抽排水与煤化工生产综合利用 37.煤矿开采浪费了大量水，各设备需有水才能正常运转 38.用净化后的废水资源进行煤化工相应产品的研发 39.如何避免煤矿开采过程中对水资源的大量浪费 40.在煤矿中，如何实现就地取水，实现水的循环利用 41.井下开采用水能否回收再利用 42.探究抽出的矿井水能否清洁使用 43.在煤矿开采过程中所用水的循环利用 44.地下水对煤矿开采安全方面的影响，如淹井等 45.研究矿区地下水资源保护方法，以及地下水自供自用 46.地下水库技术能否将矿井直接应用于开采用水 47.煤制油消耗水资源对环境的影响 48.合理处理煤矿开采中的地下水 49.煤矿开采中的地下水抽采净化，如神华 50.做好煤炭开采与水资源循环利用的协调发展 51.矿山水资源重复利用的相关问题 52.煤矿深层地下水的无污染开采及提供饮用水

3) 宏观政策层面的耦合

能源与水耦合关系问题清单中，还有 7 条问题涉及了宏观政策层面的煤炭与水耦合关系，见表 7-11。

表 7-11　宏观政策层面的煤炭与水耦合关系的问题清单

分类	数量/条	问题清单
政策层面	7	1.“以煤补水”生态补偿机制的构建 2.以水定煤的水资源管理研究 3.地下开采对地表水体保护方面的政策法规 4.水价改革对于煤炭企业发展的影响 5.如何建立煤炭企业的绩效评估体系，加强煤炭企业的用水和污染控制监管 6.煤炭企业配置污水处理的规模及其政策优惠 7.煤炭价格下行压力与污水处理投资较大之间的矛盾

3. 油气行业与水耦合问题

能源与水耦合关系问题清单中，还有 18 条问题关注了油气行业的能源与水耦合关系，具体包括两个方面，分别为油气行业水资源的现状和问题分析(共 8 条)及水资源利用与处理技术(共 10 条)，见表 7-12。

表 7-12　油气行业的能源与水耦合关系的问题清单

分类	数量/条	问题清单
油气行业水资源的现状和问题分析	8	1.无水压裂，大幅降低勘探开发过程的用水量 2.最近热门的页岩气开发是否对饮水产生负面影响 3.废水生产沼气的技术研究及推广 4.天然气与水合成可燃冰关键技术研究 5.页岩气水力压裂技术产生的环境问题 6.页岩气开发与水相关问题 7.石油、天然气等能源行业的水资源管理 8.页岩气开发、水力压裂对环境的影响
水资源利用与处理技术	10	1.同井注采，实现地下油气与水分离 2.钻井液循环处理应用，减小对环境的破坏 3.发电效率提高可减少对水资源的污染 4.油田开采后期(高含水期)采出水的处理和利用 5.页岩气开发过程中地下水资源保护与协同开发问题 6.能源石化企业的工业废水对环境的破坏及废水处理现状 7.磷矿地下开采探水相关问题 8.磷矿选矿过程水资源的循环使用 9.矿区地下水水资源大规模储存模式普及及应用 10.油气开采过程中，如何解决地下水污染问题和水资源浪费问题

4. 电力行业与水耦合问题

能源与水耦合关系问题清单中，还有 34 条问题关注了电力行业中能源与水耦合关系，具体包括 3 个方面，分别为发电的用水问题(共 9 条)、电厂冷却水问题(共 5 条)及水力发电相关问题(共 20 条)，见表 7-13。

表 7-13　电力行业中能源与水耦合关系问题清单

分类	数量/条	问题清单
发电的用水问题	9	1.单位发电量的耗水量数据统计问题
		2.单位发电量的耗水量核算
		3.城市污水、矿井水作为火力发电企业用水的可行性分析
		4.如何应对缺水区发电用水问题
		5.如何考虑在煤价下跌、火电优势突出情况下，坑口建设火电厂造成的水资源缺乏问题
		6.水资源价格对煤电价格及能源结构的影响研究
		7.水约束条件下火力发电企业的对策问题
		8.火电企业淘汰冷却老旧设备降低耗水量的研究
		9.内陆火电基地大量耗用水资源
电厂冷却用水问题	5	1.发电站水能不能多次循环利用
		2.企业生产过程中，设备冷却水产生的热能能否有效利用
		3.热电厂冷却水用于矿下生产的配套建设问题
		4.电厂冷却系统耗水量大，需要改进
		5.电厂冷却水的再利用相关问题
水力发电	20	1.水电项目对当地及上下游生态环境的影响
		2.电力行业水循环与消耗分析
		3.气候变化对水力发电的影响
		4.水电发展对河流生态健康影响的评估
		5.水电运行生态环保措施效果评估
		6.水力发电对生态及人文环境的破坏问题
		7.水电对水资源的影响
		8.超临界机组给水系统的建模与优化问题
		9.水电清洁能源相关问题
		10.海上风电和潮汐发电相关问题
		11.电水热联产的生产运行方式分析与评价
		12.积极利用潮汐等和水有关的能源
		13.水力发电与抽水蓄能的应用前景
		14.应更多地研究水力发电，既不浪费水资源，还能产生能量
		15.进一步优化水电开发布局
		16.气候变化背景下水电优化运行技术问题
		17.水力发电作为储能的可行性
		18.水电站应考虑将海水淡化、污水废水处理和能源生产集于一体
		19.在三西(甘肃的河西、定西和宁夏的西海固)地区运用过剩电力进行水处理，合理制定水价
		20.流域水资源利用和发电相关问题

5. 新能源相关技术

能源与水耦合关系问题清单中，有 31 条问题关注了新能源与水耦合关系，主要包括氢能、核能、生物质能领域能源与水的相关问题、从海水中提取能源和金属的相关研究及开发新型技术提高能源的使用效率，促进水的循环使用，见表 7-14。

表 7-14　新能源中能源与水耦合关系的问题清单

分类	数量/条	问题清单
新能源和技术	31	1.利用太阳能/核能、海水制氢，发展氢能 2.地热水采出与回注技术，实现地热能大规模利用 3.生物质能源与水资源协调发展 4.水提取氢能的技术有实用性吗 5.生物质能源的水资源需求及保障 6.开发清洁能源与当地水资源储量问题的研究(核能等) 7.井下地热能、地热水热能收集利用关键技术研究 8.研究新能源开发与利用、节水技术等 9.以水为载体的氢能源开发相关问题 10.生物质能源也需要大量的水资源投入 11.核电运行与用水相关问题 12.核电站一回路含放射性水的处理与排放 13.内陆核电站修建对内陆用水安全的影响 14.潮汐能、波浪能、海水温差能、海流能及盐度差能等海洋能源的利用 15.海水中铀及重水等核原料的开采和利用问题 16.海水燃料的研制 17.内陆核电对水资源影响的评估与评价 18.核电厂放射性废液的处理 19.运用新能源时探求新的耗水方法 20.如何将水与清洁能源密切联系，使两种物质利用率更高 21.使用和开发新能源对传统水资源、能源的替代 22.利用太阳能进行海水淡化，输送至厂矿以满足其企业用水和居民生活用水 23.增加节水能源的开发，如潮汐能、风能等 24.岛屿再生水源与生态环境建立(海上能源开采) 25.清洁能源利用与水资源保护 26.新能源利用技术的发展应用 27.提高能源与水的可再生能力 28.能源的高效利用及水资源的循环使用 29.能源开采时，能否寻求一种新的溶剂代替水 30.在转化能源过程中，探求新的低耗水方式 31.在新能源的开发利用过程中应该考虑水资源的保护

6. 海水淡化技术

能源与水耦合关系问题清单中，海水淡化技术也受到了关注，共有 18 条问题提及，见表 7-15。

表 7-15　海水淡化中的能源与水耦合的问题清单

分类	数量/条	问题清单
海水淡化	18	1.海水淡化的能耗和前景 2.海水淡化的能源相关技术经济分析及评价 3.火电厂水资源内部循环利用对淡水需求减少的研究 4.海水淡化与利用的能耗问题 5.从能源角度考虑淡化海水资源的可行性 6.海水淡化新技术开发的能耗核算 7.通过太阳能对海水进行淡化 8.海水淡化发电技术的现状和前景 9.海洋光电与海水淡化协同发展技术 10.近海能源开发与利用中的海水淡化技术研发与应用 11.单位立方米海水淡化耗能核算 12.如何将能源更高效可行地运用于海水的淡化 13.核能与海水淡化相结合 14.就地海水淡化技术和核电站海水淡化技术 15.水资源开采过程中的能耗核算方法及相关统计数据的完善 16.海水资源的重复利用 17.能否加大科研投入，运用新技术降低海水淡化成本，高效利用海水 18.运用新兴技术淡化海水，扩充淡水总量

7.3　结果分析

7.3.1　能源与水耦合关系仍然没有引起广泛的重视

在收集回来的 1009 个问题清单中，218 条是关于水资源部门的非能源相关问题，81 条是关于能源部门的非水资源相关问题。从 218 条水资源部门的非能源问题来看，水资源部门重点关注的主要问题是：水作为自然资源，其赋存情况、污染现状和空间分配问题(53 条)；为缓解我国水资源紧缺现状，分别从技术上实现水资源保护、废水重复利用的相关问题(114 条)；从制度上包括水资源管理和保护条例的实施及节水意识的教育宣传的相关问题(36 条)；考虑到水资源的商品属性，水权、水价机制的建立健全问题同样受到关注(15 条)。而在 81 个能源部门的非水资源相关的问题清单中及新能源技术的突破(30 条)的角度提出的相关问题最多。

毋庸置疑，能源与水资源是支撑社会发展、人类生存最为重要的两种资源，在能源与水资源各自的领域都存在着大量需要重视的问题。但是这近 300 条非能源与水耦合关系的相关问题也从侧面反映出能源与水资源之间紧密的联系仍然没有引起能源领域与水资源领域相关专家学者足够的重视。

7.3.2 能源行业提出的水相关问题明显多于水部门的能源问题

在反馈回来的 683 条能源与水资源耦合关系的问题清单中，单向地从能源行业考虑水资源及从水资源部门考虑能源的问题占绝大多数。其中能源行业的水相关问题又明显多于水资源部门的能源问题。从能源部门来看，专家主要关心的是能源行业对水量的需求及对水环境的影响，具体可以分为能源行业中的耗水、能源行业中的污水处理、能源行业中节水和合理用水、能源开发对水质及区域水环境的影响。水资源部门的能源问题则主要包括水利用过程中的能源消耗问题、水利用过程中的节能技术及水资源分布对能源行业的影响问题这 3 个方面的问题。这一情况可能与我们选取的调研对象有关，但也充分反映出现阶段，能源行业对水资源的依赖，以及水资源对能源的约束是能源与水耦合关系中的主要矛盾。

7.3.3 煤炭行业是问题涉及最多的能源行业，其对水环境的破坏尤为受到关注

在能源部门的水资源相关问题中，一部分专家站在整个能源行业的角度提出了能源行业中的用水及对水的影响(188 条)，另一部分专家则更加具体地提出了某种特定能源品种在其生产过程中需要重点关注的水资源相关问题。其中，煤炭行业的相关问题(172 条)远远多于油气行业(18 条)、电力行业(34 条)及新能源产业(31 条)。一方面，是由于煤炭在我国的能源生产与消费结构中长期占据主导地位；另一方面，从煤炭与水的关系来看，煤炭行业在其生产过程的各个环节都与水资源密不可分，因而煤炭同水资源的关系更为密切也更加复杂，从问题清单上也能反映出这一点，包括煤炭利用过程中的用水(18 条)及煤炭生产的保水节水技术(52 条)都是专家所关注的问题。相比于煤炭行业的用水，煤炭行业生产过程中产生的大量废水对地表及地下水的影响和破坏(42 条)，以及煤矿灾害防治和废水污水处理技术的改进(36 条)则引起了更多专家的重视。

7.3.4 能源与水资源的协同问题关注较少

能源与水资源之间存在巨大的协同效益，能源与水资源在政策、制度、规划上的协调统一对于能源与水资源的可持续发展具有重要意义。但是和单向的能源

与水耦合关系相比，从更加宏观的角度提出的整个能源系统与水资源系统的协调发展与规划问题只有 116 条，具体包括实现能源与水资源空间分布上的匹配(63 条)及能源与水资源的协同管理、相关基础设施的协同规划(53 条)。

7.3.5 技术层面的改进与创新是能源与水资源关系领域的关注焦点

能源与水耦合关系涵盖政治、经济、社会、环境、技术等多个方面，但是和其他 4 个层面相比，问卷清单中从技术的角度提出能源与水关系相关的问题占绝大多数。不论是直接提及技术的改进，还是用能、用水量的测算都是以某种特定的技术作为前提和载体的。从整个能源行业角度来看，问题清单中涉及最多的是水资源节约与循环利用技术和污水处理技术。此外，不同能源行业也存在特有的水资源利用关键技术，其中煤炭行业的井下水灾防治与废水处理技术，煤炭的保水开采技术，油气行业中采出水处理技术与水力压裂技术，电力行业中水电技术与潮汐发电技术及新能源技术都是得到重点关注的问题。而水资源部门的能源技术中，海水淡化则是最为引人关注的技术。

7.3.6 用能用水数据统计严重缺失，相关理论研究进展缓慢

在 683 条能源与水耦合关系问题清单中，有大约 100 条问题都直接或间接提及了不同的能源行业在不同的生产环节、不同技术选择下的用水需求量、不同技术选择下水资源部门的能源消耗量数据的相关问题，从而反映出现阶段我国不论是能源企业还是有关部门都没有对能源行业用水相关数据及水部门的用能数据进行系统的统计整理。由于没有这些基本用水、用能数据的支撑，能源与水耦合关系的相关理论研究进展缓慢，从而难以更加宏观、全面和深入地认识我国能源与水耦合关系，难以为解决区域能源与水资源空间分配不协调，实现能源与水资源的协调规划提供进一步的研究支撑。

我们通过收回的 216 份有效问卷，系统地整理了问卷中的 1009 条专家问题，分别从能源和水资源的交互关系、能源、水资源这 3 个方面对问题进行归纳分析，从而为下一章提出一份详尽的问题清单打下了坚实的基础，同时也为研究能源和水资源之间的问题提供了一个合理的参考。

7.4 本章小结

当前我国对能源与水耦合关系的内涵尚没有统一的、清晰的认识，因此有必要对其进行深入探讨，识别研究需求。本章采取调查问卷的方式，对 224 位相关专家学者最关心的能源与水耦合关系的问题进行了调研，共获得了 1009 个能源与

水资源的问题清单。结果表明：目前，能源与水耦合关系仍然没有得到共识，而且大多数人关心的都是能源行业相关的水资源问题，特别是煤炭行业；技术层面仍然是解决我国能源与水资源紧张关系最受关注的方面，而如何从宏观的政策和战略层面使能源与水资源协同发展，则需要在进一步的保障相关数据统计完整性与准确性的同时，开展更为深入的研究工作。

第8章 中国能源与水耦合关系展望和建议

8.1 中国能源与水耦合发展面临的挑战

8.1.1 城镇化快速发展，能源和水资源安全形势更为严峻

城镇化是由以农业为主的传统乡村型社会向以工业、服务业、高新技术产业和信息产业为主的现代城市社会逐渐转变的历史过程(杨晶媛，2015)。自改革开放以来，我国城镇化建设逐渐加快，2016年城镇化率已达到57.35%(国家统计局，2018a)。但是根据世界城镇化发展普遍规律，我国城镇化进程仍处于快速发展区间(城镇化率30%～70%)。

一方面，能源和水资源对城镇化起到了支撑作用。能源和水资源的短缺会制约城镇化的建设与发展。已有研究指出，我国干旱少雨的地区将很难支撑起城镇化建设及城镇化导致的人口增长(Gober，2010)。因此，在满足城市建筑使用需求大幅增长的同时，如何推进城市建筑全生命周期内的绿色化设计，为使用者提供舒适、高品质使用环境的同时，实现节能、节水，需要引起有关部门的关注。另一方面，城镇化进程会使居民的生活和消费习惯(如食品消费、出行方式)等发生深刻的变革，无论是生活中对于能源与水资源的直接利用，还是通过消费升级拉动工业生产，都会造成能源和水资源需求的改变。与此同时，沿河流域的城镇化进程还会加剧河流的水污染，从而导致水资源受到威胁，从而更进一步地减少可用水资源量。综上所述，城镇化、能源与水资源之间客观上存在着复杂的耦合作用。城镇化对能源与水资源安全提出了高要求，实现能源与水资源的协调发展也是未来城市发展的基础。因此，需要我们去考虑研究能源与水的相互关联问题，如何在保障能源安全、水资源安全的前提下，考虑环境因素、人口增长及资源分配等问题。

8.1.2 随着工业化进程的推进，各部门对能源与水资源的竞争加剧

党的十八大报告指出：“坚持走中国特色新型工业化、信息化、城镇化、农业现代化道路，推动信息化和工业化深度融合、工业化和城镇化良性互动、城镇化和农业现代化相互协调，促进工业化、信息化、城镇化、农业现代化同步发展。”从工业化进程来看，中国已进入工业化中后期，但仍未完成工业化。随着工业化进程的推进，势必会对能源与水资源的取用和消耗带来影响，进而影响能源与水耦合关系。

工业部门一直是中国最主要的能耗部门，且能耗一直呈现增加的趋势，2014年工业部门能耗为29.57亿吨标准煤，占全国能源消费总量的69.44%（国家统计局，2018a），从工业耗水来看，十大耗水工业部门中就有3个是能源部门，包括煤炭开采和洗选业，石油加工、炼焦和核燃料加工业，电力、热力生产和供应业。因此，工业化在拉动能源需求增长的同时，也会增加这3个行业的取水和耗水量。随着各个部门对水资源竞争的进一步加剧，水资源也将反过来限制能源部门的发展，进而影响工业化进程。此外，工业废水排放量巨大，是中国水资源保护的核心问题之一。工业化的进一步推进，必然存在着使水资源污染加剧的风险。排放的废水中含有重金属、有毒离子，会污染水体，使得本就紧缺的清洁水资源更为紧张。因此中国工业化进程中的废水排放、处理问题需要得到更广泛的关注与更多的实际行动。

工业化的进一步推进，需要平衡工业部门与其他部门之间的用水分配、能源工业部门与其他工业部门之间的用水分配问题。

8.1.3　全球气候变化背景下，能源与水关系将更具复杂性

气候变化是当前国际社会普遍关注的全球化重大问题。许多观测资料表明，地球正在经历以全球气候变暖和极端气候事件频率（强度）增加为主要特征的气候变化过程。受全球气候变化的影响，能源与水资源的关系的发展也更具复杂性、不确定性。

首先，全球气候变化会直接增加能源和水资源供给与需求的不确定性。从水资源角度来看，大量研究表明气候变化已经影响到了大气降水的时空分布，引起了洪水、干旱等极端天气的频繁发生，这直接影响着水资源供给（陈玲飞和王红亚，2004；张勇等，2006）。从能源的角度来看，全球气候变化在一定程度上通过多种途径影响着能源供给，特别是生物燃料生产（特别是生物柴油）和发电（特别是水电）可能会遭受气候变化的负面影响（Lucena et al.，2009; Boehlert et al.，2016; Giuntoli et al.，2016）。

此外，引起全球气候变化的重要因素——温室气体，又同能源息息相关，因而在研究能源与水耦合关系时，越来越多的专家学者将温室气体的排放列入讨论范畴，提出了能源-水-温室气体耦合的概念。气候变化对能源与水耦合关系的影响主要体现在两个方面：一是节能减排目标下能源总量控制与能源结构的调整。这势必会给能源与水资源的关系带来新的挑战和机遇。二是水系统的能源消耗及相应的温室气体排放问题也值得关注。未来，我国用水需求和水资源供给缺口将随着社会经济的发展继续上升。对于缺水地区，开发非常规水资源（包括污水再生利用、海水淡化等）是缓解当地用水危机的必然选择。而非常规水资源开发利用过程中的能源消耗远远高于常规水资源，如地表水与浅层地下水的开发利用。随着

对饮水质量要求的提高及非常规水资源利用规模的扩大，城市水系统的能耗将会出现激增，从而增加城市的温室气体排放，加剧我国的减排压力。

8.1.4　我国在制定能源和水资源规划时缺乏协调与统一

在社会经济发展、人口增长及全球气候变化等因素的影响下，我国能源与水资源之间的相关性与约束性特征日益突出，给保障水资源安全与能源安全供给带来了更为严峻的挑战。因此，对于水资源与能源的管理和政策的制定，如果仍然遵循着强调单一政策效率的传统模式，过量地强调使用某一部门的政策，很可能会对另一部门发展政策的推动产生不利的影响，从而加剧水资源与能源之间的紧张关系。

推动我国水资源与能源政策之间的整合与协同，实现水资源与能源政策目标的“双赢”已经迫在眉睫。但是就如何促进水资源与能源政策协同和从理论上讨论政策协同机制等方面，相关的研究较为缺乏，无法为能源与水资源协同政策的制定和实施提供充足的理论支持。因此，从现状来看其相关政策的制定和运行仍然相互独立，能源政策的制定常常忽略了当地的水资源风险及水资源短缺给其发展带来的潜在限制和阻碍；城市在制定水资源政策和规划时，也几乎不关注能源问题。

8.1.5　受能源、水资源供需影响，粮食生产面临更大挑战

粮食安全问题一直是我国社会关注的热点问题，据估计，我国需要在 2030 年前增加 30%的粮食产量，才能保障全国人民的温饱问题。而随着我国工业化和城镇化的快速发展，一方面占用了大量的土地，我国的耕地面积逐年减少；另一方面，加剧了与农业用水的竞争。我国农业用水比例由 1949 年的 87%下降到 2009 年的 62%。此外，长期以来对地下水的过度开采，已经导致部分地区地下水资源日益匮乏，水位下降明显，农民需要消耗更多的能源，才能从更深的含水层中取水。因而不论是从水资源的角度还是从能源的角度，都给我国的粮食安全带来了更为严峻的挑战。

8.2　中国能源与水耦合关系展望

8.2.1　能源与水资源需求增速逐渐回落，但回落区间存在不确定性

我国人口规模庞大，且城镇化与工业化进程尚未完成，因此今后将仍然具有较大的能源需求增长空间。从国际横向比较来看，尽管我国能源消费总量已经位居世界首位，但是 2014 年我国人均用能为 2236 千克油当量，不到美国的三分之一，较发达国家仍然有一定的差距。从国内区域比较来看，落后地区的基础设施建设、人均生活用能也远低于发达地区。

对于水资源来说，我国的农业用水自 2013 年达到一个峰值后(3921 亿立方米)，

近几年已呈现逐年小幅下降的态势(2017 年为 3766 亿立方米)。考虑到我国的农业用水效率远远低于发达国家，预计未来我国农业用水仍将保持下降趋势。此外，发达国家的经验表明工业用水峰值与第二产业比重迅速下降的时间同步。随着工业化进程的不断推进，我国工业用水也将步入稳定期。从城镇生活和农村居民的用水量的对比来看，城镇居民的生活用水约为农村的两倍，因而随着城镇化率的进一步提升，生活用水将整体上延续稳步上升的态势，从而成为我国未来用水需求增长的主要驱动力。

未来我国能源和水资源需求增速将逐渐回落，但是回落幅度存在角度不确定性。改革开放以来，我国经济保持高速增长，GDP 年均增长率维持在 10%以上；近几年，我国经济进入新常态，从高速增长转为中高速增长，经济结构不断优化升级，从要素驱动、投资驱动转向创新驱动。我国协同推进的新型工业化、城镇化、信息化、农业现代化，均会给我国的能源与水资源需求带来不确定性，但这些不确定性也是我国实现能源与水资源节约的重要机遇。特别是高耗能行业和高耗水行业具有一致性，金属冶炼和压延加工品业、化工产品业、煤炭采选产品业、精炼石油及核燃料加工品业等行业在消耗大量能源的同时也消耗了大量的水资源，而对于居民部门来说，其对于能源与水资源的利用方式也决定了两种资源之间紧密复杂的耦合关系。因此，随着我国节能节水措施的进一步推动，能够实现节能与节水之间的协同效益，从而大幅度减缓能源与水资源需求的增速。

8.2.2 能源生产重心西移，水资源对能源发展的影响逐步显现

西北地区在全国化石能源供应中的地位继续增强。在我国规划的 14 个煤炭基地中，除云贵基地和蒙东(东北)基地外，其余基地均处于北方缺水地区。与此同时，随着我国远距离能源输送工程相继建设施工，北煤南运、西气东输、西电东送、北油南运的格局更加突出。我国的化石能源生产中心继续向水资源短缺的西北部地区转移，无疑会加剧能源生产行业用水的紧张关系。此外，传统的能源产业如采煤、煤化工、天然气、石化及与其配套的基础设施建设均会对水环境产生一定程度的影响和破坏，造成水体污染、水土流失、湿地萎缩，减少当地水资源的可利用量，从而进一步加剧西北地区的水资源压力。综上所述，未来水资源对我国能源部门发展的影响将逐渐显现。

8.2.3 相关研究方兴未艾，多学科交叉性进一步加强

随着对能源与水耦合关系认识的深入，缓解能源和水资源压力，实现能源和水资源的协调发展的巨大推动作用逐渐成为该领域研究人员的共识。2003 年以来，国际上关于能源与水耦合关系的相关研究呈现出快速增长的态势，常年保持在 10%以上的增速。我国在该领域的研究虽然起步较晚，但是自 2014 年以来，无

论是在国际期刊还是在中文期刊上，中国的发文量显著上升，英文文献数量逐渐缩小和国外的差距，成为发文量排名第二的国家。中文相关文献也从 2004 年的 10 篇左右，增长至近几年的年均 50 篇以上。

目前，在能源与水耦合关系本质、能源与水系统规划等理论研究方面，我国已取得初步进展。随着研究的深入，能源与水耦合关系的内涵也在不断地拓展和外延，通过纳入其他的资源与要素，实现更为广泛包容的耦合关系。特别是 17 项可持续发展目标的提出，为实现包含能源与水资源在内的广泛的可持续发展提供了一个框架。基于此，通过将其中的能源目标、水资源目标与其他目标如良好健康与福祉，体面工作和经济增长，产业、创新和基础设施、负责任消费和生产、气候行动及生命和土地相结合，以及通过综合决策推动不同目标之间的协调发展从而带来新的机遇。但能源与水耦合关系研究越来越表现出多学科交叉的特性，涉及能源、水资源、经济学、环境、工业、地质等学科。因此，未来以能源与水耦合关系为基础，实现更为广泛的可持续发展，需从理论与方法上开展学科融合的研究。

8.2.4　政策制定趋于统筹协调

目前，我国的能源和水资源均由国务院进行管理，显示出从源头上确保二者协同管理的可行性。具体的能源和水资源管理则由相关部委分别管理，主要包括国家发展和改革委员会、工业和信息化部、生态环境部、财政部、水利部、住房和城乡建设部及卫生部等众多机构。其中，工业和信息化部、住房和城乡建设部及财政部均参与了节能节水具体政策的制定和执行，为两者的协同管理提供了基础。

目前，政策制定者制定能源相关政策时已经逐渐开始考虑相关的水资源管理问题，主要聚焦能源开采与水资源承载力相适应。特别地，考虑到未来煤炭资源和水资源将呈逆势发展，煤炭资源开发利用受到水资源条件的影响和制约，2013 年水利部办公厅发布了《关于做好大型煤电基地开发规划水资源论证的意见》，其中提出大型煤电基地建设应全面贯彻落实最严格水资源管理制度，认真落实取用水总量控制、用水效率控制和水功能区纳污纳污总量管理政策要求，不得突破区域水资源管理三条红线控制指标。取用水总量达到或超过控制指标的行政区，不得新增取水。北方燃煤电厂建设生产用水水源应优先取用矿坑排水和再生水，严格控制使用地表水，严禁使用除矿坑排水以外的地下水。矿坑排水处理达标后，没有全部回用的，不得申请地表水。缺水地区应采用空冷机组和干除灰技术，设计耗水指标不得大于 0.1 立方米/(秒·百万千瓦)，百万机组年耗水总量不超过 252 万立方米。

8.3　中国能源与水耦合关系相关建议

8.3.1　加强管理与技术创新，提高能源行业水资源的利用效率

未来一段时间，我国能源供给与需求总量仍将持续增长，因而提升能源产业水资源利用效率就成为降低能源行业用水量的主要途径。从全过程的角度推动能源行业水资源的利用效率，制定“源头监管-过程控制”的一体化政策。结合用水总量、用水效率等约束性目标，从源头管理的角度，加强对新建项目取水量、耗水量及污水排放量的评价，鼓励项目采取低水耗技术。加强节水和污水排放的审计，加速推进水价和资源税改革，充分发挥价格调节机制及税收手段的作用，促进企业对能源、水资源的节约利用。另外，在我国现有的“三条红线”水资源管理目标的基础上，除了水资源开发利用、用水效率、水功能区限制纳污 3 个方面之外，还需要增加类似于能源强度指标的用水强度指标，将用水总量在部门层面上进行分配，从而促进企业通过技术创新等手段提高水资源利用效率。

从过程控制的角度，强调提高水资源利用效率，节水、循环用水技术的应用。国家要重视大型企业在国家能源战略实施中发挥的主导作用。引导企业加大对新能源和新技术研发的投资力度，特别是煤炭采选产品业、化学产品业、非金属矿物制品业、金属制品业和电力热力生产和供应业需要重视生产过程的结构调整对能源与水资源的节约效益，实现节能-节水措施之间存在着的巨大协同效益，从技术进步角度提升能源、水资源利用效率。

8.3.2　推动能源与水资源决策的协调性与统一性

能源是国民经济可持续发展的基础，能源安全与能源战略日益成为当前国际社会和国家安全战略中备受关注的重大问题，而充足的水资源供应对保障我国未来的能源安全起着至关重要的作用。从短期来看，一方面，要加速能源产业规划与水资源规划的对接工作。在制定能源行业发展战略时，除了考虑常规的如碳约束的同时，还要考虑水约束下的能源发展路径。事实上，对于能源补贴、水资源费及碳税等能源和水资源相关的税收政策，合理的税率、返还方式等税收机制的设计能够实现巨大的协同效益，推动能源与水资源目标规划的设计。另一方面，在保障我国未来水资源供应的前提下，也应当考虑不同水资源的优化配置以降低供水系统的能源强度和碳排放强度。从长期来看，应当逐步推进我国能源、水资源及其他资源统筹规划的部门建设，进而切实提升我国不同资源协调统一发展的能力。

8.3.3 重视能源产业发展的水资源保障问题，明确水资源在国家能源重大决策中的战略地位

在我国能源生产重心持续西移的背景下，保障西北地区能源行业的用水安全对我国能源行业的发展至关重要。因而，在实施南水北调等跨区域调水工程，实现水资源空间格局的重新配置，增加北部地区水资源可利用的绝对数量的同时，也要进一步建立和完善水权交易制度、规则及其技术支撑体系，促进跨行业、跨区域、跨流域水权转换，发挥市场调节机制，实现水资源在各个区域之间及各个行业之间的合理分配，缓解能源工业用水需求和水资源供给之间的矛盾，保障能源基地用水需求。

而从长远来看，要逐步明确水资源在国家能源重大决策中的战略地位，不断完善能源行业各项相关水资源管理标准体系中对取水量、用水量等各个指标的制定，做到标准统一。进而在能源项目批准建设过程中，切实做到"以水定产"和"以水定量"。对于我国未来能源发展战略与空间布局规划，要考虑在不同类型能源、水资源强度差异导致的不同能源结构调整战略下，水资源需求量可能存在的巨大差异，要充分结合当地的水资源赋存情况，尽量做到与水资源空间分布相协调。同时在产业结构上也要进行优化与布局调整，以适应区域水资源条件，避免造成能源行业用水的不正当竞争，从而影响其他行业的用水需求和生态系统的健康发展，限制社会、经济及环境系统的发展。

8.3.4 注重资源开发利用过程中的环境问题，将碳排放核算纳入水资源规划

西北地区是我国矿产资源的主要分布地区，但同时也是生态环境极为脆弱的地区。如何在能源行业发展过程中，保护生态环境，需要多方统筹规划。传统能源开发必须不断完善生产技术，实现绿色生产、清洁生产，特别是煤炭开采、石油开采、页岩气开发等必须采用保水低污染技术，降低对水生态环境的影响，减少对区域地下含水层的破坏和水体质量的影响。与此同时，通过设立专项投资资金、财政补贴、税收减免等灵活的优惠政策，加大对可再生能源技术、非常规水资源利用技术研发的投入力度，降低技术应用过程中的运营成本与资源投入，推动可再生能源、非常规水资源的产业化发展。对于生物质能、页岩气、太阳能等可再生能源产业的开发，不能只关注到这些可再生能源的优势，而忽视其对当地水环境产生的负面影响，从而埋下产业发展的隐患。相关部门也要建立能源产业的用水绩效评价管理体系，对污染物排放进行监督，加强能源产业水污染的治理，杜绝重大水污染事件的发生。建立健全污水排放管理体系，分阶段出台和完善针对不同能源行业、技术的排放标准和相应的管理办法。

中国在 2015 年向《联合国气候变化框架公约》秘书处正式递交的中国自主贡献方案，正式向国际社会宣布了我国的减排目标承诺。但是，我国水系统的能源

消耗及相关温室气体排放并未得到足够的重视。欧美国家和地区已经开始关注因为城市水源结构调整及水质要求提高带来的城市水系统能耗强度和碳排放增加问题。随着我国经济的发展、城市化进程的加快，城市水系统的能耗及碳排放也将大幅增加，因此建议我国设立试点地区，在城市水源规划中纳入碳核算和能源管理机制，发展低碳可持续的城市水系统。

8.3.5　加强能源行业用水统计核算能力建设

保证能源与水资源之间量化关系数据的准确性、完整性，特别是能源行业的取水量、用水量数据及水资源开发利用过程中的能源消耗数据。同时保障数据收集的频率以确保能够反映在经济发展、城镇化及技术进步带来的资源利用的新特征下，能源部门和水资源系统的动态发展及相应的资源利用变化趋势，建立国内用能用水的分重点区域和重点行业的数据信息系统，为国内开展能源与水耦合关系的研究提供可靠的数据基础。

8.3.6　积极引导健康绿色饮食结构

中国居民的饮食不论是消费量还是营养摄取量均未达标，而达到目标将会在很大程度上使得我国居民饮食消费的碳足迹与水足迹增加。不同食物消费隐含的水需求和碳排放不尽相同，这就使得从食物消费的角度来看，减排与节水之间存在一定程度的权衡与取舍关系。最具节水潜力的食物消费结构往往需要引起更多的潜在碳排放，而潜在碳排放最少的饮食结构却需要更多的水资源需求。因此，这就需要政府相关部门在引导居民健康饮食结构的同时，也要重视其绿色化发展，即考虑到其可能引起的潜在的水足迹和碳足迹的变化，使其与国家的能源、水资源及排放规划目标相适配。

参考文献

《中国电力年鉴》编委会. 2010. 中国电力年鉴 2007-2010. 北京: 中国电力出版社.

《中国水利年鉴》编纂委员会(李顺喜, 胡昌支). 2013. 中国水利年鉴 2013. 北京: 中国水利水电出版社.

《中国物价年鉴》编辑部. 2013.《中国物价年鉴(2013)》. 北京: 中国物价年鉴社.

陈玲飞, 王红亚. 2004. 中国小流域径流对气候变化的敏感性分析. 资源科学, 26(6): 62-68.

陈臻, 周章贵. 2014. 能源发展中的水资源之困与法治路径探索. 第十届环境发展论坛论文集, 北京: 海洋出版社.

戴振会, 孙奉仲, 王宏国. 2009. 国内外直接空冷系统的发展及现状. 电站系统工程, 25(3): 1-4.

冯厚军, 谢春刚. 2010. 中国海水淡化技术研究现状与展望. 化学工业与工程, 27(2): 103-109.

国家发展和改革委员会. 2013. 关于水资源费征收标准有关问题的通知.(2013-01-07)[2018-09-18]. http://www.ndrc.gov.cn/rdzt/2012xxgkgz/jgsfxxgk/201301/t20130114_522936.html.

国家发展和改革委员会. 2015. 强化应对气候变化行动——中国国家自主贡献. (2015-06-30)[2018-09-18]. http://www.gov.cn/xinwen/2015-06-30/content_2887330.htm.

国家发展和改革委员会. 2016.节水型社会建设“十三五”规划. (2016-10-28)[2019-06-10]. http://www.ndrc.gov.cn/zcfb/zcfbtz/201610/W020161031583192005690.pdf.

国家发展和改革委员会. 2017. 分类施策因地制宜水资源价格改革稳步推进——党的十八大以来水资源价格改革纪实. (2017-10-22)[2019-02-19]. http://www.gov.cn/Zhucnti/2017-10/22/content_5233668.htm.

国家发展和改革委员会. 2017.节水型社会建设“十三五”规划.(2017-06-05)[2019-06-10]. http://www.ndrc.gov.cn/fzgggz/fzgh/ghwb/gjjgh/201706/W020170605638429702933.pdf.

国家海洋局科学技术司. 2014. 2013 年全国海水利用报告. 北京: 国家海洋局科学技术司.

国家海洋局科学技术司. 2016. 2016 年全国海水利用报告. 北京: 国家海洋局科学技术司.

国家统计局. 2003. 中国环境统计年鉴 2002. 北京: 中国统计出版社.

国家统计局. 2006a. 中国统计年鉴 2005. 北京: 中国统计出版社.

国家统计局. 2006b. 中国环境统计年鉴 2005. 北京: 中国统计出版社.

国家统计局. 2008. 中国经济普查年鉴. 北京: 北京: 中国统计出版社.

国家统计局. 2011. 中国环境统计年鉴 2010. 北京: 中国统计出版社.

国家统计局. 2013a. 中国环境统计年鉴 2012. 北京: 中国统计出版社.

国家统计局. 2013b. 中国能源统计年鉴 2012. 北京: 中国统计出版社.

国家统计局. 2013c. 中国统计年鉴 2012. 北京: 中国统计出版社.

国家统计局. 2016a. 中国统计年鉴 2015. 北京: 中国统计出版社.

国家统计局. 2016b. 中国环境统计年鉴 2015. 北京: 中国统计出版社.

国家统计局. 2017a. 中国环境统计年鉴 2016. 北京: 中国统计出版社.

国家统计局. 2017b. 中国统计年鉴 2016. 北京: 中国统计出版社.

国家统计局. 2018a. 中国统计年鉴 2017. 北京: 中国统计出版社.

国家统计局. 2018b. 中国能源统计年鉴 2017. 北京: 中国统计出版社.

国家统计局城市社会经济调查司. 2015. 2012 中国城市生活与价格年鉴. 北京: 中国统计出版社.

国家统计局国民经济核算司. 2004. 2002 年中国投入产出表. 北京: 中国统计出版社.

国家统计局国民经济核算司. 2007. 2005 年中国投入产出表. 北京: 中国统计出版社.

国家统计局国民经济核算司. 2009. 2007 年中国投入产出表. 北京: 中国统计出版社.

国家统计局国民经济核算司. 2012. 2010 年中国投入产出表. 北京: 中国统计出版社.
国家统计局国民经济核算司. 2015. 2012 年中国投入产出表. 北京: 中国统计出版社.
国家统计局能源统计司. 2013. 中国能源统计年鉴 2013. 北京: 中国统计出版社.
国家统计局农村社会经济调查司. 2010. 中国农村住户调查年鉴(2010). 北京: 中国统计出版社.
国务院第二次全国经济普查领导小组办公室. 2010. 中国经济普查年鉴 2008. 北京: 中国统计出版社.
李桂君, 黄道涵, 李玉龙. 2016. 水-能源-粮食关联关系:区域可持续发展研究的新视角. 中央财经大学学报, (12): 76-90.
李太龙, 曹宏博. 2015. 推进循环用水和中水回用——工业企业、园区和社会的选择. 水利发展研究, 15(2): 36-41.
廖世克, 王湘艳, 朱凌志, 等. 2013. 太阳能热发电系统中的水消耗问题研究. 宁夏电力, (1): 35-40.
刘芳, 潘毅, 杨军峰, 等. 2015. 风电—火电—抽水蓄能联合优化机组组合模型. 中国电机工程学报, 35(4): 766-775.
刘富余, 冯霄. 2016. 炼化企业节能节水及装置扩能改造瓶颈辨识探讨. 化工进展, 35(4): 995-999.
刘洁, 谢丽芳, 杨国英, 等. 2016. 丰水区城镇化进程与水资源利用的关系——以江苏省为例. 水土保持通报, 36(3): 193-199.
任亮, 晏清洪, 张小会, 等. 2018. 推动我国再生水利用的政策措施建议. 水利发展研究, 18(1): 25-28, 50.
施强, 乌晓江, 徐雪元, 等. 2009. 整体煤气化联合循环(IGCC)发电技术与节能减排. 节能技术, 27(1): 18-20, 96.
世界资源研究所. 2014. 成都低碳发展蓝图专题研究城市水系统中的水-能关系. 北京: 世界资源研究所.
水利部"城市污水处理回用"联合调研组, 钟玉秀, 李培蕾. 2012. 我国城市污水处理回用调研报告. 水利发展研究, 12(1): 11-14.
唐霞, 曲建升. 2015. 我国能源生产与水资源供需矛盾分析和对策研究. 生态经济(中文版), 31(10): 50-52.
王芳, 2014. 中国废水排放现状分析. 新经济, (20): 3-4.
王容. 2014. 水电站分类与抽水蓄能电站综述. 黑龙江水利科技, 42(12): 79-80.
王晓, 齐晔. 2013. 我国饮食结构变化对农业温室气体排放的影响. 中国环境科学, 33(10): 1876-1883.
温华, 钟丽锦, 付晓天, 等. 2014. 城市水源选择的水-能源关联分析: 以青岛为例. World Resources Institute. (2014-11-03) [2019-02-19]. http://www.wri.org.cn/publication/water-energy-nexus-urban-water-source-selection-case-study-qingdao.
伍金伟. 2015. EGSB-SBR 工艺处理煤制油废水试验研究. 北京: 清华大学.
项潇智, 贾绍凤. 2016. 中国能源产业的现状需水估算与趋势分析. 自然资源学报, 31(1): 114-123.
薛新民. 1998. 我国能源活动二氧化碳排放量的计算及其国际比较. 环境保护, 4: 27-8.
严斌剑, 范金. 2009. 中国 CGE 模型宏观闭合的实证检验. 统计研究, 26(2): 80-88.
杨晶媛. 2015. 滇池流域城镇化对水污染结构类型的影响. 昆明: 云南师范大学.
杨敏, 李亚明, 魏源送, 等. 2015. 大型再生水厂不同污水处理工艺的能耗比较与节能途径. 环境科学, 36(6): 2203-2209.
詹贻琛, 吴岚. 2014. 中美均面临水、能源、粮食三者冲突. 中国经济报告, (1): 109-111.
张勇, 许吟隆, 董文杰, 等. 2006. 中国未来极端降水事件的变化——基于气候变化预估结果的分析. 自然灾害学报, (S1): 228-234.
赵似锦. 2014. 煤制气. 水资源和环境难以承受之重. 科技日报, 2014-07-27.
中国财政部. 2013. 中国财政年鉴 2013. 北京: 中国统计出版社.
中国城镇供水排水协会. 2016. 城市供水统计年鉴. 北京: 统计出版社.
中国疾病预防控制中心. 2009. 中国食物成分表. 北京: 北京大学医学出版社.
中国水利部. 2002. 2002 年中国水资源公报. 北京: 中国水利水电出版社.
中国水利部. 2005. 2005 年中国水资源公报. 北京: 中国水利水电出版社.

中国水利部. 2007. 2007 年中国水资源公报. 北京：中国水利水电出版社.

中国水利部. 2010. 2010 年中国水资源公报. 北京：中国水利水电出版社.

中国水利部. 2012. 2012 年中国水资源公报. 北京：中国水利水电出版社.

中国水利部. 2016. 中国水资源公报. 北京：中国水利水电出版社.

中国营养学会. 2006. 中国居民膳食营养素参考摄入量. 北京：中国轻工业出版社.

中国住房和城乡建设部. 2002. 北京：城市居民生活用水量标准.

中华人民共和国国务院新闻办公室. 2012. 中国的能源政策(2012). (2012-10-24)[2018-09-18]. http://www.gov.cn/jrzg/2012-10/24/content_2250377.htm.

庄海峰，韩洪军，单胜道. 2017. 污泥基催化剂强化臭氧深度处理煤制气废水中试性能. 哈尔滨工业大学学报, 49(2): 85-91.

邹庆荣，刘秀丽. 2015. 我国工业需水量预测模型研究及利用. 数学的实践与认识, 45(13): 96-103.

Acaravci A, Ozturk I. 2010. Electricity consumption-growth nexus: Evidence from panel data for transition countries. Energy Economics, 32(3): 604-608.

Ackerman F, Fisher J. 2013. Is there a water-energy nexus in electricity generation? Long-term scenarios for the western United States. Energy Policy, 59: 235-241.

ADB. 2016. Asian Water Development Outlook 2016: Strengthening water safety In Asia and the Pacific. Philippines: Asian Development Bank.

Alcántara V, Padilla E. 2003. “Key” sectors in final energy consumption: An input–output application to the Spanish case. Energy Policy, 31(15): 1673-1678.

Allouche J, Middleton C, Gyawali D. 2015. Technical veil, hidden politics: Interrogating the power linkages behind the nexus. Water Alternatives, 8(1): 610-626.

Al-Saidi M, Elagib N A. 2017. Towards understanding the integrative approach of the water, energy and food nexus. Science of the Total Environment, 574: 1131-1139.

Amy G, Ghaffour N, Li Z, et al. 2017. Membrane-based seawater desalination: Present and future prospects. Desalination, 401: 16-21.

Armington P S. 1969. A theory of demand for products distinguished by place of production. Staff Papers, 16(1): 159-178.

Arrieta E M, González A D. 2018. Impact of current, National Dietary Guidelines and alternative diets on greenhouse gas emissions in Argentina. Food Policy, 79: 58-66.

Bauer D, Philbrick M, Vallario B, et al. 2014. Water-Energy Nexus: Challenges and Opportunities. (2014-07-01) [2019-02-19]. http://www.energy.gov/downloads/water-energy-nexus-challenge-and-opportunities.

Bazilian M, Rogner H, Howells M, et al. 2011. Considering the energy, water and food nexus: Towards an integrated modelling approach. Energy Policy, 39(12): 7896-7906.

Bennett A. 2015. Maximising the synergies between energy and water. Filtration + Separation, 52(3): 30-34.

Bertone E, Sahin O, Stewart R A, et al. 2018. Role of financial mechanisms for accelerating the rate of water and energy efficiency retrofits in Australian public buildings: Hybrid Bayesian Network and System Dynamics modelling approach. Applied Energy, 210: 409-419.

Bildirici M E, Kayıkçı F. 2013. Effects of oil production on economic growth in Eurasian countries: Panel ARDL approach. Energy, 49: 156-161.

Bindra S P, Hamid A, Salem H, et al. 2014. Sustainable integrated water resources management for energy production and food security in Libya. Procedia Technology, 12: 747-752.

Binks A N, Kenway S J, Lant P A, et al. 2016. Understanding Australian household water-related energy use and identifying physical and human characteristics of major end uses. Journal of Cleaner Production, 135: 892-906.

Boehlert B, Strzepek K M, Gebretsadik Y, et al. 2016. Climate change impacts and greenhouse gas mitigation effects on U.S. hydropower generation. Applied Energy, 183: 1511-1519.

Bosire C K, Lannerstad M, de Leeuw J, et al. 2017. Urban consumption of meat and milk and its green and blue water footprints-Patterns in the 1980s and 2000s for Nairobi, Kenya. Science of the Total Environment, 579: 786-796.

BP. 2011. BP Statistical Review of World Energy 2011. London: BP.

BP. 2015. BP Statistical Review of World Energy 2015. London: BP.

BP. 2016. BP Statistical Review of World Energy 2016. London: BP.

BP. 2017. BP Statistical Review of World Energy 2017. London: BP.

BP. 2018. BP Statistical Review of World Energy 2018. London: BP.

Byers E A, Hall J W, Amezaga J M. 2014. Electricity generation and cooling water use: UK pathways to 2050. Global Environmental Change, 25: 16-30.

Cai B, Wang C, Zhang B. 2017. Worse than imagined: Unidentified virtual water flows in China. Journal of Environmental Management, 196: 681-691.

Cayla J M, Nadia M Z, Marchand C. 2011. The role of income in energy consumption behaviour: Evidence from French households data. Energy Policy, 39 (12): 7874-7883.

CEC (California Energy Commission), 2005. California's Water-Energy Relationship. (2015-11-02) [2019-02-01]. https://www. energy.ca.gov/2005publications/CEC-700-2005-011/CEC-700-2005-011-SF.pdf.

Chang Y, Li G, Yao Y, et al. 2016. Quantifying the water-energy-food nexus: Current status and trends. Energies, 9 (2): 65.

Chang Y, Liu X, Christie P. 2012. Emerging shale gas revolution in China. Environmental Science Technology, 46: 12281-12282.

Chapagain A K, Hoekstra A Y. 2008. The global component of freshwater demand and supply: An assessment of virtual water flows between nations as a result of trade in agricultural and industrial products. Water International, 33 (1): 19-32.

Chen B, Chen S. 2014. Urban metabolism and nexus. Ecological Informatics, 26: 1-2.

Chen G, Zhang G, Guo L, et al. 2016. Systematic study on the functions and mechanisms of micro porous layer on water transport in proton exchange membrane fuel cells. International Journal of Hydrogen Energy, 41 (9): 5063-5073.

Chen S, Chen B. 2016. Urban energy-water nexus: A network perspective. Applied Energy, 184: 905-914.

Chen W, Wu S, Lei Y, et al. 2017. China's water footprint by province, and inter-provincial transfer of virtual water. Ecological Indicators, 74: 321-333.

Cheung C T, Mui K W, Wong L T. 2013. Energy efficiency of elevated water supply tanks for high-rise buildings. Applied Energy, 103: 685-691.

Chhipi-Shrestha G, Hewage K, Sadiq R. 2017a. Impacts of neighborhood densification on water-energy-carbon nexus: Investigating water distribution and residential landscaping system. Journal of Cleaner Production, 156: 786-795.

Chhipi-Shrestha G, Hewage K, Sadiq R. 2017b. Fit-for-purpose wastewater treatment: testing to implementation of decision support tool (II). Science of The Total Environment, 607-608: 403-412.

Clemmer S, Rogers J, Sattler S, et al. 2013. Modeling low-carbon US electricity futures to explore impacts on national and regional water use. Environmental Research Letters, 8 (1): 015004.

Conway D, Garderen E A V, Deryng D, et al. 2015. Climate and southern Africa's water-energy-food nexus. Lse Research Online Documents on Economics, 5 (9): 837.

Cutforth H W, Mcginn S M, Mcphee K E, et al. 2007. Adaptation of pulse crops to the changing climate of the Northern great plains. Agronomy Journal, 99 (6) : 1684-1699.

Dai H, Masui T, Matsuoka Y, et al. 2011. Assessment of China's climate commitment and non-fossil energy plan towards 2020 using hybrid AIM/CGE model. Energy Policy, 39 (5) : 2875-2887.

Damerau K, Patt A G, van Vliet O P R. 2016. Water saving potentials and possible trade-offs for future food and energy supply. Global Environmental Change, 39: 15-25.

Dawoud M A, Mulla M M A. 2012. Environmental impacts of seawater desalination: Arabian Gulf case study. International Journal of Environment & Sustainability, 1 (3) : 22-37.

Dennen B, Larson D, Lee C, et al. 2014. California's Energy-Water Nexus: Water Use in Electricity Generation, 20-30. (2010-08-01) [2019-01-15]. http://www.circleofblue.org/wp-content/uploads/2010/08/California's-Water-Energy-Nexus.pdf.

Editors G B. 2004. Energy down the drain: The hidden costs of California's water supply. 209: 263-263.

EIA (Energy Information Administration). 2015. Monthly energy report. U.S. Energy Information Administration. (2015-02-01) [2019-02-19].https://www.eia.gov/totalenergy/data/monthly/.

Endo A, Tsurita I, Burnett K, et al. 2017. A review of the current state of research on the water, energy, and food nexus. Journal of Hydrology: Regional Studies, 11: 20-30.

Engström R E, Howells M, Destouni G, et al. 2017. Connecting the resource nexus to basic urban service provision-with a focus on water-energy interactions in New York City. Sustainable Cities and Society, 31: 83-94.

EU. 2016. EU-level Instruments on Water Reuse: Final Report to Support the Commission's Impact Assessment, Luxembourg.

Fan J L, Hu J W, Kong L S, et al. 2017. Relationship between energy production and water resource utilization: A panel data analysis of 31 provinces in China. Journal of Cleaner Production, 167: 88-96.

Fan J L, Kong L S, Zhang X. 2018. Synergetic effects of water and climate policy on energy-water nexus in China: A computable general equilibrium analysis. Energy Policy, 123: 308-17.

Fan J L, Liang Q M, Wang Q, et al. 2015. Will export rebate policy be effective for CO_2 emissions reduction in China? A CEEPA-based analysis. Journal of Cleaner Production, 103: 120-129.

Fan J L, Wang J D, Zhang X, et al. 2019. Exploring the changes and driving forces of water footprints in China from 2002 to 2012: A perspective of final demand. Science of The Total Environment, 639: 1101-1111.

Fang D, Chen B. 2016. Water-energy control relationship in Socio-economic System. Energy Procedia, 88: 285-289.

FAO. 2012. Success in hunger fight hinges on better use of water. (2012-03-22) [2019-02-19]. http://www.fao.org/news/story/en/item/13033/icode/.

Feng K, Hubacek K, Siu Y L, et al. 2014. The energy and water nexus in Chinese electricity production: A hybrid life cycle analysis. Renewable and Sustainable Energy Reviews, 39: 342-355.

Flores-Alsina X, Corominas L, Snip L, et al. 2011. Including greenhouse gas emissions during benchmarking of wastewater treatment plant control strategies. Water research, 45 (16) : 4700-4710.

Foley J A, Ramankutty N, Brauman K A, et al. 2011. Solutions for a cultivated planet. Nature, 478 (7369) : 337.

Foley J, de Haas D, Hartley K, et al. 2010. Comprehensive life cycle inventories of alternative wastewater treatment systems. Water research, 44 (5) : 1654-1666.

Fulton J, Cooley H. 2015. The water footprint of California's energy system, 1990-2012. Environmental Science & Technology, 49 (6) : 3314-3321.

Gain A K, Giupponi C, Benson D. 2015. The water-energy-food (WEF) security nexus: the policy perspective of Bangladesh. Water International, 40 (5-6) : 895-910.

Gerbens-Leenes P W, Hoekstra A Y, Meer T V D. 2009. The water footprint of energy from biomass: A quantitative assessment and consequences of an increasing share of bio-energy in energy supply. Ecological Economics, 68(4): 1052-1060.

Ghalavand Y, Hatamipour M S, Rahimi A. 2014. A review on energy consumption of desalination processes. Desalination and Water Treatment: 54(6): 1526-1541.

Giuntoli J, Agostini A, Caserini S, et al. 2016. Climate change impacts of power generation from residual biomass. Biomass & Bioenergy, 89: 146-158.

Gleick P H. 1994. Water and Energy. Annual Review of Energy & the Environment, 19(1): 267-299.

Gober P. 2010. Desert urbanization and the challenges of water sustainability. Current Opinion in Environmental Sustainability, 2(3): 144-150.

Griffithssattenspiel B, Wilson W. 2009. The Carbon Footprint of Water. River Network. (2009-05-04)[2019-02-19]. https://www.csu.edu/cerc/researchreports/documents/The-Carbon Footprint of Water-River-Network-2009.pdf.

Gu A, Teng F, Lv Z. 2016b. Exploring the nexus between water saving and energy conservation: Insights from industry sector during the 12th Five-Year Plan period in China. Renewable and Sustainable Energy Reviews, 59: 28-38.

Gu A, Teng F, Wang Y. 2014. China energy-water nexus: Assessing the water-saving synergy effects of energy-saving policies during the eleventh Five-year Plan. Energy Conversion and Management, 85: 630-637.

Gu S, Jenkins A, Gao S J, et al. 2017. Ensuring water resource security in China; the need for advances in evidence-based policy to support sustainable management. Environmental Science & Policy, 75: 65-69.

Gu Y, Dong Y N, Wang H, et al. 2016a. Quantification of the water, energy and carbon footprints of wastewater treatment plants in China considering a water-energy nexus perspective. Ecological Indicators, 60: 402-409.

Halder P, Pietarinen J, Havu-Nuutinen S, et al. 2010. Young citizens' knowledge and perceptions of bioenergy and future policy implications. Energy Policy, 38(6): 3058-3066.

Hanjra M A, Qureshi M E. 2010. Global water crisis and future food security in an era of climate change. Food Policy, 35(5): 365-377.

Hannon B. 1973. The structure of ecosystems. Journal of Theoretical Biology, 41: 535-546.

Hao Y, Zhang M, Zhang Y, et al. 2018. Multi-scale analysis of the energy metabolic processes in the Beijing-Tianjin-Hebei (Jing-Jin-Ji) urban agglomeration. Ecological Modelling, 369: 66-76.

Helfer F, Lemckert C. 2015. The power of salinity gradients: An Australian example. Renewable and Sustainable Energy Reviews, 50: 1-16.

Hellegers P, Zilberman D, Steduto P, et al. 2008. Interactions between water, energy, food and environment: evolving perspectives and policy issues. Water Policy, 10(S1): 1-10.

Hertel T, McDougal R, Narayanan B. 2008. GTAP 7 data base documentation-chapter 14: Behabioral parameters//Global Trande, Assistance, and Production: The GTAP 7 Data Base. Center for Global Trade Analysis, Purdue University, West Lafayette.

Hertel T, Robert M, Badri N, et al. 2009. GTAP 7 Data Base Documentation-Chapter 14: Behavioral Parameters. (2009-01-27)[2019-02-19]. https://www.gtap.agecon.purdue.edu/resources/download/4184.pdf.

Hertel T, Zhai F. 2006. Labor market distortions, rural-urban inequality and the opening of China's economy. Economic Modelling, 23(1): 76-109.

Hoekstra R, Jeroen C J M, van den B. 2002. Structural decomposition analysis of physical flows in the economy. Environmental and Resource Economics, 23(3): 357-378.

Hoff H. 2011. Understanding the nexus. Background paper for the bonn 2011 conference: The water,energy and food security nexus. Stockholm: Stockholm Environment Institute.

Hu G, Ou X, Zhang Q, et al. 2013. Analysis on energy-water nexus by Sankey diagram: The case of Beijing. Desalination & Water Treatment, 51(19-21): 4183-4193.

Huang B N, Hwang M J, Yang C W. 2008. Causal relationship between energy consumption and GDP growth revisited: A dynamic panel data approach. Ecological Economics, 67(1): 41-54.

Huang C L, Vause J, Ma H W, et al. 2013. Urban water metabolism efficiency assessment: Integrated analysis of available and virtual water. Science of The Total Environment, 452-453: 19-27.

Huang W, Ma D, Chen W. 2017. Connecting water and energy: assessing the impacts of carbon and water constraints on China's power sector. Applied Energy, 185(2): 1497-1505.

Hussey K, Pittock J. 2012. The energy-water nexus: Managing the links between energy and water for a sustainable future. Ecology and Society, 17(1): 392.

Hussien W A, Memon F A, Savic D A. 2017. An integrated model to evaluate water-energy-food nexus at a household scale. Environmental Modelling & Software, 93: 366-380.

IEA. 2012. World Energy Outlook 2012. Paris: International Energy Agency.

IEA. 2015. World Energy Outlook 2015. Paris: International Energy Agency.

IEA. 2016a. World Energy Outlook 2016. Paris: International Energy Agency.

IEA. 2016b. World final consumption(2016). (2019-02-19)[2019-02-19]. https://www.iea.org/Sankey/#?c=OECD Tot Total&s=Final consumption.

IIASA. 2018. SSP Database (Shared Socioeconomic Pathways)-Version 1.1. Avaliable . https://secure.iiasa.ac.at/web-apps/ene/SspDb/dsd?Action=htmlpage&page=about.

Im K S, Pesaran M H, Shin Y. 1995. Testing for unit roots in heterogeneous panels. Journal of Econometrics, 115(1): 53-74.

IPCC. 2006. IPCC guidelines for national greenhouse gas inventories. Prepared by the National Greenhouse Gas Inventories Programme. IGES, Japan.

IPCC. 2014. Climate Change 2014: Synthesis Report. Contribution of Working Groups Ⅰ, Ⅱ and Ⅲ to the Fifth Assessment Report of the Intergovenmental Panel on Climate Change[Core Writing Team, R K, Pachauri and L A Meyer(eds)]. IPCC, Geneva, Switzerland, 151.

Jalilov S M, Varis O, Keskinen M. 2015. Sharing benefits in transboundary rivers: An experimental case study of Central Asian water-energy-agriculture nexus. Water, 7(9): 4778-4805.

Jennifer R S, Arpad H. 2010. Supply-chain environmental effects of wastewater utilities. Environmental Research Letters, 5(1): 14-15.

Jiang S, Wang J, Zhao Y, et al. 2016. Residential water and energy nexus for conservation and management: A case study of Tianjin. International Journal of Hydrogen Energy, 41(35): 15919-15929.

Jiang Y, Cai W, Du P, et al. 2015. Virtual water in interprovincial trade with implications for China's water policy. Journal of Cleaner Production, 87: 655-665.

Kang S, Selosse S, Maizi N. 2015. Strategy of bioenergy development in the largest energy consumers of Asia (China, India, Japan and South Korea). Energy Strategy Reviews, 8: 56-65.

Karatayev M, Rivotti P, Sobral Mourão Z, et al. 2017. The water-energy-food nexus in Kazakhstan: Challenges and opportunities. Energy Procedia, 125: 63-70.

Kenway S J, Begbie D K. 2016. Water-Energy-Carbon Linkages in the South East Queensl and Water Cycle Workshop Outcomes Report. Urban Water Security Research Alliance: 1-4.

Kenway S J, Binks A, Scheidegger R, et al. 2016. Household analysis identifies water-related energy efficiency opportunities. Energy & Buildings, 131: 21-34.

Kenway S J, Lant P A, Priestley A, et al. 2011. The connection between water and energy in cities: A review. Water Science & Technology, 63 (9) : 1983-1990.

Khan M M, Zaman K, Irfan D, et al. 2015. Triangular relationship among energy consumption, air pollution and water resources in Pakistan. Journal of Cleaner Production, 112: 1375-1385.

Khan S, Hanjra M A. 2009. Footprints of water and energy inputs in food production-Global perspectives. Food Policy, 34 (2) : 130-140.

Khan S, Khan M A, Hanjra M A, et al. 2009. Pathways to reduce the environmental footprints of water and energy inputs in food production. Food Policy, 34 (2) : 141-149.

Khayet M. 2013. Solar desalination by membrane distillation: Dispersion in energy consumption analysis and water production costs (a review) . Desalination, 308: 89-101.

Klapperich R J, Stepan D J, Jensen M D, et al. 2014. The nexus of water and CCS: A regional carbon sequestration partnership perspective . Energy Procedia, 63: 7162-7172.

Kollmann R, Neugebauer G, Kretschmer F, et al. 2017. Renewable energy from wastewater-Practical aspects of integrating a wastewater treatment plant into local energy supply concepts. Journal of Cleaner Production, 155: 119-129.

Kumar P, Saroj D P. 2014. Water-energy-pollution nexus for growing cities. Urban Climate, 10: 846-853.

Larcom S, Gevelt T V. 2017. Regulating the water-energy-food nexus: Interdependencies, transaction costs and procedural justice. Environmental Science & Policy, 72: 55-64.

Las-Heras-Casas J, López-Ochoa L M, Paredes-Sánchez J P, et al. 2018. Implementation of biomass boilers for heating and domestic hot water in multi-family buildings in Spain: Energy, environmental, and economic assessment. Journal of Cleaner Production, 176: 590-603.

Lawford R, Bogardi J, Marx S, et al. 2013. Basin perspectives on the water-energy-food security nexus. Current Opinion in Environmental Sustainability, 5 (6) : 607-616.

Lei L, Shimokawa S. 2017. Promoting dietary guidelines and environmental sustainability in China. China Economic Review. Doi: 10.1016/j.chieco.2017.08.001.

Leontief W W. 1970. Environmental repercussions and the economic structure: An input-output approach. Review of Economics and Statistics, 52 (3) : 262-271.

Li H, Bao Q, Ren X, et al. 2017. Reducing rebound effect through fossil subsidies reform: A comprehensive evaluation in China. Journal of Cleaner Production, 141: 305-314.

Li X, Liu J, Zheng C, et al. 2016. Energy for water utilization in China and policy implications for integrated planning. International Journal of Water Resources Development, 32 (3) : 477-494.

Liang Q M, Fan Y, Wei Y M. 2007. Carbon taxation policy in China: How to protect energy- and trade-intensive sectors? Journal of Policy Modeling, 29 (2) : 311-333.

Liu L, Hejazi M, Patel P, et al. 2015. Water demands for electricity generation in the US: Modeling different scenarios for the water-energy nexus. Technological Forecasting & Social Change, 94: 318-334.

Liu W, Chang A C, Chen W, et al. 2017. A framework for the urban eco-metabolism model-Linking metabolic processes to spatial patterns. Journal of Cleaner Production, 165: 168-176.

Liu Y, Lu Y. 2015. The Economic impact of different carbon tax revenue recycling schemes in China: A model-based scenario analysis. Applied Energy, 141: 96-105.

Löfgren H, Harris R L, Robinson S. 2001. A standard computable general equilibrium (CGE) model in GAMS. Tmd Discussion Papers.

Lu Y, Jenkins A, Ferrier R C, et al. 2015. Addressing China's grand challenge of achieving food security while ensuring environmental sustainability. Science Advances, 1(1): e1400039.

Lucena A F P D, Szklo A S, Schaeffer R, et al. 2009. The vulnerability of renewable energy to climate change in Brazil. Energy Policy, 37(3): 879-889.

Mahgoub M E M, Steen N P V D, Abu-Zeid K, et al. 2010. Towards sustainability in urban water: A life cycle analysis of the urban water system of Alexandria City, Egypt. Journal of Cleaner Production, 18(10-11): 1100-1106.

Malek P, Ortiz J M, Schulte-Herbrüggen H M A. 2016. Decentralized desalination of brackish water using an electrodialysis system directly powered by wind energy. Desalination, 377: 54-64.

Malin M C, Carr M H. 1999. Groundwater formation of martian valleys. Nature, 397(6720): 589-591.

Margat J, van der Gun J. 2013. Groundwater Around the World: A Geographic Synopsis. Boca Raton: CRC Press.

Martin K J, Nerenberg R. 2012. The membrane biofilm reactor (MBfR) for water and wastewater treatment: Principles, applications, and recent developments. Bioresource Technology, 122: 83-94.

Martín M, Grossmann I E. 2015. Water-energy nexus in biofuels production and renewable based power. Sustainable Production & Consumption, 2: 96-108.

Martinez-Hernandez E, Leach M, Yang A. 2017. Understanding water-energy-food and ecosystem interactions using the nexus simulation tool NexSym. Applied Energy, 206: 1009-1021.

Mateus R, Silva S M, de Almeida M G. 2018. Environmental and cost life cycle analysis of the impact of using solar systems in energy renovation of Southern European single-family buildings. Renewable Energy, 137: 82-92.

Maupin M A, Kenny J F, Hutson S S, et al. 2014. Estimated use of water in the United States in 2010, The U.S. (2018-09-18) [2018-12-20]. http://doi.org/10.3133/cir1405.

Mekonnen M M, Hoekstra A Y. 2011. National water footprint accounts: The green, blue and gray water footprint of production and consumption. Value of Water Research Report Series No.5. UNESCO-IHE, Delft, the Netherlands.

Merschmann P R D C, Vasquez E, Szklo A S, et al. 2013. Modeling water use demands for thermoelectric power plants with CCS in selected Brazilian water basins. International Journal of Greenhouse Gas Control, 13: 87-101.

Mielke E, Anadon L D, Narayanamurti V. 2010. Water Consumption of Energy Resource Extraction, Processing, and Conversion. A review of the literature for estimates of water intensity of energy-resource extraction processing to fuels and conversion to electricity. Energy Technology Innovation Policy. Discussion Paper No. 2010-15. Belfer Center for Science and International Affairs, Harvard Kennedy School, Harvard University, October 2010.

Miller S, Shemer H, Semiat R. 2015. Energy and environmental issues in desalination. Desalination, 366: 2-8.

Missimer T M, Maliva R G. 2018. Environmental issues in seawater reverse osmosis desalination: Intakes and outfalls. Desalination, 434: 198-215.

Mo W, Zhang Q, Mihelcic J R, et al. 2011. Embodied energy comparison of surface water and groundwater supply options. Water Research, 45(17): 5577-5586.

Mouratiadou I, Biewald A, Pehl M, et al. 2016. The impact of climate change mitigation on water demand for energy and food: An integrated analysis based on the Shared Socioeconomic Pathways. Environmental Science & Policy, 64: 48-58.

Müller A, Janetschek H, Weigelt J. 2015. Towards a governance heuristic for sustainable development. Current Opinion in Environmental Sustainability, 15: 49-56.

Murphy C F, Allen D T. 2011. Energy-water nexus for mass cultivation of algae. Environmental Science & Technology, 45(13): 5861-5868.

Murrant D, Quinn A, Chapman L. 2015. The water-energy nexus: Future water resource availability and its implications on UK thermal power generation. Water & Environment Journal, 29(13): 307-319.

Mushtaq S, Maraseni T N, Maroulis J, et al. 2009. Energy and water tradeoffs in enhancing food security: A selective international assessment. Energy Policy, 37(9): 3635-3644.

Nakamura T. 1977. Hydrogen production from water utilizing solar heat at high temperatures. Solar Energy, 19(5): 467-475.

Nasreen S, Anwar S. 2014. Causal relationship between trade openness, economic growth and energy consumption: a panel data analysis of Asian countries. Energy Policy, 69: 82-91.

Ndoye B, Sarr M. 2008. Analysis of domestic hot water energy consumption in large buildings under standard conditions in Senegal. Building and Environment, 43(7): 1216-1224.

O'Neill B C, Kriegler E, Riahi K, et al. 2014. A new scenario framework for climate change research: The concept of shared socioeconomic pathways. Climatic Change, 122(3): 387-400.

Owen A, Scott K, Barrett J. 2017. Identifying critical supply chains and final products: An input-output approach to exploring the energy-water-food nexus. Applied Energy, 210: 632-642.

Ozturk I. 2017. The dynamic relationship between agricultural sustainability and food-energy-water poverty in a panel of selected Sub-Saharan African Countries. Energy Policy, 107: 289-299.

Pacetti T, Lombardi L, Federici G. 2015. Water-energy nexus: A case of biogas production from energy crops evaluated by Water Footprint and Life Cycle Assessment (LCA) methods. Journal of Cleaner Production, 101: 278-291.

Pahl-Wostl C. 2019. Governance of the water-energy-food security nexus: A multi-level coordination challenge. Environmental Science & Policy, 92: 356-367.

Pamminger F, Kenway S. 2008. Urban metabolism-improving the sustainability of urban water systems. Water, 35(1): 28-29.

Pan L, Liu P, Ma L, et al. 2012. A supply chain based assessment of water issues in the coal industry in China. Energy Policy, 48: 93-102.

Panepinto D, Fiore S, Zappone M, et al. 2016. Evaluation of the energy efficiency of a large wastewater treatment plant in Italy. Applied Energy, 161: 404-411.

Pedroni P. 1999. Critical values for cointegration tests in heterogeneous panels with multiple regressors. Oxford Bulletin of Economics and Statistics, 61(S1): 653-670.

Pesaran M H, Shin Y, Smith R P. 1999. Pooled mean group estimation of dynamic heterogeneous panels. Journal of the American Statistical Association, 94(446): 621-634.

Plappally A K, Lienhard V J H. 2012. Energy requirements for water production, treatment, end use, reclamation, and disposal. Renewable & Sustainable Energy Reviews, 16(7): 4818-4848.

Pritchard A. 1969. Statistical Bibliography or Bibliometrics? Journal of Documentation, 25(4): 348-349.

Qi T, Winchester N, Zhang D, et al. 2014. The China-in-Global Energy Model. Mit Joint Program on the Science & Policy of Global Change.

Rasmussen P N. 1956. Studies in inter-sectoral relations. Economica, 8(6): 115-117.

Rasul G, Sharma B. 2015. Water, Food, and Energy Nexus in South Asia: Implications for Adaption to Climate Change. Berlin: Springer.

Ravi S, Macknick J, Lobell D, et al. 2016. Colocation opportunities for large solar infrastructures and agriculture in drylands. Applied Energy, 165: 383-392.

Rees J. 2013. Geography and the nexus: Presidential Address and record of the Royal Geographical Society (with IBG) AGM 2013. Geographical Journal, 179(3): 279-282.

Ringler C, Bhaduri A, Lawford R. 2013. The nexus across water, energy, land and food (WELF): Potential for improved resource use efficiency? Current Opinion in Environmental Sustainability, 5(6): 617-624.

Rothausen S, Conway D. 2011. Greenhouse-gas emissions from energy use in the water sector. Nature Climate Change, 1(4): 210-219.

Rulli M C, Bellomi D, Cazzoli A, et al. 2016. The water-land-food nexus of first-generation biofuels. Scientific Reports, 6: 22521.

Sahin O, Stewart R A, Giurco D, et al. 2017. Renewable hydropower generation as a co-benefit of balanced urban water portfolio management and flood risk mitigation. Renewable and Sustainable Energy Reviews, 68: 1076-1087.

Sanders K T. 2014. Critical review: Uncharted waters? The future of the electricity-water nexus. Environmental Science & Technology, 49(1): 51-66.

Sanders K T, Webber M E. 2012. Evaluating the energy consumed for water use in the United States. Environmental Research Letters, 7(3): 034034.

Sanders K T, Webber M E. 2015. Evaluating the energy and CO_2 emissions impacts of shifts in residential water heating in the United States. Energy, 81: 317-327.

Sarkar P, Sharma B, Malik U. 2014. Energy generation from grey water in high raised buildings: The case of India. Renewable Energy, 69: 284-289.

Scanlon B R, Duncan I, Reedy R C. 2013a. Drought and the water-energy nexus in Texas. Environmental Research Letters, 8(4): 045033.

Scanlon B R, Reedy R C, Duncan I, et al. 2013b. Controls on water use for thermoelectric generation: Case study Texas, US Environmental Science & Technology, 47(19): 11326-11334.

Shemer H, Semiat R. 2017. Sustainable RO desalination-energy demand and environmental impact. Desalination, 424: 10-16.

Siddiqi A, Anadon L D. 2011. The water-energy nexus in Middle East and North Africa. Energy Policy, 39(8): 4529-4540.

Siems R S. Sahin O, Talebpour M R, et al. 2013. Energy intensity of decentralised water supply systems utilised in addressing water shortages. European Water Resources Association 8th International Conference, Lisboa.

Siems R, Sahin O. 2016. Energy intensity of residential rainwater tank systems: Exploring the economic and environmental impacts. Journal of Cleaner Production, 113: 251-262.

Silva Vieira A, Weeber M, Ghisi E. 2013. Self-cleaning filtration: A novel concept for rainwater harvesting systems. Resources, Conservation and Recycling, 78: 67-73.

Silvestre G, Fernández B, BonmatíA. 2015. Significance of anaerobic digestion as a source of clean energy in wastewater treatment plants. Energy Conversion and Management, 101: 255-262.

Singh P, Kansal A. 2018. Energy and GHG accounting for wastewater infrastructure. Resources, Conservation and Recycling, 128: 499-507.

Song G, Li M, Fullana-i-Palmer P, et al. 2017. Dietary changes to mitigate climate change and benefit public health in China. Science of The Total Environment, 577: 289-298.

Stehfest E. 2014. Food choices for health and planet. Nature, 515(7528): 501.

Stokes J, Horvath A. 2006. Life cycle energy assessment of alternative water supply systems. International Journal of Life Cycle Assessment, 11(5): 335-343.

Talebpour M R, Sahin O, Siems R, et al. 2014. Water and energy nexus of residential rainwater tanks at an end use level: Case of Australia. Energy and Buildings, 80: 195-207.

Taniguchi M, Masuhara N, Burnett K. 2017. Water, energy, and food security in the Asia Pacific region. Journal of Hydrology: Regional Studies, 11: 9-19.

Tilman D, Clark M. 2014. Global diets link environmental sustainability and human health. Nature, 515(7528): 518.

Tong T, Elimelech M. 2016. The global rise of zero liquid discharge for wastewater management: Drivers, technologies, and future directions. Environmental Science & Technology, 50(13): 6846-6855.

Topi C, Esposto E, Marini Govigli V. 2016. The economics of green transition strategies for cities: can low carbon, energy efficient development approaches be adapted to demand side urban water efficiency? Environmental Science & Policy, 58: 74-82.

Tu Q, Lu M, Thiansathit W, et al. 2016. Review of Water Consumption and Water Conservation Technologies in the Algal Biofuel Process. Water environment research: A research publication of the Water Environment Federation, 88(1): 21-28.

UN. 2015. Transforming Our World: The 2030 Agenda for Sustainable Development. https://sustainabledevelopment.un.org/post2015/transformingourworld.

UNSD. 1999. Handbook of input-output table compilation and analysis United Nations Statistical Division, New York. (2015-09-25)[2018-09-18]. https://unstats.un.org/unsd/nationalaccount/docs/SUT_IOT_HB_wc.pdf.

Upshaw C R, Rhodes J D, Webber M E. 2017. Modeling electric load and water consumption impacts from an integrated thermal energy and rainwater storage system for residential buildings in Texas. Applied Energy, 186: 492-508.

van Vliet M T H, Vögele S, Rübbelke D. 2013. Water constraints on European power supply under climate change: Impacts on electricity prices. Environmental Research Letters, 8(3): 035010.

van Vuuren D P, Kriegler E, O'Neill B C, et al. 2014. A new scenario framework for Climate Change Research: Scenario matrix architecture. Climatic Change, 122(3): 373-386.

Vanham D, Bidoglio G, Brander L. 2016a. Does the water footprint concept provide relevant information to address the water-food-energy-ecosystem nexus? Ecosystem Services, 17: 298-307.

Vanham D, del Pozo S, Pekcan A G, et al.2016b. Water consumption related to different diets in Mediterranean cities. Science of the Total Environment, 573: 96-105.

Vanham D, Gawlik B M, Bidoglio G. 2017. Food consumption and related water resources in Nordic cities. Ecological Indicators, 74: 119-129.

Veil J A. 2007. Use of reclaimed water for power plant cooling. Argonne National Lab(ANL). Argonne. IL(United States): 540-549.

Wakeel M, Chen B, Hayat T, et al. 2016. Energy consumption for water use cycles in different countries: A review. Applied Energy, 178: 868-885.

Wang J, Rothausen S G S A, Conway D, et al. 2012. China's water-energy nexus: Greenhouse-gas emissions from groundwater use for agriculture. Environmental Research Letters, 7(1): 014035.

Wang S, Cao T, Chen B. 2017. Urban energy-water nexus based on modified input-output analysis. Applied Energy, 196: 208-217.

Wang S, Chen B. 2016. Energy-water nexus of urban agglomeration based on multiregional input-output tables and ecological network analysis: A case study of the Beijing-Tianjin-Hebei region. Applied Energy, 178: 773-783.

Wang Y, Chen K S, Mishler J, et al. 2011. A review of polymer electrolyte membrane fuel cells: Technology, applications, and needs on fundamental research. Applied Energy, 88 (4) : 981-1007.

Wang Z H, Wang C Y, Chen K S. 2001. Two-phase flow and transport in the air cathode of proton exchange membrane fuel cells. Journal of Power Sources, 94 (1) : 40-50.

Wanjiru E, Xia X. 2017. Optimal energy-water management in urban residential buildings through grey water recycling. Sustainable Cities and Society, 32: 654-668.

Ward S, Memon F A, Butler D. 2012. Performance of a large building rainwater harvesting system. Water research, 46 (16) : 5127-5134.

Warsinger D M, Tow E W, Nayar K G, et al. 2016. Energy efficiency of batch and semi-batch（CCRO）reverse osmosis desalination. Water research, 106: 272-282.

WEF. 2015. World economic forum. Insight Report. 10th Edition. http://www3. weforum.org/docs/WEF_Global_Risks_2015_Report15. pdf.

Weitz N, Strambo C, Kemp-Benedict E, et al. 2017. Closing the governance gaps in the water-energy-food nexus: Insights from integrative governance. Global Environmental Change, 45: 165-173.

White D J, Hubacek K, Feng K, et al. 2017. The water-energy-food nexus in East Asia: A tele-connected value chain analysis using inter-regional input-output analysis. Applied Energy, 210: 550-567.

Wiedenhofer D, Guan D, Liu Z, et al. 2016. Unequal household carbon footprints in China. Nature Climate Change, 7 (1) : 75-80.

Wittholz M K, O'Neill B K, Colby C B, et al. 2008. Estimating the cost of desalination plants using a cost database. Desalination, 229 (1-3) : 10-20.

Word Bank. 2015.World Bank Open Data: Free and open access to data about development in countries around the globe. Washington: The World Bank Group.（2017-12-01) [2017-12-01]. http://data.worldbank.org .

World Bank. 2018. World Bank Open Data.（2017-12-01) [2017-12-01]. https://data.worldbank.org.cn/.

Yan J, Shao S, Wang J, et al. 2007. Improvement of a multi-stage flash seawater desalination system for cogeneration power plants. Desalination, 217 (1-3) : 191-202.

Yang G, Wang J, Shao W, et al. 2015. The relationship between China's coal resource development and water resource. Energy Procedia, 75: 2548-2555.

Yang H, Zhou Y, Liu J. 2009. Land and water requirements of biofuel and implications for food supply and the environment in China. Energy Policy, 37 (5) : 1876-1885.

Yang J, Xu M, Zhang X, et al. 2011. Life-cycle analysis on biodiesel production from microalgae: Water footprint and nutrients balance. Bioresource Technology, 102 (1) : 159-165.

Yu M, Wang C, Liu Y, et al. 2018. Sustainability of mega water diversion projects: Experience and lessons from China. Science of the Total Environment, 619: 721-731.

Yuan Q, Song G, Fullana-i-Palmer P, et al. 2017. Water footprint of feed required by farmed fish in China based on a Monte Carlo-supported von Bertalanffy growth model: A policy implication. Journal of Cleaner Production, 153: 41-50.

Zhang C, Anadon L D. 2013. Life cycle water use of energy production and its environmental impacts in China. Environmental Science & Technology, 47 (24) : 14459.

Zhang C, Anadon L D. 2014. A multi-regional input-output analysis of domestic virtual water trade and provincial water footprint in China. Ecological Economics, 100: 159-172.

Zhang C, Zhong L, Fu X, et al. 2016. Managing Scarce Water Resources in China's Coal Power Industry. Environmental Management, 57 (6) : 1188-1203.

Zhang Q, Nakatani J, Wang T, et al. 2017a. Hidden greenhouse gas emissions for water utilities in China's cities. Journal of Cleaner Production, 162: 665-677.

Zhang J, Campana P E, Yao T, et al. 2017b. The water-food-energy nexus optimization approach to combat agricultural drought: A case study in the United States. Applied Energy, 227: 449-464.

Zhang X P, Cheng X M. 2009. Energy consumption, carbon emissions, and economic growth in China. Ecological Economics, 68 (10) : 2706-2712.

Zhou Y, Li H, Wang K, et al. 2016. China's energy-water nexus: Spillover effects of energy and water policy. Global Environmental Change, 40: 92-100.

附录 1：发电技术的用水比较

多数的发电过程都需要消耗水，通常以“用水强度”这个指标来评价发电技术的耗水情况，即指生产单位兆瓦·时电力所消耗的水量。附表 1-1 给出了中国主要发电技术的耗水系数，在这些发电技术中，风电整个发电过程无任何水消耗；光伏发电仅在清洗电池组件表面时需要用水，约为 0.019 米^3/(兆瓦·时)；采用湿冷方式的太阳能热发电的用水强度很高，仅位于地热发电技术之后，远高于同样采用湿冷方式的化石燃料热发电技术。同时，我们也能发现，发电中的水消耗主要集中在冷却环节，而生产方面耗水比较少。因此，在中国太阳能发电逐步推广的过程中，要特别注意冷却方式的选取。

附表 1-1　中国主要发电技术的耗水系数表

发电技术	湿冷中水消耗/[米^3/(兆瓦·时)]	发电中其他水消耗/[米^3/(兆瓦·时)]	燃料生产中水消耗/[米^3/(兆瓦·时)]
槽式太阳能	2.877～3.482	0.303	0
塔式太阳能	2.839	0.303	0
光伏	0	0.019	0
风电	0	0	0
化石燃料热发电	1.136～1.817	0.114	0.019～0.28
生物质发电	1.136～1.817	0.114	变化很大
核电	1.514～2.725	0.114	0.170～0.568
地热	5.299	—	—
天然气联合循环	0.681	0.026～0.038	0.042
煤气化联合循环	0.757	0.519～0.530	0.019～0.28
水电	无应用	0	变化很大

资料来源：廖世克等(2013)。

注：湿冷中水消耗是指发电过程中采用湿式冷却方式产生的水消耗；燃料生产过程中水消耗是指化石燃料等燃烧发电方式在燃烧加热锅炉中水产生水蒸气的过程中导致的水消耗；发电中其他水消耗是指除以上两种耗水过程外的其他水消耗，如光伏发电时用于清洗电池组件表面的水消耗。

对于中国来说，随着中国经济实力的进一步提高，过去以环境污染与破坏为代价的经济增长方式急需转变，火电也将从燃煤发电向燃气发电和联合循环发电逐步转变，因此对于两者的耗水情况也值得我们关注。附表 1-1 中，天然气联合循环发电在湿冷中水消耗、发电中其他水消耗和燃料生产中水消耗 3 种情况下的耗水相对较小；而煤气化联合循环发电虽然在湿冷中水消耗相对较小，但在其他水消耗方面耗水较为明显。

另外，发电过程中用水最多的环节就是冷却环节。在 IEA(2012) 报告中整理得出能源生产冷却技术用水优缺点比较表，见附表 1-2。各冷却方式机组单位发电量耗水和取水量见附表 1-3。海水直接冷却和空气冷却①技术，无论是在单位发电耗水量、取水量还是装机水耗方面，对于水的需求量均很少；而直流冷却和循环冷却对水的需求量很大，特别是直流冷却，其单位发电取水量已经达到 60 千克/(千瓦·时)，远超其他冷却方式。此外需要注意的是海水直接冷却方式受地理位置的影响，很难大范围实现。

附表 1-2　电力能源生产冷却技术用水比较表

技术	优点	缺点
直接冷却法	1.低水耗 2.技术成熟 3.低成本	1.用水量高 2.影响生态系统 3.受限于系统高温
湿塔冷却法	1.与直接冷却法相比，有效降低水的提取量 2.技术成熟	1.比直接冷却法的耗水量更高 2.电厂效率更低 3.比直接冷却法的成本高
干式冷却法	水的提取和消耗量最少或为零	1.与直接冷却法和湿塔冷却法相比有更高的成本 2.气温上升时电厂效率更低 3.需要大的场地
混合式冷却法	1.比干式冷却法的成本更低 2.与湿塔冷却法相比有更低的水消耗量 3.高温天气下无效率的损失 4.操作灵活	1.与湿塔冷却法相比有更高的成本 2.技术经验有限

资料来源：IEA(2012)及作者整理。

附表 1-3　各冷却方式机组单位发电量耗水和取水量

机组冷却类型	单位发电量耗水/[千克/(千瓦·时)]	装机水耗/[米³/(秒·吉瓦)]	单位发电量取水量/[千克/(千瓦·时)]
直流冷却	1.0	0.10～1.00	60.0
海水直接冷却	0.4	0.04～0.40	0.4
循环冷却	4.0	0.40～2.50	3.0
空冷	0.6	0.10～0.50	0.6

资料来源：戴振会等(2009)。

就冷却系统而言，中国火电厂的主要冷却方式为循环冷却和直流冷却(IEA，2012)。我国是一个水资源短缺的国家，水资源时空分布不均，所以在“富煤缺水”

①对于空冷技术，也称干冷技术，它是指汽轮机的冷却系统以空气为冷却介质进行冷却。整个系统为密闭循环，节水效果明显。

的华北、东北、西北发展电力工业，采用直接空冷技术建设节水型电厂是非常有效的节水途径(戴振会等，2009)。随着我国大力发展空冷技术，有利于冷却用水的减少，对于未来中国面临的水危机有一定的缓解作用。

为实现低碳减排的目标，中国逐步发展二氧化碳捕获和封存技术 CCS 等技术，虽然 CCS 等技术能在减少碳排放方面做出很大贡献，但是其设备耗水量高(附表 1-4)。以整体煤气化联合循环发电技术(IGCC)为例，作为当前最适合 CCS 技术应用的发电技术，随着碳减排压力的增加，CCS 技术的推广应用将逐步推进，IGCC 发电技术的应用也必将有所增加，预计到 2030 年，IGCC 电厂占比将达到 19%(IEA，2012)。单看 IGCC 技术，其耗水量明显低于超超临界发电技术，可以说是一种相对节水的发电技术(附表 1-4)。然而 IEA(2012)指出，加入 CCS 设备的 IGCC 电厂预计比普通 IGCC 电厂提高 60%取水量。相比较而言，CCS 技术增加了电厂的水需求。

附表 1-4 IGCC 与超超临界发电技术耗水系数表

技术	超超临界(FGD/SCR)	IGCC
耗水/[加仑/(兆瓦·时)]	600～660	360～540

资料来源：施强等(2009)。

附录 2：国际文献计量检索式

((SU=Energy & Fuels) AND (SU=Water Resources)) OR ((WC=engineering, Petroleum) AND (WC=Water Resources)) OR (TS=((“coal” OR “oil” OR “natural gas” OR “conventional gas” OR “unconventional gas” OR “hydropower” OR “hydroelectricity” OR “heat energy” OR “thermal energy” OR “wind power” OR “solar power” OR “biofuel” OR “bioenergy” OR “nuclear energy” OR “generate electricity” OR ”generate power”) AND (“water consumpt*” OR “water deprivat*” OR “water usage” OR “water utilise*” OR water-consumption OR “water demand” OR “water requirement” OR water-withdrawal OR “water transport”))) OR (TS=((“energy develop*” OR “energy exploit*” OR “energy extract*” OR “energy mining” OR “energy product*” OR “energy-produc*”) AND (“water source*” OR “water consumpt*” OR “water deprivat*” OR “water usage” OR “water utilize*” OR water-consumption OR “water demand” OR “water requirement” OR water-withdrawal OR “water transport”))) OR (TS=(“water-electricity nexus” OR “electricity-water nexus” OR “water-energy nexus” OR “energy-water nexus” OR “food-energy-water nexus” OR “water-energy-food nexus” OR “energy-water-food nexus” OR “food-water-energy nexus” OR “energy-water-carbon nexus” OR “water-energy-carbon nexus” OR “carbon-energy-water nexus” OR “carbon-water-energy nexus” OR “land-water-energy nexus” OR “land-energy-water nexus” OR “water-energy-land nexus” OR “energy-water-land nexus” OR “energy and water nexus” OR “water and energy nexus”))

附录 3：国内文献计量检索式

SU=（水资源+水需求+水消耗+水短缺+水提取+水分配+水利用+水污染+水处理+污水排放+节水技术）×（能源+燃料+石油+天然气+电力+火电+水电+核电+风电+太阳能+煤炭+煤电+发电+能源开采+节能技术）×（影响+关系+关联）+（能水耦合+水能耦合+能水关系+水能关系）

附录 4：投入产出表合并及部门名称

序号	部门全称	中国 2012 年投入产出表对应部门
1	农业	1-5
2	煤炭采选产品	006
3	石油开采业	007
4	天然气开采业	007
5	黑色金属与有色金属矿采选产品	8,59～61
6	食品和烟草	12～25
7	纺织业	26～30
8	服装业	31～33
9	木材加工业	34～35
10	造纸印刷和文教体育用品	36～38
11	精炼石油和核燃料加工品	039
12	炼焦产品	040
13	化学产品	41～51
14	非金属矿物制品	10,11，52～58
15	金属冶炼和压延加工品	9，62、63
16	金属制品	064
17	通用及专用设备制造业	65～74
18	交通运输设备制造业	75～79
19	电气机械及器材制造业	80～85
20	计算机、通信和其他电子设备制造业	86～91
21	仪器仪表	092
22	其他制造产品	093
23	其他工业	94、95
24	电力、热力生产和供应	096
25	燃气生产和供应	097
26	水的生产和供应	098
27	建筑业	99～102
28	批发和零售	103
29	交通运输、仓储和邮政业	104～111
30	住宿和餐饮	112、113
31	房地产	119
32	教育	130
33	卫生	131
34	其他服务业	114～118,120～129,132～139

附录 5：调查问卷

能源与水耦合关系问题的调查问卷

能源与水资源是支撑人类生存和发展的重要基础资源，也是可持续发展中要关注的重要部分。随着经济发展和人口增长，能源与水资源逐渐成为制约未来经济社会可持续发展的瓶颈。近年来随着气候变化等问题的出现，两种资源之间的关联与耦合问题逐渐引起更多的关注。

一方面，能源的开采、加工及转化过程都需要充足的水资源投入，如能源开采需要用水、热力发电也需用水进行冷却等。而这些能源生产活动也会水资源需求总量和水体质量产生潜在影响。另一方面，地下水和地表水的开采、运输、调配，以及咸水淡化、污水处理等过程也都需要电力、热力等能量供应。随着水资源处理产业的扩大，其所需要的相关运行和维护方面的能量也会逐年增加。

然而，目前我国能源资源和水资源呈现逆向分布，对我国能源与水资源的协调发展带来了巨大的挑战。而在未来能源与水资源之间的联系和相互影响会更加密切。为梳理能源与水资源之间的相互耦合问题，推动我国能源与水资源的协调可持续发展，我们邀请您根据您的专业思考，提出**您认为对于我国来说，能源与水的问题需要研究关注的 5 个问题是：**

1.
2.
3.
4.
5.

以上问题为开放式问题，包括您能想到的各个方面，如技术、政策方面，如宏观、中观和微观层面都可以。

感谢您的支持，我们会将调查结果反馈给您参考。